日米比較　競業禁止特約

判例法理の展開を中心に

樫原　義比古

関西学院大学出版会

日米比較　競業禁止特約

判例法理の展開を中心に

はしがき

近年、わが国においては、退職労働者による「営業秘密」等の漏えい・流出が頻発するようになっており、不正競争防止法違反等を理由に民刑事責任の対象となる事例が増加しており、マスコミ報道等でも注目されるところとなっている。雇用契約関係からみるとき、経営者である使用者は、こうした「営業秘密」等の情報漏えいや顧客の引抜きといったリスクの高まりに対処するために、労働者（被用者）の在職中あるいは退職後に、労働者が職務上知り得た秘密を漏えいしない義務を定める「秘密保持特約」を締結したり、これを実質的に担保等するために使用者と競業関係にある同業他社に転職したりこれを起業したりしない義務を定めた「競業禁止特約」を締結することが一般的となっている。

そして、不正競争防止法上の「営業秘密」を使用した競業については、同法の規制によって、雇用契約上の根拠がない場合でも、使用者による競業制限を可能にしてきた。これに対して、不正競争防止法上の「営業秘密」に該当しない情報等を使用した競業等を制限する場合には、特に退職後の競業禁止について、個別の雇用契約、あるいは就業規則等での明文の根拠が必要であると従来のわが国の労働法学説・労働判例は解してきた。

しかしながら、雇用関係の終了後の競業避止義務を定める「競業禁止特約」（以下、「競業禁止特約」とのみいう）が、いかなる場合に有効と認められるのかについて長らく議論がなされてきたところである。この問題については、使用者の「営業秘密」や「顧客情報」といった経営資源の保護と、労働者の転職・起業の自由との調整の問題として議論されてきたのである。

そして、有効性の判断基準として、これまで、「競業禁止特約」に「合理性」があるかどうか、という一般的基準が提示されてきた。ただし、この「合理性」基準は、合理性判断にあたり考慮されるべき事情として何を考えるか、その事情をどう評価するかについて、学説、判例上に対立があり、「競業禁止特約」が有効か否かの結論に違いを生んできた。そのため「合理性」判断の結論に関する「予測可能性」に問題のあることが指摘され、筆者も法的処理の「不確実性」の問題として、この問題の解消のために判断基準をどのように構成すべきかを、第一の問題として提示している。

さらに、「競業禁止特約」の有効性判断の問題について、筆者は、わが国における技術革新（イノベーション）の一層の促進の必要性という観点を考慮すべきことを指摘した。これが第二の問題意識である。わが国の労働法学説や判例においては、法政策的な視点からの法解釈のあり方として問題提起を行ってきた点である。筆者は日本法政学会等で、労働者の流動性が高まりつつある実態や技術革新の促進の要請の視点からの「競業禁止特約」の有効性問題についての検討が不十分であるとの認識がある。

筆者は、わが国における雇用関係終了後の法律関係の重要な課題として競業禁止特約に関心を持ち、営業秘密、およびノウ・ハウとの関係で有効な競業禁止契約成立の要件を検討し、同契約のあり方、機能について研究を進めてきた（「労働者の退職後における競業禁止に関する契約」中川淳先生還暦祝賀論集刊行会編『民事責任の現代的課題——中川淳先生還暦祝賀論集』世界思想社、一九八九年、所収）。そして、その過程において、英米においては、労働者の流動性がわが国に比して格段に高い状況もあって、「競業禁止特約」の使用に関して長い歴史があり、「競業禁止特約」の有効性判断における「不確実性」の問題や、使用者の「営業秘密」「顧客情報」等の保護と技術革新に向けての労働者の転職あるいは起業との両立等、雇用関係の終了後の法律問題に、これまでに多くの裁判例の積み重ねと学説の議論があることを知り、英米法における「競業禁止特約」の有効性についての法的処理の実際を比較法的に研究してみたいと考えた。わが国労働法学における「競業禁止特約」法理の再検討に向けて、多くの示唆が得られると考えたからである。

以上のとおり、わが国においてこのテーマの重要性が近時ますます高まりつつあること、その一方で、先のような問題意識に基づく比較法研究を試みた先行研究が乏しいことを考えると、先のような本研究の問題意識に基づく比較研究の成果を書物として公刊するに値すると考えた。

本書にまとめた拙い研究が少しでも「競業禁止特約」の理解に資することができれば幸いである。

本書の構成は次のとおりである。

本書に掲載された論文は、「序章　アメリカにおける雇用関係終了後の競業禁止特約の研究——判例法理の展開を中心に」というテーマで、本年三月に公表の論文を含めて、二〇〇七年以降約八年にわたり、筆者が、摂南大学の研究紀要（「摂南法学」）及び日本法政学会の学会誌（「法政論叢」）に公表した一〇本の論文である。一〇本の論文を本書のタイトルの下に一体として書籍として出版を行うものである。

今回出版の対象となった一〇本の論文は、公表時期とは別に各内容の連関性に従って、以下のⅰ～ⅳの四つの部分からなる。

ⅰ「競業禁止特約」の有効性に関して、アメリカの立法や判例に影響を与えたイギリス判例やイギリス法に独自の法理の分析・検討と、アメリカの連邦レベルの立法と判例および州レベルの判例の分析・検討

論文一「雇用関係の終了後の競業禁止特約——英米における競争制限の法的規制の歴史的背景を中心に」（摂南法学第四六号（二〇一三）一—二八頁）

論文二「企業の営業上の秘密保護と競業避止契約——イギリスにおけるガーデン・リーヴの法理をめぐって」（法政論叢（日本法政学会）第44巻第2号（二〇〇八）一六五—一七七頁）

論文三「企業の営業秘密の保護と競業避止契約——アメリカの競業禁止条項とイギリスのガーデン・リーヴ条項

の比較をめぐって」（摂南法学第三八号（二〇〇八）一―四二頁）

ii 「競業禁止特約」に関わる個別問題（引抜き禁止特約・解雇事例における特約の有効性・「不可避的開示」の法理）の各分析・検討

論文四 「アメリカにおける被用者引抜き禁止契約の強制可能性――ケンタッキー州の裁判例を中心に」（摂南法学第四七号（二〇一三）一〇九―一四〇頁）

論文五 「被用者の解雇と競業禁止条項の強制可能性――アメリカにおける判例法理の展開を中心に」（法政論叢第46巻第1号（二〇〇九）二五―三七頁）

論文六 「企業の営業秘密の保護と競業禁止契約――アメリカにおける不可避的開示の法理をめぐって」（摂南法学第三六号（二〇〇七）一―二五頁）

論文七 「企業の営業秘密の保護と競業禁止契約――アメリカにおける不可避的開示の法理をめぐって（完）」（摂南法学第三七号（二〇〇七）一―二九頁）

iii 「競業禁止特約」をめぐり英米法から得られた知見の整理と検討

論文八 「雇用関係終了後の競業禁止特約の再検討――アメリカにおける被用者の移動ルールの効用をめぐる議論を手がかりに」（摂南法学第四八号（二〇一四）一四八―一八四頁）

論文九 「序章 アメリカにおける雇用関係終了後の競業禁止特約の研究――判例法理の展開を中心に」（摂南法学第五〇号（二〇一五）一―二九頁）

iv　補論

論文一〇「アメリカにおけるスポーツ代理人に対する競業禁止の契約的合意の強制可能性――プロスポーツ選手の代理人選任の自由をめぐって」（法政論叢第48巻第1号（二〇一一）九八―一〇九頁）

本書の執筆にあたっては全体の統一を図り叙述の重複や資料の陳腐化を避けるためにすでに発表した論文に必要最小限度の加筆修正を行うにとどめざるを得なかった。変化の激しい分野であるが、論文の論旨は今日でも基本的に妥当するものであると考え、若干の修正のうえ掲載することにした。

本書を完成することができたのは多くの先生方のご指導の賜物である。まず関西学院大学から関西学院大学大学院への入学に際し仲介の労をとって下さった故時武英男教授に感謝申し上げたい。また、指導教授として私を引き受け辛抱強くご指導下さった故安屋和人先生には特に感謝申し上げたい。先生は労働法の研究にとどまらず公私にわたりご指導下さった。改めてご冥福を祈りたい。

また、私が約一〇年にわたり「アメリカにおける雇用関係終了後の競業禁止特約に関する研究」に専念できたのは、元勤務校の湊川相野学園理事長故古林尚夫先生、学長故岡本彰祐先生はもとより、摂南大学法学部およびその教職員の方々のご理解とご協力によるところが大きい。

関西学院大学副学長の柳屋孝安先生にはこのたび本書の刊行にあたってお世話になった。厚く御礼申し上げたい。また、本書の刊行にご尽力を賜った関西学院大学出版会の田中直哉氏と浅香雅代さんに心から御礼申し上げる次第である。

筆者は、真福院住職小泉龍人先生には日頃より何かとご教示頂いている。心より感謝と御礼を申し上げたい。

本書を故小泉真龍（真福院中興真龍法尼）先生、父故樫原義夫（顕真院釈俊光）に捧げたい。

最後に、私事ながら母八重子、妻京子、息子聖彦に感謝の意を表すことをお許し下さい。

二〇一五年九月吉日

樫原　義比古

目次

第六章　企業の営業秘密の保護と競業禁止契約

アメリカにおける不可避的開示の法理をめぐって――155

序章 アメリカにおける雇用関係終了後の競業禁止特約

一 問題の所在

近年、技術革新が急速に進展するなか、高度先端技術（ハイ・テクノロジー）の分野において、互いに競い合う会社の数が増えるにつれて、技術的知識・情報、市場や顧客についての知識・情報をもつ被用者の労働市場での価値は高まっている。しかし、その一方で、企業等で働く、こうした技術等の知識・情報をもつ優れた人財が退職し、国内外を問わず、同業他社に転職したり、あるいは同業他社を起ち上げるという機会も、ますます増えている。その結果として、使用者は、会社の有する最も価値のある資産とされる「営業秘密（トレード・シークレット）」を適切に保護する必要性がますます高まっている。(1)

大手企業であるか、中小企業であるかを問わず、企業には事業を展開するうえにおいて社内に様々な営業上の秘密が内在している。なかでも、企業の保有する「営業秘密」は、特許権、著作権および商標権等とともに、知的財産権の一つとして、企業の競争力や持続的発展にとって重要な源泉となっている。しかし、被用者の転職あるいは起業にともなって、「営業秘密」の漏えい・流出が問題となってきた。こうした被用者等の人を介しての「営業秘密」の漏えい・流出のリスクに対処するために、使用者は、在職中あるいは退職時に、被用者が職務上知り得た秘密を漏えいしない義務を定める秘密保持特約や、[2]これを実質的に担保するために使用者と競業する会社に転職あるいは起業しない義務を定める競業禁止特約を締結すること等によって、その対策を講じてきたところである。

こうした競業禁止特約により、被用者は、使用者との雇用契約が終了した後にも、同業他社への転職あるいは同業他社の起業という形で、元の使用者と競争関係に入ることを抑制しなければならない。その結果として、革新に意欲的な被用者は、同業他社への転職あるいは同業他社の起業に制限が加わる。

もとより、一般に、被用者は退職後、会社在職中の様々な経験によって身につけた多くの知識・情報等を最大限に生かして、転職か起業によって、生活をしていかざるを得ない状況に置かれており、それが、わが国において「営業秘密」を保護する不正競争防止法の「営業秘密」に該当するものである場合はともかく、同業他社への転職あるいは同業他社の起業を禁止する制約を、何ら取り決めることなく、当然に課することはできない。したがって、とりわけ、「営業秘密」を使用しない競業を制限するためには、契約上の根拠が求められる。[3]

こうして、被用者の退職後の競業避止義務について特別の定めがある場合には、その違反に対して、使用者は、退職金の減額・不支給、[4]損害賠償請求、[5]競業行為の差止請求等[6]の措置をとることができる。しかし、競業避止義務に違反した者に対する使用者の請求が認められるか否かについては、その前提として、雇用関係の終了後に競業避止義務を定める競業禁止特約の有効性が、いかなる場合に認められるのかが最も問題となるところ、会社の技術的秘密を知る被用者の退職後における競業行為を禁止する旨の特約の有効性について、裁判所として正面から見据えて取り組んだ主要な裁判例としては、すでにフォセコ・ジャパン・リミテッド・不正競業行為禁止仮処分命令事件判決[7]がある。裁判所は本件判決において独自の「合理性」基準を定立して、前述の問題の解決に向けて、道筋をつけた。その判示内容は次のとおりである。すなわち、「被用者に対し、退職後特定の職業につくことを禁ずるいわゆる競業禁止の特約は経済的弱者である被用者から生計の道を奪い、その生存を脅かす虞があると同時に被用者の職業選択の自由を制限し、又競争の制限による不当な独占の発生する虞等をともなうからその特約締結につき合理的な事情の存在することの立証がないときは一応営業の自由に対する干渉とみなされ、特にその特約が単に競争者の排除、抑制を目的とする場合には、公序良俗に反し無効であることは明らかである。」と述べ、「競業の制限が合理的範囲を超え、債権者（従業員）らの職業選択の自由等を不当に拘束し、同人の生存を脅かす場合には、その制限は、公序良俗に反し無効となることはいうまでもないが、こうした合理的範囲を確定するにあたっては、制限の期間、場所的範囲、制限の対象となる職種の範囲、代償の有無等について、債権者（会社）の利益（企業秘密の保護）、債務者（従業員）の不利益（転職、再就職の不自由）及び社会的利害（独占集中の虞れ、それにともなう一般消費者の利害）」という三つの視点から慎重に検討していくことを要する」とし、「技術的秘密を保護するために当該使用者の営業の秘密を知り得る立場にある者、たとえば技術の中枢部にタッチする職員に秘密保持義務を負わせ、又右秘密保持義務を実質的に担保するために退職後における一定期間、競業避止義務を負わせることは適法・有効と解するのを相当とする。」と判示した(8)。

本件判決は、要するに、退職後の競業避止義務は、諸事情を総合したうえで、合理的な制限の範囲にとどまっている限り、労働者の職業選択の自由を制限しても特約は有効でありうるというものである。こうして、競業禁止特約の有効性については、「合理性」の基準のもとに、合理的な制限の範囲内か否か、その合理的範囲の確定に関心が払われる。このようなフォセコ・ジャパン・リミテッド事件判決にみる競業禁止特約の有効性判断の枠組みにおける「合理性」なる基準は、一般的基準としてはともかく、抽象的・相対的な基準であり、「基準」と呼べるものかどうか別として、その後の同種の事案の判断でも踏襲されてきたところである。

とはいうものの、前述の判決のいう合理的な制限の範囲にとどまっている限り、労働者の職業選択の自由を制限しても特約は有効でありうるという判例法理のもとで、問題とされるべきは、いかなる場合に合理性が認められるかである。この点について、裁判例は、特約等について無効と解するもの[9]と、有効であると解するものに分かれてきた[10]。こうして、従来、裁判例は、「合理性」の解釈いかんによって競業禁止特約が有効か否かの結論が分かれ、「合理性」判断に関する「予測可能性」の欠如の問題、換言すれば、「不確実性」の問題をともなってきた[11]のである。

しかしながら、現在のわが国における企業経営上最も深刻な「営業秘密」の漏えい・流出問題等に対処するために取られる重要な契約手法としての競業禁止特約の有効性の判断枠組みにおける合理性判断について「不確実性」の問題をともなうならば、使用者は被用者との間でいかなる特約を締結すべきかが不明確なままであり、労使双方とも不安定な状態に置かれ、事後的に競業禁止特約の有効性や民事的な救済措置等をめぐって、訴訟が起こるリスクが少なくない。それだけではなく、被用者の転職あるいは起業による活発なイノベーション競争こそが、わが国の企業や産業、ひいては経済全体をも活性化させる可能性を秘めていると思われるにもかかわらず、とりわけ、競業禁止特約は、しばしば、革新に意欲的な被用者が自らの選択によって転職あるいは起業する機会を妨げ、イノベーションの実現を遅延させる恐れがある等の問題を抱えており、今後のわが国におけるイノベーションの持続的進展にとって支障をきたす懸念がある。

二　本研究の目的

競業禁止特約の有効性をめぐっては、「不確実性」の問題をともないながら、イノベーションの一層の促進に向けて、雇用関係の終了後の競業禁止特約はいかにあるべきかという課題が、今日ほど真剣に議論されなければならない時はない。

こうした課題にかかわって、これまでになされてきた研究とこれまでの研究成果をふり返ってみるならば、使用者の「営業秘密」の保護と、労働者の転職・起業の自由との調整については、長年議論が重ねられてきたところである。[12]

こうした主題にあって、被用者の退職後の競業避止義務については、その根拠、競業避止義務と秘密保持義務の内容、性質、両義務の相互関係、競業避止義務について使用者の正当な利益、労働者の退職前の地位、競業を禁止される期間・地域・対象、使用者による代償措置の有無とその内容等について、議論がなされてきた。[13] しかし、被用者の退職後の競業避止義務と秘密保持義務という二つの義務に対する労働法の分野におけるこれまでの関心の度合いは、異なってきた。この点について、競業避止義務と秘密保持義務を比べてみると、被用者の退職後の競業避止義務の方が、労働法の分野においてより多くの関心が寄せられてきたように思われる。これは、競業避止義務が直接に労働者の転職のみならず、起業の自由を制限するからにほかならない。実際、わが国の裁判所は、先に述べたフォセコ・ジャパン・リミテッド事件判決に端的にみられるように、雇用関係の終了後の競業禁止特約の有効性の判断において、被用者の「転職、再就職の不自由」等に注意を払ってきたのである。

ところで、最近の中小企業白書によれば、わが国の開廃業率は、欧米に比べ、低い水準で推移している。また、起業を希望する起業希望者の数も急激に減少しているとされる。[14]

こうした現状を踏まえると、雇用関係の終了後の競業禁止特約については、使用者の「営業秘密」を保護しつつ、起業家精神に基づいたイノベーションを促進する方向で見直しを行うことが求められているように思われる。今後はこうした目的に沿う形で被用者が転職あるいは起業をしやすい法的環境を整えながら、わが国の経済を活性化させたり、経済のもつ潜在力を引き出したり、その可能性を広げることが課題となる。この点について、イノベーションは、わが国の経済成長の源であって、被用者が転職あるいは起業がしにくいような法的環境は、イノベーションが生まれにくい法的環境であるといえよう。

思うに、雇用関係の終了後の競業禁止特約は、革新に意欲的な被用者のイノベーションを脅かす事態をはらむだけではなく、イノベーションの促進へ向けて、インセンティブを損ない、被用者の転職あるいは起業を難しくする等、わが国経済の持続的成長や発展を阻害する要因となっていないかである。こうして、わが国の雇用関係の終了後の競業禁止特約は、「不確実性」の問題をともなって、深刻で根の深い問題である。この点について、競業禁止特約は、単に労働法の対象領域か「営業秘密」を保護する不正競争防止法の規制対象領域か、という表面的な議論や、労使の利益調整に終始することなく、競業禁止特約の本質や、その歴史に遡った議論と、企業の「営業秘密」を守るための競業禁止特約に対する見方も時代に見合った前向きの見直しを行うことが真に求められていると思われる。いずれにせよ、経済がグローバル化し、国際社会のなかの日本経済になっている。

そこで、本研究では、競業禁止特約をめぐる「不確実性」の問題を契機にして、競業禁止特約は、革新に意欲的な被用者のイノベーションを制限する事態を生む可能性があるだけではなく、創造的な企業への転職あるいは起業を阻害する要因となっていないかという問題を取り上げて、それにまつわり関連する諸問題について考察を試みたい。

このような研究目的に照らしてみると、競業禁止特約に関して長い歴史があり、わが国と経済的、政治的にも密接な関係をもち、競業禁止特約の「不確実性」の問題や、使用者の「営業秘密」の保護とイノベーションに向けての被用者の転職あるいは起業の両立等、共通の雇用関係の終了後の法律問題に直面し、これまでに多くの裁判例の積み重ねと論考があるアメリカ合衆国（以下、アメリカという）とを比較することにより、日本の競業禁止特約のあり方に対して、有益な示唆が得られると思われる。とりわけ、前述の問題が使用者の「営業秘密」の保護と、被用者の転職あるいは起業の自由の精神に沿って、円滑に解決されているか否かを検討することは、意義があるであろう。また、知識・情報と経験をもつ被用者の転職あるいは起業の制約についてのかなり典型的な例として、雇用関係の終了後の競業禁止特約について、豊富な経験をもつアメリカにおける競業禁止特約をめぐる判例法理の展開を研究することも有意義であると思われる。

三　研究の具体的対象領域

本研究の具体的対象領域は次のとおりである。

すでに述べた本研究の目的に沿って、アメリカにおける雇用関係の終了後の競業禁止特約に目を向けると、わが国同様に、使用者がその事業上の利益を守る必要性を痛切に感じるにつれて、雇用関係の終了後の競業禁止特約は、雇用契約において長年にわたって盛り込まれてきたとされる。そして、この競業禁止特約の歴史は、イングランド（以下、イギリスという）の徒弟制度（apprenticeship system）にまで遡ることができる(15)。したがって、まず、雇用関係の終了後の競業禁止特約についての長い歴史についてふり返ってみる必要がある。

もとより、アメリカにおいて競業禁止特約は、伝統的な雇用条件とされ、一般的なものであるが、雇用関係の終了後の競業禁止特約の強制に関しては、しばしば訴訟で争われてきたところである。この点について、アメリカの裁判所は、歴史的にみると、そうした特約に懐疑的な態度を示し、特約を強制するために差止命令を発することをしばしば拒否してきたとされる。こうした裁判例の傾向は、被用者の退職により引き起こされる損失から自己の事業を守るために競業禁止契約に依存する使用者らを不安定な状態に陥れてきた。しかし、多くの州において、こうした雇用関係の終了後の法分野において明確なルールがないだけではなく、競業禁止特約の強制可能性についていかに判断がなされるべきかについて、裁判所は、首尾一貫した指針を与えることができなかったのである(16)。

こうして、競業禁止特約の強制可能性について明確なルールがないという現実は、競争優位を維持するための使用者の投資意欲を削ぐだけではなく、使用者は本当にキーになる被用者らとの契約において、競業禁止特約等を盛り込んだとしても、裁判所が実際に、そうした特約を強制し、被用者らが競業関係に立つことを妨げられるのかは、使用者にとって確信をもてないのである。一方で、被用者は、高額な訴訟費用を恐れるあまり、転職や起業を躊躇する可能性がある。

こうして、アメリカにおいても、競業禁止特約についての「不確実性」の問題は広く認識されてきたところである。(17)しかし、同じような問題に直面して、例えば、イギリスにおいて、使用者は、競業禁止特約の強制の「不確実性」の問題を解決するための一つの有力な方法として、とりわけ、「庭（ガーデン）」に愛着を寄せる同国の国民性から、「ガーデン・リーヴ（garden leave）」と呼ばれる競争禁止特約の一変型をあみ出してきた。すなわち、このガーデン・リーヴ条項によれば、競業禁止特約とは異なり、被用者は退職する相当前に、使用者にその予告をしなければならない。しかし、この間、使用者は、当該被用者に労働を強制できないばかりか、当該被用者には報酬等が全額支払われる。とはいえ、当該被用者は、「被用者」の地位にとどまっているがゆえに、競争相手のところで働くことができないほか、当該使用者を害することは何もできないのである。そして、こうした労使間の取り決めは、使用者に必要な保護を与える一方で、被用者にとっても「フェア（fair）」なものとされて、イギリスの裁判所により一般に受け入れられ、強制されてきたとされる。こうして、ガーデン・リーヴ条項は、アメリカにおける競業禁止特約の強制可能性に関する「不確実性」の問題に対して一つの解決方法を提示するものとされる。しかしながら、果たして、そうした条項が「不確実性」の問題の真の解決方法になり得るかどうか検討を必要とする。(18)いずれにせよ、イギリスにおけるそうした条項の効用に着目して、アメリカにおける、とりわけ、競争の激しい業界の多くの使用者は、こうした規定は伝統的な雇用関係の終了後の競業禁止特約に比べて、強制可能性の点で、より信頼に足るものであることを見越して、キーになる被用者との契約にガーデン・リーヴ条項を盛り込んできたところである。しかしながら、アメリカの裁判所は、ガーデン・リーヴ条項の正当性に関していかなる判断を下すのか、必ずしも定かではない。そこで、アメリカの裁判所は、ガーデン・リーヴ条項を強制すべきかどうか、また、それを強制することが、競業禁止特約の「不確実性」の問題を緩和することに役立つものかどうかについて議論の余地がある。そのために、競業禁止特約に対する異議、その強制を判断する際の司法の基準、雇用関係の終了後の競業禁止特約についての裁判例の首尾一貫性の欠如について議論することにより、アメリカ法の抱える問題を明らかにする必要がある。こうして、イギリスにおける「ガーデン・リーヴ」に着目するとともに、雇用（関係）法の歴史における同条項の起源とその後の展開を探る必要がある。さらに、アメリカの雇用関係との関係で、「ガーデン・リーヴ」を分析すると同時に、競業禁止特約に対する伝統的な異議を乗り越える方法に注目する一方で、それの受け入れに前向きな裁判例に着目する。(19)

次いで、本研究では、被用者の転職あるいは起業の進展を阻害する可能性のある次の三つの問題点と、雇用関係の終了後の競業禁止特約の再検討について論及したい。すなわち、第一に、引抜き禁止特約についてである。引抜き禁止特約は、競業禁止特約と密接に関連しており、類似した問題点を抱えている。この引抜き禁止契約は、雇用関係の終了後の一定期間、以前の被用者が元の同僚の引抜きや転職の勧誘をすること、元の使用者の顧客と接触すること等を制限する競争禁止のより具体的な条項である。こうした引抜き禁止契約が締結されていないならば、秘密情報が使用されない限り、以前の被用者は雇用関係の終了後において、元の被用者らを勧誘、引抜き、元の使用者と競業関係に立つことができる。これに対して、使用者はキーになる被用者らと引抜き禁止契約を結ぶことを求めるわけである。こうした契約は、使用者の事業上の利益を守るために重要であるが、引抜き禁止契約の強制可能性について、とりわけ、ケンタッキー州の例を取り上げてこれを検討したい。(20)

第二に、被用者の解雇の場合における競業禁止特約の強制可能性についてである。アメリカにおいて、実際、多くの雇用契約は、きわめて使用者よりに作られており、その結果として、競業禁止特約も、被用者の退職あるいは理由は何であれ、契約の終了の際にも効果が及ぶことを意図している。雇用契約においてこうした制限特約を盛り込む多くの使用者は、使用者の出費で得られた顧客関係または事業上のノウ・ハウについて競争上優位な立場に立ち得るがゆえに、キーになる会社の幹部あるいは営業社員の予期せぬ退職や起業を妨げるためにそうするわけである。一方、大多数の使用者は、被用者の退職の場合に比べて、被用者の解雇の場合の競業禁止特約の強制可能性について一見して関心がないようにもみられる。しかし、使用者は、退職被用者がもたらす脅威について過小評価しがちであって、以前の被用者が同業他社を起ち上げて初めて、顧客関係や「のれん（goodwill）」についてどの程度脅威にさらされているか現実に知ることになる。すでに述べたように、雇用契約は、通常、使用者に有利に作成されているがゆえに、雇用関係がいかに終了したかにかかわらず、競業禁止特約は、解雇された被用者に対しても強制可能性をもつのかどうか問題である。(21)

第三に、競業禁止特約が締結されていない場合の「不可避的開示」の法理についてである。アメリカのトレード・シークレット（営業秘密）法のもとでイノベーションにとって、唯一最大の脅威は、競業禁止の合意がない場合の、いわゆる「不可避的開示」の法理であるとされる。(22)すなわち、トレード・シークレットが用いられる恐れがあるという理由で、以前の被用者が競争相手のところで働くことさえ止めさせるために、元の使用者が「差止命令（injunction）」を求めることを可能にするものである。こうした「不可避的開示」の法理に基づく差止命令は、実際に、「不正目的使用（misappropriation）」を何も行わなかった以前の被用者にいわば制裁を科するようなものであって、裁判所の創出にかかるある意味で事後的な競業禁止特約とされる。あたかも書面化された競業禁止契約のような「不可避的開示」の法理による差止命令の運用は、新たな競争相手より最初の事業者を競争上優位な立場に立たせるものにほかならない。しかし、こうした法理のもとでは、被用者が競争相手に転職あるいは競業他社を起業することが、あたかも不正な窃盗犯人であるかのように描かれるわけであるが、以前の被用者がアクセスしたこともなく、あるいは元の使用者により、一般公衆の自由な利用が可能な状態におかれた情報に基づいて、トレード・シークレット訴訟が提起されており、「不可避的開示」の法理の正当性には疑問が残る。すなわち、被用者在職中に、企業の営業上の秘密を扱う立場に配置して働くことを求める一方で、そうしたことを理由として、被用者の転職あるいは起業の自由のみならず、営業上の秘密を被用者が知っていることと密接不可分に絡まる知識・情報や技能等の使用の制限を求めることはいかがなものであろうか。(23) 続いて、雇用関係終了後の競業禁止特約の再検討である。被用者の移動が急速に高まる今日、アメリカのトレード・シークレット（営業秘密）法のもとで、競業禁止特約等の裁判例は、どの程度、影響を与えるであろうか。競業禁止特約等の規制が少なければそれだけ起業家精神をもった被用者の転職あるいは起業を促進するように思われる。もとより、こうした推論には異論をともない、議論の余地があろう。しかし、トレード・シークレット法のみならず、特許法等の知的財産法は法的規制の強化を図ることにより発明家を保護し、イノベーションを促進することを想定する一方で、競業禁止契約を尊重し、過度に広範なトレード・シークレットについてのルール等を設けることは、創造性に富んだ被用者ができる限り速やかかつ容易に転職することを困難にするように思われる。すなわち、雇用の流動化が進むなか、技術等をもった被用者が会社を離れ、別の会社に移り、あるいは別の会社を起ち上げ、速やかに自分の技術等を活用することを可能にするということは、ある意味では、ベンチャー起業が成功するうえにおいて不可欠の環境である。(24)

　この点について、技術等をもった被用者のもつ潜在力を引き出し、その可能性を広げることが重要である。そうであるにもかかわらず、アメリカにおける州レベルでの多くの裁判所は、いわば古典的な競業禁止ルールが、会社を退職し、別の会社に転職あるいは別の会社を起ち上げようとする被用者らを蚊帳の外に置いているとされる。(25) そして、二一世紀の今日、アメリカの裁判所が、イノベーションを遅延させる可能性があるにもかかわらず、技術、技能をもった被用者が自ら選択する会社の業務に携わることを妨げるために、イギリスの封建制度時代において、労働者、とりわけ、肉体労働者らを支配服従させるためにあみ出された法規制、典型的には競業禁止特約を未だなお適用していることは、驚くべきことであると指摘されている。とりわけ、「営業秘密」すなわちトレード・シークレットに関する過度に制限的なルールは、あたかも裁判所の創設にかかる競業禁止の合意のように機能し、あまりにも安易に、元の使用者が、無定形で、不安定なトレード・シークレット窃取の罪で訴えることによって新たな起業が埋没することを容認していると指摘されているのである。(26)

四　本研究の構成

本研究の序章から第九章まではすべて筆者が約八年間にわたって日本法政学会の学会誌あるいは摂南大学法学部の紀要に発表してきたものである。そこで、以下においてその論文名を掲げておきたい。

序　章「アメリカにおける雇用関係終了後の競業禁止特約の研究――判例法理の展開を中心に」摂南法学第五〇号（二〇一五年）。

第一章「雇用関係の終了後の競業禁止特約――英米における競争制限の法的規制の歴史的背景を中心に」摂南法学第四六号（二〇一三年）。

第二章「企業の営業上の秘密保護と競業避止契約――イギリスにおけるガーデン・リーヴの法理をめぐって」法政論叢第44巻第2号（二〇〇八年）。

第三章「企業の営業秘密の保護と競業避止契約――アメリカの競業禁止条項とイギリスのガーデン・リーヴ条項の比較をめぐって」摂南法学第三八号（二〇〇八年）。

第四章「アメリカにおける被用者引抜き禁止契約の強制可能性――ケンタッキー州の裁判例を中心に」摂南法学第

四七号（二〇一三年）。

第五章「被用者の解雇と競業禁止条項の強制可能性――アメリカにおける判例法理の展開を中心に」法政論叢第46巻第1号（二〇〇九年）。

第六章「企業の営業秘密の保護と競業禁止契約――アメリカにおける不可避的開示の法理をめぐって」摂南法学第三六号、三七号（二〇〇七年六月、二〇〇七年一二月）。

第七章「雇用関係終了後の競業禁止特約の再検討――アメリカにおける被用者の移動ルールの効用をめぐる議論を手がかりに」摂南法学第四八号（二〇一四年）。

第八章　結論（序章「アメリカにおける雇用関係終了後の競業禁止特約の研究――判例法理の展開を中心に」摂南法学第五〇号（二〇一五年）、序章の五の部分。

最後に、補論として、第九章、「アメリカにおけるスポーツ代理人に対する競業禁止の契約的合意の強制可能性――プロスポーツ選手の代理人選任の自由をめぐって」法政論叢48巻第1号（二〇一一年）。

注

（1）近年、被用者の転職あるいは起業にともなって、企業の「営業秘密」を守るための競業禁止特約をめぐる訴訟が増える傾向にある。

（2）一般に、労働者は労働契約の存続中、労働契約に付随する義務として、使用者の業務上の秘密を保持すべき義務を負っていると解されている［菅野和夫『労働法〔十版〕』（弘文堂、二〇一三年）九三頁、等］。しかし、不正競争防止法のもとでの「営業秘密」に該当しない秘密について、被用者の退職後も秘密保持義務が存続するか否かについては、解釈上の争いがある。被用者の退職後は、当然に秘密保持義務を負うものではなく、被用者の退職後は、秘密保持義務を根拠づける特別の定めが必要である〔水町勇一郎『労働法〔第四版〕』（有斐閣、二〇一二年）一三一—一三二頁、等〕。退職後の秘密保持義務等を定める誓約書の条項が公序違反に該当しないとされ、労働者が秘密保持義務等を負っているとされた裁判例として、ダイオーズサービシーズ事件（東京地判平一四・八・三〇労判八三八号三二頁）がある。

（3）　学説・裁判例によれば、不正競争防止法に定める営業秘密を「使用」した競業は、同法の規制により、契約上の根拠がない場合でも、制限が可能であるが、営業秘密を使用しない競業を制限するためには、契約上の根拠が必要とされる〔荒木尚志『労働法〔第二版〕』（有斐閣、二〇一三年）二六〇頁、等〕。なお、二葉印刷事件・東京地判平一九・一〇・一五労判九五三号八二頁。しかし、競業避止特約の有効性については、しばしば争われてきたところである。

（4）　被用者の退職後の競業行為をめぐる紛争において、競業行為を理由として退職金の不支給または減額がしばしば問題となるが、前掲水町勇一郎『労働法〔第四版〕』（有斐閣、二〇一二年）一三三頁は、競業行為に対する退職金の減額・不支給という措置について、「この措置の適法性は、理論的には賃金（退職金）請求権の成否という、競業避止特約の有効性とは別次元の問題である。」とされる。

（5）　例えば、芦屋学院事件・大阪地判昭六二・九・九判時一二四号一〇三頁（至近距離において学習塾を経営したことが不法行為に該当するとされた事例）、東京学習協力会事件・東京地判平二・四・一七労判五八一号七〇頁（学年度途中で他の従業員をひきつれて学習塾を退職し、その近くに新たな学習塾を開校し、講師の大半をひき抜くとともに、生徒の多くを入会させた行為は就業規則上の就業避止義務に違反し、損害賠償を免れないとされた事例）、チェスコム秘書センター事件・東京地判平五・一・二八判時一四六九号九三頁（電話転送器を利用して秘書代行業を営む会社の従業員が、退職後に同種の業務を営んだことが労働契約上の債務不履行に該当するとされた事例）、日本コンベンションサービス事件・大阪高判平一〇・五・二九労判七四五号四二頁（退職した従業員が、同種の事業を営む新会社を設立したことにより会社の社会的、経済的信用が減少し、四〇〇〇万円の損害が生じたとして、新会社の設立に際し、忠実義務ないし誠実義務に違反して従業員の移籍の勧誘などを行った元取締役支社長および支社次長に対する損害賠償請求が、原審の判断を変更して認められた事例）。これらの裁判例に対して、中部機械製作所事件・金沢地判昭四三・三・二七判時五二二号八三頁（製品開発のため迎えられた技術部設計課長の契約関係が請負でなく雇用とされ、退職した同課長に競業避止義務がないとして、損害賠償請求が棄却された事例）、港ゼミナール事件・大阪地判平一・一二・五判タ七四六号一八一頁（学習塾のもと講師が、同塾の講師数名を雇って、至近距離において別の学習塾を開設し、営業行為を行ったことが、不法行為に該当しないとされた事例）、西部商事事件・福岡地裁小倉支部判平六・四・一九労判一二六〇号四八頁、五四頁（退職後の同業への就職を禁止する競業避止契約は有効に成立しているが、同業への就職及びそこでの営業活動が競業避止契約の債務不履行に当たることを理由に損害賠償を求める請求は理由がないとされた事例）、等がある。

（6）東京リーガルマインド事件（東京地決平七・一〇・一六労判六九〇号七五頁）においては、退職後の競業避止義務の約定に基づいて競業行為の差止めを請求するには、当該競業行為により使用者が営業上の利益を現に侵害され、又はその具体的なおそれがある場合であることが必要であるとともに、この実体的要件を許容しない特約は公序良俗に反して無効であるとされた。

（7）フォセコ・ジャパン・リミテッド・不正競業行為禁止仮処分命令事件（奈良地判昭四五・一〇・二三・下民集二一巻九・一〇号一三六九頁、判時六二四号七八頁）。

（8）前掲フォセコ・ジャパン・リミテッド事件判決一三七五―七六頁、一三八〇頁。

（9）三晃社退職金返還請求事件・名古屋地判昭五〇・七・一八・労判二三三号四八頁、前掲東京リーガルマインド事件・東京地決平七・一〇・一六労判六九〇号七五頁、日本科学事件・大阪地判平一五・一・二二労判八四六号三九頁、トーレラザールコミュニケーションズ（業務禁止仮処分）事件・東京地決平一六・九・二二労判八八二号一九頁、A特許事務所（就業禁止仮処分）事件・大阪地決平一七・一〇・二七労判九〇八号五七頁、すずらん介護サービス〔森田ケアーズ〕事件・東京地判平一八・九・四労判九三三号八四頁、ヤマダ電機（競業避止条項違反）事件・東京地判平一九・四・二四労判九四二号三九頁、アサヒプリテック事件・福岡地判平一九・一〇・五労判九五六号九一頁、三田エンジニアリング事件・東京地判平二一・一一・九労判一〇〇五号三〇頁、アメリカン・ライフ・インシュアランス・カンパニー事件・東京地判平二四・一・一三労判一〇四一号八二頁、関東工業事件・東京地判平二四・三・一三・労働経済判例速報二一四四号二三頁。

（10）前掲フォセコ・ジャパン・リミテッド事件判決一三七六頁、前掲ダイオーズサービシーズ事件・東京地判平一四・八・三〇労判八三八号三二頁、トータルサービス事件・東京地判平二〇・一一・一八労判・九八〇号五六頁、アイメックス事件・東京地判平一七・九・二七労判九〇九号五六頁、フランチャイズ契約終了後の競業避止義務について、エックスヴィン（ありがとうサービス）事件・大阪地判平二二・一・二五労判一〇一二号七四頁、等。

（11）競業禁止特約の有効性を判断するにあたって、多数の裁判例は、競業行為を規制する使用者の正当な利益、労働者の退職前の地位、競業が禁止される期間、地域、対象、使用者による代償措置の有無等の諸事情を考慮している（例えば、前掲ダイオーズサービシーズ事件〔東京地判平一四・八・三〇労判八三八号三二頁、前掲日本科学事件・大阪地判平一五・一・二二労判八四六号三九頁、前掲トーレラザールコミュニケーションズ（業務禁止仮処分）事件・東京地決平一六・九・二二労判八八二号一九頁、等〕）。こうして、裁判例は、特約の有効性の判断において、多様な判断要素を示しているが、こうした有効性はどのような要素を、どのように考慮してその判断がなされるのか不明確であるのみならず、競業禁止特約の有効性をめぐる裁判例の間には、これらの要素の位置づけや評価の点において、著しい差異がみられ、裁判の行方は不透明とならざるを得ない。

(12) 小畑史子「営業秘密の保護と労働者の職業選択の自由」ジュリ一四六九号（二〇一四年）五八頁。

(13) 被用者の退職後の競業避止義務をめぐる議論ついては、山口俊夫「労働者の競業避止義務——とくに労働契約終了後の法律関係について」石井照久先生追悼論集『労働法の諸問題』（勁草書房、一九七四年）四〇九頁、拙稿「労働者の退職後における競業禁止に関する契約」中川淳先生還暦祝賀論集刊行会編『民事責任の現代的課題——中川淳先生還暦祝賀論集』（世界思想社、一九八九年）四四二頁。土田道夫「労働市場の流動化をめぐる法律問題（上）」ジュリ一〇四〇号（一九九四年）五三頁、小畑史子「退職した労働者の競業規制」ジュリ一〇六六号（一九九五年）一一九頁、川田琢之「競業避止義務」『講座21世紀の労働法(4)』（二〇〇〇年）一三三頁、岩村正彦「競業避止義務」角田邦重ほか編『労働法の争点〔第三版〕』（二〇〇四年）一四七頁、土田道夫「競業避止義務と守秘義務の関係について——労働法と知的財産法の交錯」中嶋士元也先生還暦記念論集『労働関係法の現代的展開』（信山社、二〇〇四年）一八九頁、土田道夫『労働契約法』（有斐閣、二〇〇八年）六一五頁、水町勇一郎『労働法』（有斐閣、二〇一二年）一三二頁以下、荒木尚志『労働法〔第二版〕』（有斐閣、二〇一三年）二六〇頁以下、菅野和夫『労働法〔十版〕』（弘文堂、二〇一三年）九四頁、両角道代・森戸英幸・梶川敦子・水町勇一郎『労働法〔第二版〕』（有斐閣、二〇一三年）二二四頁、等参照。

(14) 中小企業白書（中小企業庁編〔二〇一四年版〕一八一頁）。同白書（一八七頁以下）によれば、ＯＥＣＤが行った起業家精神に関する調査（「もし、自営業者と被雇用者を自由に選択できると仮定した場合、自営業者を選択すると回答した者」の割合）によると、我が国は、欧米諸国に比べて、自営業を選好する割合が低いことが分かるとする。この背景として、起業家の地位や職業選択に対する評価も低いことが挙げられている。

(15) *See*, Harlan M. Blake, *Employee Agreements Not to Compete*, 73 Harv.L. Rev. 625, at 632-34 (1960).

(16) *See*, Thomas M. Hogan, NOTE: *UNCERTAINTY IN THE EMPLOYMENT CONTEXT: WHICH TYPES OF RESTRICTIVE COVENANTS ARE ENFORCEABLE?*, 80 St. John's L. Rev. 429 (2006).

(17) アメリカの多くの論者は、競業禁止契約の解釈における予測可能性の欠如の問題を認識してきたとされる。*See*, Ann C. Hodges and Porcher L. Taylor III, ARTICLE: *The Business Fallout from the Rapid Obsolescence and Planned Obsolescence of High-Tech Products: Downsizing of Noncompetition Agreements*, 6 Colum. Sci. & Tech L. Rev. 3 (2005). *See, e.g.*, Rachel S. Arnow-Richman, *Bargaining for Loyalty in the Information Age: A Reconsideration of the Role of Substantive Fairness in Enforcing Employee Noncompetes*, 80 Or. L. Rev. 1163, 1180-82 (2001); Pierre Bergeron, *Navigating the "Deep and Unsettled Sea" of Covenant Not to Compete Litigation in Ohio: A Comprehensive Look*, 31 U. Tol. L. Rev. 373, 373-74 (2000); Nathan Newman, *Trade Secrets and Collective Bargaining: A Solution to Resolving Tensions in the Economics of Innovation*, 6 Emp. Rts. & Emp. Pol'y J. 1, 2, 41 (2002); Kenneth J. Vanko, *"You're Fired ! And Don't Forget Your Non-Compete...": The Enforceability of Restrictive Covenants in Involuntary Discharge Cases*, 1 DePaul Bus. & Comm. L. J. 1, 2 (2002).

(18) *See*, Greg T. Lembrich, NOTE: *GARDEN LEAVE: A POSSIBLE SOLUTION TO THE UNCERTAIN ENFORCEABILITY OF RESTRICTIVE EMPLOYMENT COVENANTS*, 102 Colum. L. Rev. 2291 (December, 2002).

(19) *See*, *Id.* at 2293.

(20) *See*, Elizabeth E. Nicholas, NOTE: *Drafting Enforceable Non-solicitation Agreements in Kentucky*, 95 Ky. L.J. 505 (2006/2007).

(21) *See*, Kenneth J. Vanko, *"You're Fired ! And Don't Forget Your Non-Compete...": The Enforceability of Restrictive Covenants in Involuntary Discharge Cases*, 1 DePaul Bus. & Comm. L. J. 1 (2002).

(22) *See*, Matthew K. Miller, NOTE: *Inevitable Disclosure Where No Non-Competition Agreement Exists: Additional Guidance Needed*, 6 B.U.J. SCI. & TECH. L. 9 (Spring, 2000).

(23) ロランド・キュヴィリエ「競業避止義務と守秘義務――労働者にとってきずなかくびきか」ＩＬＯ時報・第二九巻第三号・一九七七年秋季号・六頁参照。

(24) *See*, Charles Tait Graves, James A. Diboise, Artcle: *DO STRICT TRADE SECRET AND NON-COMPETITION LAWS OBSTRUCT INNOVATION?*, 1 Entrepreneurial. Bus. L.J. 323 (2007).

(25) *Id.* at 324.
(26) *Id.*

第一章

雇用関係の終了後の競業禁止特約

英米における競争制限の法的規制の歴史的背景を中心に

一　はじめに

雇用契約に盛り込まれる雇用関係の終了後の競業を禁止する競業禁止の特約は今日、わが国の多くの産業分野において、その重要性を増してきた。とりわけ、こうした雇用関係の終了後の競業禁止特約は、産業のハイテク部門に限らず、ほとんどの産業各部門において被用者の退職前の会社における地位・身分がどのようであるかを問わず、普通にみられるようになってきた。こうした競業禁止特約は、ハイテクで、知識・情報が基盤の経済のもとにおいて、技術などの上で、きわめて重要になってきたものを確実に守るために、企業によって用いられてきたのである。つまり、使用者は、単に自己の企業におけるトレード・シークレットや顧客関係だけではなく、被用者に対する教育訓練にかかるコストなどを含んで、多額にわたる投資を守るためにも、必ずしも必須のものとはいえないとしても、競業禁止特約をきわめて重要な手段とみてきたのである。しかしながら、多くの被用者は、まさにそうした理由のゆえに、あえて雇用関係の終了後における競業禁止特約の締結を好まないのである。つまり、被用者は、多年にわたって習得してきた知識・技能・経験などについて、何よりも、活かしていきたいわけであって、さらにキャリアをみがく機会が制限されることにより、使用者によって足止めを食うことを望まないのである。

いずれにせよ、雇用関係の終了後における競業禁止特約は、被用者の職業選択の自由と直接に抵触する関係にあるために、その特約の効力については、各事案の具体的事実関係に基づいて、とりわけ、わが国の下級審レベルの裁判例においては肯定と否定に大きく分かれており、当該事件判決の結末には不確実性がともなうところである。(1)

一方、雇用関係の終了後の競業禁止特約をめぐるこのような「予測不確実性」について、アメリカでも、競業禁止特約(covenant not to compete)は、雇用関係においてますます重要な位置を占めるようになってきたにもかかわらず、とりわけ、州レベルの裁判例は、結果として遅れをとり、知識経済社会のもとにおいて雇用関係の終了後の競業制限によってもたらされる多くの困難な問題に適切に対処するためのツールを生みだしてこなかった、といわれる。(2) その結果として、州レベルの裁判所は、あたかも不法行為事件を取り扱うかのように、つまり、きわめて事件の結末の予測が困難ななかで、特定の事案に特化した取り組み方で、競業禁止特約に取り組んできたとされる。

もとより、競業禁止特約をめぐる「予測不確実性」の問題については、多くの理由が考えられるが、(3) 裁判所は、あくまでも各事案の具体的な事実関係を中心として、競業禁止特約の分析検討を行ってきたところである。しかしながら、裁判所が具体的なケースにおいて事実関係に即して判断すべきことはいうまでもないが、ある競業禁止特約をめぐる紛争の解決が裁判所に持ち込まれた場合に、裁判の前提として確定されるべき事実について、個々の裁判官によって事実そのものに対する評価に違いが出てくる可能性がある。例えば、会社と被用者との間で競業禁止特約が結ばれたとしても、雇用関係の終了後の競業制限の期間、対象地域、制限の対象とされる活動範囲、というような事実の見方の違いを典型例として、裁判所によって事実そのものの解釈が異なるという事態が起こりうる。

しかし、このままでは、企業のトレード・シークレットや顧客関係などをめぐって、契約当事者は、どのような内容の期間、地理的範囲、活動範囲であれば、裁判上においても強制可能な特約として認められるのか、必ずしも定かではない。そこで、すでに述べたような見地から、以下、本章では、わが国における雇用関係の終了後の競業禁止特約の「予測不確実性」の問題を検討するために、まず、その歴史的な背景を探ることは不可欠の前提であると考えられることから、競業禁止特約について、イギリスおよびアメリカにおけるコモン・ローの歴史の初期段階からの取り扱いをふり返り、次に、アメリカにおいて独占禁止法制の中心をなしている「シャーマン（反トラスト）法・Sherman（Anti-trust Act」のもとでの雇用関係の終了後の競業禁止特約の取り扱い、さらに、州レベルのコモン・ロー上の取り扱いなどについて、若干の歴史的考察を試みたい。

二　アメリカにおける法源と起源

1　二つの法源

アメリカにおいて、被用者の雇用関係の終了後の競業禁止特約については、「契約（contract）」と「取引制限ないし営業制限（restraint of trade）」という二つの異なった法分野が交錯している。また、このような競業禁止特約は、二つの基本的な法源、すなわち、州レベルで裁判所が取り組んできたコモン・ローと連邦レベルのシャーマン（反トラスト）法に大きく分かれる。この内、とりわけ、州レベルの裁判所は、競業禁止特約の有効性を分析検討するために、時と場合により、取引制限についてコモン・ロー上において生み出されてきた諸要素を取り入れてきたわけであるが、おおおむね、この国の伝統的な契約法の諸原則を用いてきたところである。これに対して、連邦レベルの裁判所は、主として、一八九〇年に制定をみた同国最初の独占禁止法であるシャーマン（反トラスト）法のもとで、雇用関係の終了後の競業制限行為について検討を加えてきたところである。[4]

アメリカにおける連邦の反トラスト政策は、前述のシャーマン（反トラスト）法に、主要な表現をみてとることができるが、同法は、もともと一九世紀後半における取引制限についてのコモン・ローを法制化したものにほかならない。この点について、例えば、アメリカ連邦最高裁判所はナショナル・ソサエティ・オブ・プロフェッショナル・エンジニアーズ対合衆国事件[5]において、これらは共通の起源を有することを承認した。すなわち、同国連邦最高裁判所は本件において、州レベルの取引制限に関するコモン・ローとシャーマン（反トラスト）法の双方が、共通の起源にまでさかのぼることができることを明らかにしたのである。[6]

2　コモン・ロー上の起源

ところで、取引制限の契約は、イギリスにおけるコモン・ローの歴史の初期段階での取り扱いを類型分けしてみるならば、次の三つに大別できる。すなわち、①一般的取引制限型、②部分的取引制限型、③将来の雇用に対する制限型、である。[7] この内、まず、一般的取引制限型は、常になんらかの形で取引を阻害し、なんら競争に利益をもたらすものではないというような契約からなっている。したがって、こうした契約はそれ自体、法的に無効（void per se）とされた。[8] 次に、部分的取引制限型は、営業の譲渡に付随するような契約にほかならない。こうした契約は、一見して取引制限にあたるようにもみえるが、当該取引制限の合意の範囲が合理的に限定されている限りにおいて、イギリスの裁判所は一般的に、そうした契約を支持してきたとされる。[9] さらに、将来の雇用に対する制限型は、今日の雇用関係の終了後の競業禁止特約に相当するものである。しかしながら、後にみるように、それは、経済的自由に否定的な影響を与えるものであることから、当該制限の範囲にかかわりなく、無効と判断されたのである。(10)

三　イギリスにおける雇用関係の終了後の競争制限についての初期のコモン・ロー上の取り扱い

すでに二の2でみたとおり、取引制限の契約は、三つの類型に分けられるが、とりわけ、雇用関係の終了後の将来の雇用に対する制限はコモン・ローにおいて、それ自体法的に、「当然に無効（invalid per se）」とみなされた。なぜならば、そうした制限は、イギリスの伝統的な徒弟奉公（apprenticeship）のルールに違反したからにほかならない。

すなわち、イギリスにおいては一六世紀から一七世紀にかけて、まさに徒弟制度が経済全般にゆきわたっていた。実際、この間に、同じ種類の仕事を行う労働者は、自らの権利を守るため、職種ごとに団結して、いわゆる手工業ギルド（craft guild）を形成し、こうした職種別の職人組合はこの国における経済活動全般を支配していたことが特筆される。(11) そして、職種別組合は、それぞれの職種に対して強い統制力をもっており、特別の知識・技能をもつ親方職人（master）のほか、まだ親方にはなっていないような職人（journeyman）、修業中の徒弟（apprentice）という三つの集団からなっていた。(12)

そして、とりわけ、こうした徒弟制度のねらいは、親方である熟練職人（craft）のところで召し使われて勤める傍らで、若い未熟練の徒弟らに、ある種の技能や仕事の妙味を自分のものにするために、職業訓練を施すことにあった。(13) そして、親方職人と徒弟との間は、年期奉公契約（indenture）で結ばれていた。すなわち、年期奉公契約は、場所により、職人の組合によっても異なるが、その約定のなかで、一定の期間は、通常は七年間とされるが、低い賃金労働の見返りとして、親方職人が、主だった技能訓練を徒弟に授けることが約束されたのである。[14] そして、当該徒弟は、こうした年期奉公の約束の年限が満たされたあかつきには、一人の職人として、晴れて自由の身ともなり、自らの仕事をこなす一方で、時には親方職人にもなっていったのである。[15] この点、最も重要なことは、こうした徒弟制度のもとにおいて、本来、高度な技能を身につけた有能な親方職人を生みだす一方で、生産性や経済全般の効率性の向上を図ることが目的とされていたことである。

しかしながら、その一方で、親方職人らはこうした徒弟制度のもとで、しばしば、一定の職業や地域において競争状況を減らすために、自らの徒弟らが親方職人になることを困難または不可能にさせるような、契約の合意を徒弟らに迫ることが少なくなかったとされる。[16] しかし、あたかも今日の競業禁止特約に相当するような、そうした特約の合意は、親方職人と直接に競争関係に立ちかねない起業を徒弟が図ることを制限するものであって、直接に競争を減らし、経済的自由を妨げる機能を果たすものとして、取引の一般的制限とみなされたのである。[17] イギリスの裁判所はコモン・ローの歴史の初期段階において、雇用関係の終了後の競業制限に対して否定的な態度を示すにあたって、きわめて重要な要因として、経済的自由の促進を指向する一方で、職業訓練を営々と積み重ねてきた徒弟らが、仕事の上で競争関係に立つことについて、その重要性を認めていたからにほかならない。

例えば、その当時のイギリスの競争制限特約について、裁判所の代表的考え方をあらわす具体的事例として、ダイヤー事件[18]が挙げられる。本件は、ある職人の個別的行為に対する制限をめぐる最初の事例として、しばしば、取り上げられる事例である。すなわち、本件は、原告が被告である染め物師に対して、コモン・ロー上の訴訟方式の一つとして、（定額）金銭債務の支払いを請求する訴訟を起こした、という事案である。[19] これに対して、被告ダイヤーの主張によれば、自己の「年期奉公契約」、あるいは徒弟契約によれば、徒弟として年期奉公を勤め上げた後に、六カ月間は原告の居住する町で、被告が仕事を行わない限り、本件（定額）金銭債務の支払いは免除されるべきである。そして、本

件被告の主張によれば、このような条件はすでに満たされた、ということであった。(20)

ところが、本件ダイヤー事件においては、訴訟手続きをとることは認められたが、それ以後の訴訟手続きは報告されていない。が、本件裁判所の裁判官によれば、当該制限は、経済的自由原則を逸脱することから、コモン・ロー上、違法、無効とされ、主張された事実の法的効果に異議を唱えた旨が、示唆された。(21)

次に、ダイヤー事件判決以降、約一五〇年の間の記録を振り返ってみるならば、将来の雇用に対する制限について、イギリスにおけるコモン・ローの歴史の初期段階の見解は、次の四つの事件において何度も繰り返されてきたところである。(22) この内、一五七八年になされた事件判決は、親方職人が、徒弟に対して、年期奉公を勤め上げた後に、四年間は身につけた技能を用いないことに合意するよう求めた、という事案である。(23) これに対して、本件裁判所の判示によれば、当該義務づけは、無効であるとされた。(24)

次に、右事件の二四年後のコルゲート対バッチェラー事件(25)は、被告の息子が、一定の期日前に、ケント州、とりわけ、カンタベリー市あるいはロチェスター市内で、男性用服飾品の商いに従事するならば、原告に二〇ポンドの支払が義務づけられた、という事案である。これに対して、本件裁判所の指摘によれば、当該制限は、広範なものとはいえないが、「いつでも、どこでも、仕事を行うことを制限することは違法である」、とされた。(26)

もとより、前述のような裁判例は、あくまでもその当時の競争制限特約に関する事件の一端をあらわしているにすぎない。が、裁判所は、なぜそうした判決を下したのか、その理由について、必ずしも詳細に説明を行っているわけではない。しかしながら、こうした裁判例は、少なくとも、将来の雇用に対するすべての制限は、無効であるとする、イギリスにおけるコモン・ローの歴史の初期段階の厳しい考え方を明らかにするものである。

また、次に、一五八七年のサウスミムスのブラックスミス事件(27)は、原告ブラックスミスが、競業禁止特約の違反を理由として、また別のブラックスミスを訴えたが、むしろ逆にそのために投獄された、という事案である。本件競業禁止特約の制限には、時間的制限が設けられていなかっただけではなく、地理的制限も当該町を越えるほど、広範なものであった。[28]

さらに、一六一四年のイプスイッチ・テイラー事件[29]は、本件の町において徒弟としての身分で最初に奉公を勤め上げることができなかったことや、当該職人組合から制裁を受けなかったことを理由として、洋服職人組合が、ある洋服職人を訴えた、という事案である。これに対して、本件裁判所が判示するところによれば、当該競争制限は無効である、ということであった。「コモン・ロー上、いかなる者も、いかなる合法的職業であれ、働くことは禁止されえない」、という理由からである。[30]

こうした競業禁止特約に対する初期段階のコモン・ローの背景には、イギリスにおける深刻な労働力不足によってもたらされる経済的なおそれや、徒弟が親方職人と競争関係に立つような起業をさせないことを確実なものにしようとした徒弟制度があった。すなわち、一方で、一三〇〇年代の中頃にイギリスにおいて大流行した「黒死病（Black Death）・ペスト」によって、きわめて深刻な労働力不足がもたらされた。[31]その結果として、皮肉にも一人ひとりの賃労働者の労働力の価値は高められ、賃金は上昇したのである。かくして、年齢六〇歳未満の者は誰でも、解雇することは、違法とされた一方で、労働の移動に対して課されるいかなる制限も、犯罪行為を幇助するものと解されたのである。[32]

また、他方で、職種ごとに団結した職人組合は、競業禁止特約など競争制限特約について、初期段階のコモン・ローの発展に大きな役割を果たした。すなわち、一四世紀から一六世紀にかけて、イギリスにおいて職種ごとに強く団結した職人組合の勃興と不可分に結びついた労働力の不足によって、裁判所も、技能、経験、訓練を身につけた労働者を世の中に送り出すため、親方職人だけではなく徒弟の修業を済ませたが、まだ親方にはなっていないような職人に対しても、その移動を確保するように求められたのである。[33]ちなみに、この間に、およそ労働者が賃上げまたは労働時間の短縮のために共謀することに対しては、刑罰をもって臨むという一五四八年法（Statute of Artificers and the Act of 1548）が、制定されたのである。(34)

すでにみてきたような徒弟制度との積極的、または消極的にかかわる競争制限特約をめぐる裁判例の積み重ねを通じて、伝統的な徒弟制度から資本主義的な起業家精神に基づく制度への長くて、困難な道のりが見てとれる。こうした過渡期には、経済的自由と競争の保持が求められたわけであるが、経済的自由主義の観念と契約上の義務を第一義とする考え方は、何よりも、イギリスの法的、経済的思想のなかに深く根ざすものであったといえる。(35)

いずれにせよ、イギリスにおいて資本主義が発達し、工場などの機械化が進むにつれて、むしろ未熟練の労働者が求められるようになるに従って、やがては、かつての職人組合の重要性も次第に薄れていった。がしかし、その一方で、商人階級が増大することによって、その経済活動にもたらされる競争制限に関心がもたれるようになったのである。(36)

そして、こうした移行期の当初、一七一一年には、イギリスにおける競業禁止特約をめぐる裁判例の歴史的流れのなかでも枢要な事件として、ミッチェル対レイノルズ事件判決が下された。(37) 本件事案の概要は、次のとおりである。すなわち、本件紛争の特約は、雇用に基づくものではなく、営業譲渡にともなうものであるが、本件ミッチェル事件において被告は、セント・アンドリュース・ホールボーン市において原告にパン屋を売却した。その際に、売却の条件として、被告は、五年間は製パン業には従事しないことに合意した。そして、もし、被告が本件合意に違反するならば、原告に五〇ポンドを支払わねばならなかった。しかし、本件被告がこうした条件に違反したことから、原告は、同額の支払い請求をしたのである。これに対して、被告の主張によれば、同人の職業はパン屋であり、本件合意は、将来の雇用に対して制限を課するものであることから、法的に無効である、ということであった。(38) しかしながら、本件マックレスフィールド裁判官（Lord Macclesfield）は、この事案に対して、原告勝訴の判決を下したのである。(39)

本件裁判官の見解から明らかなことは、伝統的な競業禁止特約に対して、一般的制限と部分的制限の二つに分けて、分析検討を行ったことである。当初、同裁判官は、一見して将来の雇用に対するすべての制限は、瑕疵を治癒して、有効なものとはなしえず、それ自体無効である、という初期段階のコモン・ロー上の考え方を放棄したように思われた。

がしかし、本件ミッチェル事件判決を含む事件は、次のように解釈をすることができる。すなわち、第一に、イギリス全土にわたってどのような職業であれ、その遂行を独り占めにすることは完全な独占であり、法の政策に違反するものである。しかし、第二に、特定の場所あるいは人に対して制限が課されるときには、直ちに、独占にあたるものではない。第三に、こうした制限は、慣習をよりどころにするものであることから、およそ慣習は、良俗なものでなければならないが、必ずしもそれ自体法の明示の禁止には違反しない。[40] 第四に、職業の制限が法的に許される場合、罰則つきでそれを強制することは、法に反するものではない。第五に、いかなる者も仕事をまったく行わないことを契約することはできない。第六に、正当な事由ないし約因（consideration）のともなわない一定の制限は、正当とはいえない。[41]

すでに述べたほか、さらに、本件裁判官は、契約自由の法理の重要性を認めた。すなわち、「人は、熟慮のうえで、自ら同意することによって、自己のために、自己の職を譲り、特定の場所において仕事を他者に手放すことができる」、「本判決において真に区別される特質は、約束や債務証書ではなく、契約について合意を構成する約束を支持する約因を有するかどうかである」、という同裁判官の指摘からみて、同判決には、契約自由の法理の重要性が色濃く反映されていることは、明らかであろう。[42]

しかしながら、アメリカにおける取引制限に関する法やシャーマン法の展開に重大な影響を与えた前述のミッチェル事件判決のとりわけ重要なところは、単に契約法理の重要性を認めたことだけにとどまらず、今日、「合理の原則(rule of reason)」と呼ばれる包括的な判断基準を取り入れたことである。[43] もとより、「合理の原則」は、営業譲渡の一環として、ミッチェル事件判決以前にも用いられてきたところであるが、ミッチェル事件判決において「合理の原則」が実用的で重要な基準とされたことは、一般的に承認されている。

「合理の原則」との関連で、マッククレスフィールド裁判官はミッチェル事件判決において、「すべての取引制限において、もはやそれ以上は解明のすべがないような場合には、そうした制限は法的に妥当ではないと推定される。しかし、そうした推定が覆されるような状況が、明らかにされるならば、当該裁判所はそうした状況について判断を行い、判決をなすべきである。その上で、正当かつ真摯な契約であるようであるならば、それは、守られるべきある」、とした。(44)

このようにして、前述のミッチェル事件判決以降、すべての取引制限は、一応無効（prima facie invalid）であるという伝統的ルールは、維持される一方で、裁判所は、当該事案の諸般の事情に基づいて、当事者が競業禁止特約の有効性を立証することを許してきた。そして、こうした基準のもとで、一見して取引を制限するとみられる契約が支持されるのかどうかを判断する際に、裁判所は、当該合意の背景には、何か重要な経済的または事業上の目的があるのかどうかや、当該契約に拘束力を与える適切な約因を有するのかどうかについて、判断することが求められたのである。そして、裁判所は、当該契約が適切な約因に基づくだけではなく、経済的および事業上の目的を有するならば、諸般の事情、とりわけ、当該合意がなされたときの諸事情からみて、当該同意の諸条件が合理的であるかどうかについて判断を下すわけである。

しかし、あえて言うならば、前述のミッチェル事件判決においては、自然法思想と自由放任主義思想を背景として、法的安定性ひいては司法の不干渉の原則の一環として、コモン・ローの歴史上生まれてきた「契約の自由」の理念を希求するほど、本件裁判官には、強い信念がみられないことである。それどころか、本件裁判官によれば、「交渉力の不平等性が考慮されることがきわめて重要であることは明らかである」、ということであった。(45) かくして、ミッチェル事件判決における裁判官による契約原則の承認、とりわけ、契約成立には有効な約因が要件とされるということは、契約原理それ自体を促進すること、あるいは当該被告の自由に不当な制限を課することを強く指向するというより、むしろそうした契約原則は、当該契約が強制されたものではなく、あるいは少なくとも、公正さを担保するものである、といった裁判官の考え方に基づいているようにも思える。

すでに前にみてきたように、イギリスにおいてはミッチェル事件判決を契機として、雇用上の特約についての重要な判例法理は、一応の完結をみたといえる。[46] こうして、中世の封建的社会から資本主義的経済社会への長い道のりを経て、事業上の競争は、一段と増大するようになり、使用者は自らの事業を守るため、新たな方策を模索しはじめた。そして、一八世紀の後半から一九世紀の初頭までに、イギリスにおいては、徒弟制度が大きく崩れる一方で、当事者が法的拘束力を有する合意を結ぶという「契約の自由」の観念が、イギリスの市場経済システムにおいて重要な考え方になっていった。つまり、当事者の契約が安定的に履行強制されることが、従来の徒弟制度によって失われた安定性に取って代わるようになったのである。[47]

しかしながら、イギリスにおいて「契約の自由」を重視する傾向が強まるに従って、裁判所は、古い封建的経済システムに根ざした、ミッチェル事件判決に代表されるような従来の考え方と、新たな経済の現実をいかに両立させるべきか、というような問題に立ち向かわなければならなかった。

いずれにせよ、雇用関係の終了後の制限特約の拡大は、イギリスにおける伝統的な徒弟という身分制度から契約制度への移行を明らかにあらわすものにほかならない。この点について、言い換えるならば、起業家精神に基づく資本主義が繁栄し、競争が増大するにつれて、被用者の将来の雇用を制限する契約条項は、より一層普通になっていったのである。[48] 競争を規制する一方で、技能を維持したり、労働力を提供したり、職業訓練を施すことを確実に行う徒弟制度の代わりとして、まさに当事者間の「契約」こそが、雇用関係を規律する基本的な手法でありうるようになったのである。[49]

すなわち、かつての親方職人に代わって、使用者は、被用者による将来、すなわち雇用関係の終了後の過度の競争から、あるいは少なくとも、新たな競争によって大事なトレード・シークレットや顧客を失うことから自らの企業を守ることを求める一方で、かつての徒弟に代わって、被用者は、徒弟制度の衰退とともに、ある意味で労働市場での安全網や職業訓練の機会を失うに至ったのである。[50] つまり、新たな経済システムのもとで、被用者自らが仕事と職業訓練を確保するため、多くの被用者は、雇用を得て、職業訓練やそれよって経験を積んでいくためにも、将来の行動の自由を制限されること以外に、よりよい選択肢はないという状況に追い込まれていったのである。[51]

しかしながら、前述のような経済システムにおける大きな変化にともなって、取引制限の分野においても新たに法的に対応する必要性が生じてきたにもかかわらず、裁判所は、ミッチェル事件判決における「合理の原則」という基本的な判断基準を完全に放棄したわけではなかった。[52] この点について、とりわけ、何が変化したのかといえば、「合理性（reasonableness）」について、分析検討する際の要素に焦点が当てられたことである。すでに述べたように、ミッチェル事件判決では、当該競争制限の「合理性」を審査する際の基準として、一部分は、約因の存在がよりどころとされた。したがって、適切な約因の存在が証明されないならば、裁判所は、少なくとも理論的には、当該競争制限を法的に強制しないように思える。しかしながら、イギリス社会において資本主義がより発達し、契約原則に対して、より一層注目が向けられるに従って、裁判所は、必ずしも厳格とはいえないような、より柔軟な要件を採用するようになっていった。すなわち、この点について、当該契約それ自体に実際に約因があるのかどうかということではなく、当該契約が、全体として、公正かつ合理的なものかどうかということが、重要になったのである。

もとより、ミッチェル事件判決における「合理の原則」という判断基準が、経済情勢の変化に応じて、将来の雇用に対する制限に関する事件において採用されはじめたことは一応妥当なことであるといえる。こうした「合理の原則」という判断基準を明確にし、再構成したイギリスにおける最初の事例は、一八三一年のホーナー対グレーヴズ事件[53]であった、とされる。本件ホーナー事件は、当該使用者が仕事を継続する限り、同人の居住する町の一〇〇マイル以内で、歯科医を歯科助手が開業することを禁止するということにより、将来の雇用に制限が課されていた、という事案である。[54]

これに対して、裁判所は、当該合意を否定するにあたって、「合理性」を構成する要素としては、当該契約において明らかにされた約因に限定されるものではなく、当該制限には、単に当該当事者の利益のために公正な保護が与えられているかどうかのみならず、社会公共の利益に違反していないかどうか、すべての事実が関係している、とした。そして、本件裁判所の判決によれば、当該制限は、不当に広すぎる、ということであった。歯科医療の個人的な性質上、そうした広範な医療が元の使用者自身によって行われることは、不可能であるからにほかならない。[55] いずれにせよ、本件において重要なことは、裁判所が、「合理性」という判断基準について見直しを行うことによって、契約当事者の利益と社会公共の利益との両立を図ったことである。[56]

次に、ホーナー対グレーヴズ事件判決がなされた八年後に、裁判所はワード対バーン事件[57]においても、「合理の原則」の基準を採用し、二年の期間だけという限定つきの制限特約を無効とした。本件は、被告が二年間、原告の顧客を勧誘しないこと、あるいは顧客に販売しないこと、および九カ月間、競争相手のところで働かないことに合意した、という事案である。これに対して、本件裁判所は、ミッチェル事件判決を手がかりとして、地理的制限が設けられていないことを理由として、そうした制限は両方とも、本来一般的に、無効である、とした。

前述のホーナー事件判決に続いて、イギリスの裁判所はさらにタリス対タリス事件[58]において、近代的な起業家精神に基づく資本主義的経済システム、そして、契約自由の原則の促進に向けて、「合理の原則」の判断基準を、適応させていった。すなわち、女王座裁判所（Court of Queen's Bench）はタリス対タリス事件において、すべての取引制限は一応無効であるという、ミッチェル事件判決において明らかにされた伝統的な考え方を修正するどころか、当該契約当事者には、当該特約が不合理であって、無効である、という立証責任がある旨を判示した。[59] そして、そうした立証がなされないならば、当該契約の合理性が推定され、契約当事者双方によって自由に契約がなされたものとして支持された。

本件タリス事件判決以降、イギリスの裁判所が、取引を制限する契約を分析検討する際に、主として契約の自由に焦点を当てたことは、疑いもなかった。このことは、タリス事件判決直後にイギリスの裁判所によって述べられた次のような見解からも明らかであろう。

すなわち、「ある契約が公序良俗に違反して無効である、というような考え方を恣意的に拡大してはならないことには、留意しておかなくてはならない。そのほかに公序良俗から求められるものがあるとするならば、思慮分別のある者は、究極的に契約の自由を有するものであって、自由かつ任意に締結された契約は、尊重され、正義の裁判所によって法的に強制されなければならないからである。それゆえに、こうした重要な公序良俗に配慮し、かかる契約の自由に軽々に干渉すべきではないのである」[60]、とする。

このようにして、イギリスの裁判所が、「一般的制限」に関するような事例をはじめとして、すべての取引ないし営業の制限の事例において契約原則を採用するに至るまでに、それほど時間は要しなかった。例えば、イギリスの裁判所は一八九七年のノーデンフェルト対マクシム・ノーデンフェルト・ガンズ・アンド・アミューニション社事件において、巨大軍事企業の売却と世界的な広がりをもつ競業禁止特約を支持したのである。[61] すなわち、この国の貴族院(House of Lords)は本件判決において、「被特約者の利益を保護するために、合理的な必要性を超えず、公益に違反しない競業制限は、支持されるべきである」、と判断することにより、すでに述べた、とりわけ、期間や地域を限定しない「一般的」な形の制限の有効性について、必ずしも容易とはいえないような疑問を解きほぐした。[62] そして、本件のマクノートン裁判官(Lord MacNaughten)は補足意見のなかにおいて、次のように、今日の判断基準の基礎となるものを提示した。

すなわち、「取引制限や個々の活動に対する干渉は、特定の事件の特別の事情によって正当化されうる。実際、当該競争制限が合理的とは、すなわち、当該契約当事者双方に関してのみならず、公益に関しても合理的であるならば、社会公共に何ら害を与えるものではないとともに、制限を課される契約当事者に対して、適切な保護が与えられることが担保される限り、保護としては十分である」[63]、とする。

このようにして、すでにみてきた、コモン・ローの積み重ねを踏まえて、アメリカにおける取引制限に関する初期のコモン・ローにおいては、イギリスにおける競業禁止特約の取り扱いに倣った考え方が打ち出された。すなわち、競業禁止特約について、ミッチェル事件判決において最初に採用をみたように、一般的制限と部分的制限の二つに分けて、分析検討するルールが初期の事件に適用されたのである。が、このルールはやがて、「合理の原則」に取って代わられていったのである。[64] しかし、アメリカにおける初期のルールでは、単に当該契約の諸条件にとどまらず、当該被用者側の利益についても検討がなされたことは看過されてはならない。

四　アメリカにおけるシャーマン（反トラスト）法

すでに前に述べたように、取引制限に関するコモン・ローは、イギリスからアメリカへほぼそのままの形で受け継がれていった。しかし、一七六〇年頃から一九世紀の初頭にかけて、イギリスを中心とした機械や動力面における発明を契機として起こった社会および経済構造の大変革、すなわち、いわゆる産業革命の間に、アメリカの経済、社会に起こった劇的変化は、単に伝統的なコモン・ローによる救済だけでは十分としなかった。すなわち、アメリカにおける企業の巨大統合や産業の成長によって、効率性に富んだ大企業間において、従来から地域市場によって保護されてきた同じ生産物に関して、激しい競争がもたらされたのである。かくして、大企業の勃興およびコミュニケーションや輸送手段が発達するに従って、地域の明確な境界線は次第に薄れていった。

また、アメリカにおいて一八六一年から一八六五年にかけて争われた南北戦争（Civil War）の後は、激しい価格競争とデフレに特徴づけられるが、破滅的な競争に巻き込まれた企業が、トラストの形で取り決めを行い、価格競争を減殺するために株式を持ち合うということは、ある意味で、ごく自然な成り行きであったともいえる。

このようにして、「トラスト問題（trust problem）」が広く一般に認識されるに従って、連邦議会に対して行動を起こすように求める動きが必然的に起こった。しかし、当該トラストを規制する際の制限について、コモン・ローの当初の流れは、主な反競争的効果が第三者（消費者や小企業）にもたらされるとき、契約の当事者には、当事者適格（standing）（カルテルのメンバーだけがもつ）が求められる、ということであった。[65] これに対して、アメリカにおいて最初のトラストを規制する一八九〇年のシャーマン（反トラスト）法は、政府や影響を受ける私人にも当事者適格を拡大する一方で、同法は、第一条において、「数州間または外国との取引または商業を制限するすべての契約、トラストの形態による結合または謀議は、これを違法とする」[66]、と明確に定めることによって、コモン・ロー上の競争制限行為の規制を法制化したものにほかならない。

もとより、一九世紀末に制定されたアメリカにおけるシャーマン（反トラスト）法も、完全無欠なものではあり得ないが、何よりも、同法は、政治、経済にもたらされる影響力が大きいことから、巨大企業の存在を危惧する者らと、経済的効率性と高いレベルでの生産性によるコスト低下の促進に資する巨大企業の支持者らとの間での経済的、政治的対立のいわば妥協の産物にほかならなかった。[67] すなわち、同法の原案が示すように、極度に自由競争（free competition）を追求して、いかなるトラストの余地も残さないような法律を制定することよりも、むしろアメリカ連邦議会は、取引制限や独占を禁止する一方で、必ずしも意味内容が明確とはいえないようなコモン・ロー上の概念を採択したのである。[68]

このようにして、アメリカ社会が資本主義的な経済組織を維持、発展させていく上において、シャーマン（反トラスト）法の制定は不可避の流れであったが、企業の改革によってもたらされる利益を完全に犠牲にすることもなく、同法はかつてのような厳格さを緩和することによって、伝統的な産業にはいくらかの保護が与えられるようになった。[69]

このように、シャーマン（反トラスト）法には、アメリカにおける伝統的な企業を保護するところに本来の目的があったが、実際のところ、同法は最終的に、すでに述べたように、巨大企業に対する相対立する見方について、さらなる妥協を重ねたにすぎなかった。[70] この点、同法が妥協の産物にほかならないものであることは、前記同法第一条の規定からも明らかである。すなわち、同法は、「取引制限」という概念を直接明確に定義し、説明することよりも、シャーマン（反トラスト）法によって、伝統的な企業に与えられる保護が制限を受けることを避けるために、当時の連邦議会は、ある意味において意図的に「取引制限」という文言を用いることにより、その概念を曖昧な状態のままにしておいた、といっても過言ではなかろう。こうしたなかで、アメリカの裁判所は速やかに、様々な問題を取り扱うため、シャーマン（反トラスト）法のもとで一連の裁判例を積み重ねていったわけである。

いずれにせよ、重要なことは、雇用関係の終了後における競業制限の問題は、コモン・ローによる取引制限の規制の範疇に入れられる、数少ない領域の一つとして残されたことである。したがって、裁判所は各州レベルにおいて、まずは契約法の枠内に取り入れて、雇用関係の終了後の競業制限に対して、制限についての伝統的なコモン・ローを発展させて、解釈、適用を図ってきた。[71] かくして、州レベルにおける雇用関係終了後の競業制限の裁判例は、従来から形成されてきた裁判例の内容を条文の形であらわした、いわゆるリステイトメント（Restatement）などにおいて、数多くの引用をみることができるが、連邦レベルの裁判所によるシャーマン（反トラスト）法に関する裁判例の展開については、ほとんど言及をみないところである。

このようにして、連邦のシャーマン（反トラスト）法は、ごくまれな例外を除いて、制限的特約には適用されてこなかったわけであり、連邦裁判所が、競業禁止特約をシャーマン（反トラスト）法による綿密な審査の対象にしはじめたのは、雇用関係終了後の制限的特約に関するハーヴィー・ゴールドシュミット（Harvey Goldschmidt）[72] の論考による影響が大きい、といわれる。[73]

五　州のコモン・ロー上の取り扱い

アメリカにおける州レベルでのコモン・ローによれば、制限的特約は、(1)適切な約因があること、(2)「合理的」であること、(3)なんらかの合意に付随していること、[74]という要件を満たして初めて強制が可能とされる。しかし、この内、とりわけ、(2)の制限的特約の「合理性」については、一般的に、①当該制限が、使用者の正当な利益を保護するものか、当該利益保護の必要性を超えていないか、保護を受ける当該利益に合理的に関連しているか、②当該制限は、被用者が生計を立てることを不当に制限していないか、③当該制限は、公序良俗に適っているかどうかによって決められてきたところである。[75]

また、前述の①の当該制限的特約が使用者の正当な利益に合理的に関連しているかどうかについては、いくつかの要因から判断がなされる。しかし、一般的に、当該事業の性質や範囲によって左右される。例えば、医師、歯科医、弁護士のような専門的職業は一般的に、その性質上地元に密着しているとされる。したがって、逆に、地域に密着していないような専門的職業に対する競争制限は、法的に無効と判断される可能性が高いとされる。[76]これに対して、配送業者は、卸売業者か、小売業者かによって、そして、販売する商品の性質によって、地理的範囲が地域に密着しているか、それともその地域を越えるものか、例えば、国内だけか国外にも及ぶのか、いずれかであろう。[77]また、商品の製造、販売、流通に従事するような会社は、当該競争制限の地理的範囲が拡大される余地がある。[78]

また、当該制限の期間については、使用者の事業上の利益との関係で、当該制限の合理性が決められる。この点、例えば、時間的に限定のない制限は、ほとんど常に不当であるとされる。[79]しかし、制限が課される特定の産業について検証を行うことなく、当該時間的制限に関して、制限の合理性を判断することは、不可能に近いといえよう。この点、アメリカの裁判所は審理にあたって、事実関係を重視するあまり、事件判決に一貫性を欠き、ひいては制限特約を起案などする際に、混乱をもたらしてきたのである。

すなわち、制限の期間について、従来の裁判例をふり返ってみれば、例えば、一年または二年の期間にすぎない制限特約が無効とされる一方で、五年または一〇年という長期にわたる特約を支持するような裁判所がみられる。さらに、同じ管轄に属する裁判所であっても、ある裁判例では三年の期間制限が支持される一方で、別の裁判例においてはそれは無効とされる。また、この点について、裁判所は、個々の事例はその事実に基づいて判断されなければならない、といういわば当然のことを述べるほかに、あえて判決の整合性を図ろうとしているようには思われない。制限特約に関する裁判例を検証してみれば、諸判決は、諸般の事情を考慮して、全体として一応の結論を得たにすぎず、それ自体直ちに不当とは断定できないだけであろう。(80)

次に、②の被用者に対する制限の合理性について、当該制限の地理的範囲や期間などの諸問題の多くは、①の要因との関係で考慮される限りにおいては、むしろ漠然とした要因であるといえる。しかし、この際に考慮されるべきその他の付随的要因として、当該被用者の専門的知識・技術の程度、職場での地位・身分、長期かつ出費を要する訓練が、当該職務を遂行するために、関係しているかどうかなど、当該被用者の性質も問題となる。(81) すなわち、一般的に、当該被用者の専門的知識・技術が優れたものになればなるほど、当該使用者の利益はそれに応じて大きいものでなければ、裁判所が当該制限について、法的拘束力を与えることは難しい、とされる。(82) また、雇用関係の終了する前に被用者が雇用されていた期間が短いのであれば、使用者側において当該制限を法的に強制するためにあまり十分な利益がない、と裁判所に判断される可能性がある。(83)

また、雇用関係の終了をめぐる諸般の事情も考慮される。すなわち、例えば、当該被用者の解雇が明らかに不当なものであれば、たとえ合理的な制限であっても、使用者は、一般的に衡平法上の原則に照らして、強制は拒否されるであろう。しかし、他方で、顧客またはトレード・シークレットの流用を図って、競争相手に雇われるために、被用者が離職するような場合ならば、その他の事情から、使用者側の利益が制限を支持するには必ずしも十分ではないときでも、差止命令による救済が発せられる可能性が否定できない。(84)

また、当該競業の制限が制限を受ける被用者に不当な制約を課するものではないかどうかということが、考慮される。(85) すなわち、経済の状況、当該被用者の家庭の状況、または同人の居住地での在住期間なども、裁判所によって考慮されうる。(86) しかし、このような諸要因について考慮することは、一見して公正なようにもみえるが、当該契約の当事者は、これらのリスクを当該使用者に負わせてよいものかどうか、疑問が残らざるを得ない。

さらに、裁判所は典型的に、社会に対する損失を考慮する。すでに述べたアメリカの初期段階のコモン・ローにおいては、このような要因は、単に使用者または被用者のいずれかに有利に働くだけのものであって、紛争に決着をつけるものではなかった、とされる。(87) いずれにせよ、アメリカにおけるコモン・ローにおいては今日、当該制限が社会公共を害する可能性があるならば、こうした要因は決定的事実でありうる、とされる。(88) この点について、当該制限が、独占、あるいは価格支配または人為的に生産制限を図ろうとするものか、またはそうした目的をもつものであることが典型例として挙げられる。(89) しかしながら、裁判所は一般的に、こうしたことに対して決定を行うにあたり、シャーマン（反トラスト）法をどれほど精緻に分析検討してきたのか、疑問なしとしない。

六　おわりに

以上のとおり、雇用関係の終了後の制限的特約、とりわけ、競業禁止特約について、アメリカの裁判所は、もともとイギリスのコモン・ローにおいて展開され、シャーマン（反トラスト）法においても踏襲された「合理の原則」に基づいてその取り組みを行ってきた。

しかしながら、アメリカにおける州および連邦レベルの裁判所における競業禁止特約についての取り組みには、不十分なところが二、三みられる。まず、第一に、州レベルの裁判所と連邦レベルの裁判所の取り組みは、きわめて対照的である。第二に、各州レベルの裁判所での取り組みが異なることによって、使用者企業と被用者との間の雇用契約が、果たして有効かどうかについて、一定の予測不確実性は避けられない。第三に、すでに述べたようなコモン・ロー上の取り組みを行う諸州の間でも、当該ルールを適用する裁判官に依存せざるを得ないわけであって、さまざまな裁判所の分析検討の結果には、予測不確実性をともなう。その結果として、同じ州内においても予測可能性が低く、当該競業禁止特約が審理される裁判所の裁判官の判断に依存するところが大きい。まさに、こうした理由からも、裁判所には、より一層一貫した厳格な取り組みが求められるところである。

最後に、イノベーションの盛んな今日、企業のトレード・シークレットや顧客関係の保護はきわめて重要である一方で、企業間の競争維持もまた重要な課題である。アメリカのシャーマン（反トラスト）法は、日本の独占禁止法の母法とされるが、わが国においても、ハイテク企業の重要性が増大し、イノベーションが強調されるに従って、雇用関係の終了後の競業禁止特約が不当な取引制限に当たらないものかどうか、独占禁止法の視点は見逃せない。とりわけ、競業禁止特約の有効性の判断については、例えば、被用者のもつ特別の知識・技能などに対する「社会公共の利益」からの要請についても、十分な検討が必要とされる。

注

（1）とりわけ、競業禁止特約の有効性については判例上、被用者の地位、競業が禁止される範囲・業務・期間・地域、代償措置の有無などに照らして、合理性が判断される。奈良地判昭和四五・一〇・二三・下民集二一巻・九・一〇号一三六九頁（フォセコ・ジャパン・リミテッド事件）等を参照。

（2）*See*, Mark A. Glick, Darren Bush, Jonathan Q. Hafen, Article: *The Law and Economics of Post-Employment Covenants: A Unified Framework*, 11 Geo. Mason L. Rev. 357, at 358.

（3）*See*, e.g. ,Gary P. Kohn, *A Fresh Look: Lowering the Mortality Rate of Covenants Not to Compete Ancillary to Employment Contracts and to Sale of Business Contracts in Georgia*, 31 Emory L.J. 635 (1982); Cristi L. Jonson, Note, *Travel Masters v. Star Tours: A Recent Texas Supreme Court Decision Highlights the Tension Between the Court and the Texas Legislature Regarding Covenants Not to Compete*, 44 Baylor L. Rev. 937 (1992); Brett D. Pynnonen, *Ohio and Michigan Law on Postemployment Covenants Not to Compete*, 55 Ohio St. L. J. 215 (1994). Christine O'Malley, *Covenants Not to Compete in the Massachusetts Hi-Tech Industry: Assessing the Need for a Legislative Solution*, 79 B.U.L. Rev. 1215 (1999).

（4）15 U.S.C. §§ 1-7 (1997).

（5）National Society of Professional Engineers v. United States, 435 U.S. at 688 (1978).

（6）*Id.* at 688. アメリカのシャーマン（反トラスト）法は、概して抽象的であることから、コモン・ローの先例を通して、初めてその規制の意味内容を知ることができる。*See*, Standard Oil Co. of N.J. v. United States, 221 U.S. 1 (1911).

(7) Glick, *supra* note 2, at 360.
(8) *Id.*
(9) *Id.* 一般的に、部分的取引制限が合理的に範囲などを限り定められているならば、経済的自由や競争に与える影響は最小限度にとどめられるとされる。
(10) *Id.*
(11) *Id.* at 360.
(12) *Id.*
(13) *Id.*
(14) *Id.* at 360-361.
(15) *Id.* at 361.
(16) *Id.*
(17) *Id.* 一般的に、競争制限を課することを妨げようとする裁判所の試みは、推論の域を出ないものであったとされる。
(18) Dyer's Case, Y. B. Mich. 2 Hen. 5, fol. 5, pl. 26 (C.P. 1414).
(19) *See*, Harlan M. Blake, *Employee Agreements Not to Compete*, 73 Harv. L. Rev. 625, 636 (1960).
(20) *Id.*
(21) Dyer's Case, Y. B. Mich. 2 Hen. 5, fol. 5, pl. 26 (C.P. 1414).
(22) Blake. *supra* note 19. at 634-635.
(23) *Id.* at 634.
(24) *Id.* at 635.
(25) Colgate v. Bacheler, Cro. Eliz. 872, 78 Eng. Rep. 1097 (Q.B.1602).
(26) Blake. *supra* note. at 635.
(27) Blacksmiths of SouthMims, 2 Leo. 210, 74 Eng. Rep. 485 (C.P.1587).
(28) Glick, *supra* note 2, at 362.
(29) Ipswich Tailor's case, 77 Eng. Rep. 1218 (K.B.1614).

(30) *Id.*
(31) Glick, *supra* note 2, at 362.
(32) *Id.* at 362-363.
(33) *Id.* at 363.
(34) *Id.*
(35) *Id.*
(36) *Id.*
(37) Mitchel v. Reynolds, 1P.Wms. 181, 24 Eng. Rep. at 347 (Q.B.1711).
(38) *Id.*
(39) *Id.*
(40) Glick, *supra* note 2. at 364.
(41) *Id.*
(42) *Id.*
(43) *Id.*
(44) *Id.*
(45) Blake. *supra* note 19, at 637.
(46) *Id.* at 638.
(47) *Id.*
(48) *Id.*
(49) *Id.*
(50) *Id.*
(51) *Id.*
(52) *Id.* at 639-640.
(53) Horner v. Graves, 7 Bing. 735, 131 Eng. Rep. 284 (C.P. 1831).

(54) *Id.* 本件の歯科助手とは、歯科医の弟子のことであり、歯科衛生士あるいはその他の専門職を意味しない。

(55) *Id.*

(56) *Id.*

(57) Ward v. Byrne, 5 M.& 548, 151 Eng. Rep. 232 (Ex. 1839).

(58) Tallis v. Tallis, 1 El. & B. 391, 118 Eng. Rep. 482 (Q.B. 1853).

(59) *Id.*

(60) Blake, *supra* note 19, at 640–41. *See*, Printing & Numerical Registering Co. v. Sampson, L.R 19 Eq. 462 (Eng. Ch. 1875).

(61) Nordenfelt v. Maxim Nordenfelt Guns & Ammunition Company, (1894) A.C. 535. aff'g (1893) 1 Ch. 630 (Ch. App. 1892).

(62) Blake, *supra* note 19, at 642.

(63) Nordenfelt, (1894) A.C. at 565.

(64) *See*, Keeler v. Taylor, 5 3 Pa. 467, 470 (1867). *See*, Steam Navigation Co. v. Winsor, 87 U.S. (20 Wall.) 64 (1874).

(65) *See*, Associated Gen. Contractors of Cal. Inc. v. Cal. State Council of Carpenters, 459 U.S. 519, 521 (1983). *See*, William H. Page, *The Scope of Liability For Antitrust Violations*, 37 Stan. L. Rev. 1445, 1509 (1985). 本件裁判所によれば、不法行為や契約に関する事件における損害賠償についてのコモン・ローの限界にかんがみて、私的救済の範囲を解釈すべきであるとする。

(66) 15 U.S.C. §§ 1-7.

(67) Hans B. Thorelli, The Federal Antitrust Policy: Origination of an American Tradition 41-48, 436499 (1955).

(68) *Id.* at 225. 連邦議会は、単に不法行為に対する損害賠償だけではなく、コモン・ロー上の取引制限の事例に典型的にみられた恣意的強制の特徴を法律に盛り込むことを望んだとされる。

(69) *Id.* at 319-26.

(70) *Id.*

(71) Glick, *supra* note 2, at 370.

(72) *See*, Harvey J. Goldschmidt, *Antitrust's Neglected Stepchild: A Proposal for Dealing with Resrictive Covenants under Federal Law*, 73 Colum. L. Rev. 1193, 1193, 1207 (1973). ごくまれな例外を除いて、連邦反トラスト法は競業制限特約には適用されてこなかった、とする。そして、シャーマン（反トラスト）法や連邦取引委員会法は、この分野を再構築するために用いられるべきである、と主張する。

(73) Glick, *supra* note 2, at 370.

(74) もとより、こうした基準が適用される度合いは、州によって異なる。

(75) Glick, *supra* note 2, at 371.

(76) C.T. Dreschler, Annotation, *Enforceability of Covenant Against Competition, Ancillary to Sale or Other Transfer of Business, Practice or Property, As Affected By Territorial Extent of Restriction*, 46 A.L.A. 2d 119 (2002).

(77) *Id.*

(78) *Id.*

(79) *See*, Taylor v. Saurman, 1 A. 40 (Pa. 1885). 本件では、再び写真業に携わらないという特約は、公序良俗に反するものとして、無効とされた。

(80) Glick, *supra* note 2, at 372.

(81) Blake, *supra* note 19, at 684. 高度に教育訓練を重ねた特別の知識、技能、経験をもつ被用者が自己の能力、才能を発揮することを妨げられることは当該被用者だけではなく、社会全体にとっても経済的損失である、とする。

(82) *Id.*

(83) *Id.* at 685.

(84) *Id.*

(85) Restatement of Contracts § 515 (b) (1913). *See*, Restatement (Second) of Contracts § 188 (1981).

(86) Blake, *supra* note 19, at 686.

(87) Glick, *supra* note 2, at 372-373.

(88) 医者にかかわる裁判例においては、本文において述べた要因に基づいて判断がなされる可能性が高いとされる。例えば、Nat'l Consultants, Inc. v. Burt, 366 S.E. 2d 344 (Ga. Ct. App. 1988). 本件では、医者がほとんどいない地域で医者が医療行為を行うことを制限する特約に関する事例である。また、Lloyd Damsey, M.D., P.A. v. Mankowitz, 339 So. 2d 282 (Fla. Dist. Ct. App.1976). しかし、社会公共の利害という要因は、広く裁判例に用いられてきたところである。

(89) Restatement of Contracts § 515 (c) (1913). しかし、裁判所は、反トラストの原則をこの問題に適用しない。その代わりに、当該町あるいは制限される地域の実務を行う者の数に着目する。すなわち、実務を行う者の数が独占の存在にかかわりをもつのかどうかである。この点、競業禁止特約に関して社会公共の利害を検討する裁判例として、次のものが挙げられる。 Statesville Med. Group v. Dickey, 418 S. E. 2d 256, 257 (N.C. Ct. App. 1992); Wilson v. Gamble, 177 So. 363 (Miss. 1937); Parisan Live Dyers & Cleaners v. Springfield, 275 S.W. 1098 (Tex. Civ. App. 1925); Ellis v. Mcdaniel, 596 P. 2d 222 (Nev.1979); Bauer v. Sawyer, 134 N.E. 2d 329 (Ill.1956).

第二章

企業の営業上の秘密保護と競業避止契約
イギリスにおけるガーデン・リーヴの法理をめぐって

一　はじめに

イギリスにおいては、雇用関係終了後の競業禁止特約（covenant not to compete）のほかに、「ガーデン・リーヴ（garden leave）」と呼ばれる独自の概念をあみ出してきた。このガーデン・リーヴの条項によれば、競業禁止特約とは異なり、当該被用者は雇用関係が終了する前に、一定の合理的な長さの予告を使用者に行うことが求められる。これに対して、使用者は、この予告期間中、いかなる労働も被用者に強制することはできないが、被用者には給与などが全額支払われる。当該労働者は、「被用者（employee）」としての地位を保持しているからにほかならない。しかしながら、当該被用者は、競業他社のために働くことができないばかりか、使用者に損害を与えてもならないとされる。(1) そして、こうした労使間の取り決めは、使用者に必要な保護を与える一方で、被用者にとっても「フェア（fair）」なものとされ、一般的に裁判上も受け入れられ、その履行強制も認められてきたところである。(2)

一方、わが国においては、急速な技術革新の進展や、経済社会の高度情報化などを背景として、生産方法、販売方法、その他の事業活動に有用な技術上、営業上の情報の重要性が増す一方で、企業間の競争が激化するなかにおいて、企業の競争力の源泉であり、財産的価値のあるトレード・シークレットやその他の秘密情報が被用者の転職にともない、競業他社に流出する事例が増してきている。しかし、こうした事態に対して、トレード・シークレットの保護を実質的に担保するために使用者と被用者との間で競業避止契約が締結されることが稀ではないが、事後的に競業避止契約の有効性やその民事的な救済措置とりわけその差止命令をめぐって紛争が起こり、果たして、競業避止契約は裁判上、履行強制が可能か否かについて不確実性が増している。

こうした競業避止契約の裁判上の履行強制可能性をめぐる不確実な現状にかんがみて、イギリスにおいてコモン・ロー上形成されてきたガーデン・リーヴの概念ないし法理が果たしている役割を検討しておくことは、とりわけ大きな意味を有するように思われる。

もとより、イギリスとわが国とでは、その法文化的背景に違いがあることはいうまでもないが、ガーデン・リーヴの法理は、わが国における競業避止契約の裁判上の履行強制可能性についての不確実性の問題を打開する道筋をつけるものとして、そうした法理を採り入れることは可能かどうかについて、検討したい。

二　イギリスにおけるガーデン・リーヴの法理の展開

1　ガーデン・リーヴの法理

(1)　ガーデン・リーヴの概念の萌芽

イギリスにおいてガーデン・リーヴという概念が生じた先駆的な事例として、一九八六年のイヴニング・スタンダード社対ヘンダーソン事件がある(3)。その事実の概要と判旨は次のとおりである。

本件被告は、その当時、首都ロンドン地域における唯一の有力な夕刊紙であった原告会社のプロダクション・マネージャーの職にあった。しかし、有名な出版社のロバート・マックスウェル社がライバル夕刊紙の発刊を始めることを決めるに至って、被告は原告会社を退職して、新たな出版のプロダクション・マネージャーに就任するようにマックスウェル社から転職を勧誘された。しかしながら、被告と原告会社との間で結ばれた契約には、同人は当該契約の有効期間中はその他の使用者のために働いてはならないことと、当該契約は使用者または被用者のいずれか一方が、一年の予告期間をもってのみ終了させうる旨定められていた。しかし、被告の辞表によれば、同人は二カ月以内に退職する予定であり、それは本件契約に定められた期間に一〇カ月間不足するものであった(4)。これに対して、原告会社が、本件契約条項の履行強制を求め、残存期間を含めて一年間、被告がマックスウェル社のために働くことを阻止する差止命令を申し立てたのが本件事案の概要である。

本件下級審では当初、原告の差止命令の申し立てを認めなかった。被告は在職中に、保護されべき必要性のある秘密情報を取得していなかったという理由からである。これに対して、本件控訴院は、原告会社から提示された新たな理論に基づいて、差止命令を認容したのである。というのは、本件原告会社の主張によれば、イギリスの判例法のもとでは、他方の当事者により受け入れられない、契約当事者の一方による契約の履行拒絶（repudiation）がなされるときには、他方の当事者は当該契約は、なお有効とみなすことができるからである。[5]つまり、本件被告は、辞表の提出により、当該契約の終了前に履行の意思がないことを表明したが、原告会社は当の契約は依然として存続しているものとみなしたわけである。こうした状況のもとで、原告会社は、被告が実際に同社のために働くか否かにかかわらず、契約上要求される予告期間の残存期間中も、給与の全額とその他の便益を被告に与える旨の意思を表明した。それのみならず、原告会社は、被告が給与の支払いを受けながら、同社に就労しない期間について、損害賠償請求も見合わせる旨の提案を行った。[6]これに対して、本件控訴院によれば、被告は、公判中、契約上は行わないとされたことをまさに行うこと、とりわけ当該契約の期間中はほかのだれかのために就労することは許されるべきではないとされた。[7]そして、本件控訴院は、このような法的判断と、雇用契約を履行強制する差止命令を認めないことを比較衡量する際に、次のように述べたのである。

すなわち、「差止命令により、被告は原告のために働くことを強制されてはならないし、被告を困窮させたり、失業状態に追いやるものであってはならない……。しかし、それは原告が提案を行ったことにより克服されるものである。被告は、原告のところに戻って就労することができる。もし仮に、被告が復職しないとしても。……予告期間が適切であるならば、その期間が満了するまで、本件契約上給与のみならず諸利益を十分に受け取ることができる。[8]」

このように、本件控訴院は、使用者が当該契約の有効期間中は本件被用者に給与の支払を継続する予定であるという理由に基づいて、以前には裁判上の履行強制が不可能と考えられていたことを強制する判断を下したのである。そして、裁判所が法的判断をなす際に焦点を移行したことは、イギリスにおける雇用法の劇的な変化をあらわすものである、とされる。(9)このようにして、裁判所はイヴニング・スタンダード社事件判決において、原告会社が契約上定められた予告期間の残存期間中も、被用者に給与の支払いを進んで継続するという意思をよりどころとして、被告に対する差止命令を認容する判断を行ったことにより、ガーデン・リーヴという概念枠組は、その基礎が築かれたのである。

(2) ガーデン・リーヴの法理の裁判上の承認

イギリスにおけるガーデン・リーヴの議論の出発点は、イヴニング・スタンダード社事件判決にあったが、この判決の趣旨に沿って、雇用契約上のガーデン・リーヴ条項が実際に検討の対象とされた事例として、プロヴィデント・ファイナンシャル・グループ社対ヘイワード事件(10)がある。

本件被告は、不動産仲介業を営む原告会社において財務担当のディレクターとして働く公認会計士であった。被告は、職を辞して、別会社へ転職する考えから、原告会社を退職した。前述したイヴニング・スタンダード社事件の被告と同様に、本件被告と会社との間の雇用契約には、同人が在職中は他の使用者のために働いてはならないことと、契約の終了には一年前に予告を必要とする旨の規定が置かれていた。また、被告と会社との間の契約では、同人は給与を全額受け取ることができるが、会社はいつでも同人を職場構内に立ち入らせないか、あるいは同人の職務執行を停止させることができる旨の定めが置かれていたというのが本件事案である。これに対して、本件裁判所は、「これは、明らかに、いわゆる『ガーデン・リーヴ』としてよく知られた約定であり、こうした趣旨の規定は、幹部社員との雇用契約中に今日、普通に置かれている」と指摘したのである。(11)

本件では、被告が辞表を提出した後に、原告会社と被告との間で、原告に対する予告期間を六カ月間短縮する旨、相互に合意された。被告は、原告会社で二カ月間にわたって職務を継続したが、その間に、原告会社が損害を被る可能性のある秘密情報を被告に取得されることが懸念されたので、ガーデン・リーヴ条項に基づいて予告期間の残存期間中、職務からはずされ、自宅待機にさせられた。(12) しかしながら、被告はその一週間後に原告会社に対して、残存期間が終了するまで自宅で待機するより、二、三日後には、前記別会社において働く予定である旨を知らせた。そこで、原告会社は、六カ月の期間が満了するまで、被告が別会社で新たな地位に就くことを阻止するため、差止命令を裁判所に申し立てた。

しかし、プロヴィデント・ファイナンシャル・グループ社事件においては、先に述べたイヴニング・スタンダード社事件判決とは異なり、被用者に給与を全額支払うことだけで、被用者の転職を制限できるという使用者の立場そのものに関心が向けられた。そして、本件裁判所は次のように述べたのである。

すなわち、「実際『ガーデン・リーヴ』の期間が長期にわたるときには、明らかに濫用の可能性がある。もし仮に、意欲が旺盛で有能な幹部社員が、長期にわたる予告期間が定められているために、まったく他社のために働くことができないならば、幹部社員が退職を申し出ないことを確実なものにするような武器を使用者は手中に収めることになる。事前の予告を行って、職を辞する幹部社員は誰であれ、不正を働くため、または以前の使用者を欺く意図によるのではなく、自らの専門的知識を最大限に発揮するために、競業他社へ新たに転職することはごくありうることである」(13)。

そして、本件裁判所は結局のところ、エクイティに基づく差止命令を認容しなかった。もし仮に、被告が、残存する一〇週間にわたる予告期間を他社で働いたとしても、原告会社は何ら深刻な被害を被らないであろうと認定されたからである。原告会社と前記他社とが競業関係にあろうと、他社における被告の職務は、原告会社において被告が就いていたポストとは非常に異なっていたからにほかならない。(14) したがって、こうした際に、裁判所による救済処置としては、契約違反により被った損失を補填するための損害賠償のほうが適切であって、差止命令を認容することではない。しかしながら、一方で、裁判所が認めるところによれば、「諸事情から適切な場合」、被用者というものは、「被告の契約状況にみる契約条項のものとでは」、競業を制限されうるということであった。[15] このようにして、プロヴィデント社事件判決により、被用者が競業他社において類似の職務に就くことを阻止するため、ガーデン・リーヴの法理を用いることが裁判上、暗黙の内に承認されたのである。[16]

2　裁判例の変化

プロヴィデント社事件判決は、評判の高い被用者が競業他社へ転職することを阻止するために、使用者にとってガーデン・リーヴが有用とされる状況を明確化する役割を果たすものであった。そして、本件判決を契機として、多くの裁判例が積み重ねられてきたが、その具体的な事例として、ジェイエイ・モント社対ミルズ事件[17]が挙げられる。イギリスの雇用上訴審判所（Employment Appeal Tribunal）は本件において、ガーデン・リーヴの原則に基づいて、被用者が競業他社へ転職することに制限を加えるために、使用者は解雇との抱合せが可能かどうかという問題を検討した。これに対して、本件裁判所は、雇用関係の「継続性」が、ガーデン・リーヴをめぐる事件において差止命令により使用者が保護されるかどうかの重要な要素になるとしたのである。[18] すなわち、本件裁判所の認定によれば、およそ被用者は、競業他社のために働くことによって、自己の使用者に損害を与えることを防ぐ信義・誠実を尽くす義務（duty of fidelity）を負う一方で、雇用契約関係の終了後には、忠実の義務（duty of loyalty）を負わないとされたからである。[19] 換言すれば、ジェイエイ・モント社事件判決においては、使用者は当該雇用関係がすでに終了した被用者をガーデン・リーヴの状態に置くことは許されないが、ガーデン・リーヴによる保護をよりどころとするためには、忠実の義務を維持するためにも当該被用者との雇用関係を継続しなければならない、という考え方が示されたのである。

ジェイエイ・モント社事件判決はガーデン・リーヴの法理の適用について一定の制限を設けたが、その制限は、一九九八年のウィリアム・ヒル・オーガニゼーション社対タッカー事件[20]においてさらに拡大された。すなわち、本件控訴院民事部（Civil Division Court of Appeal）が判示するところによれば、当該使用者がそうすることを許す特別の契約条項がなければ、一定の被用者をガーデン・リーヴの状態に置くことはできないものとされた。本件裁判所は差止命令を認容しなかったが、その認定によれば、雇用契約上ガーデン・リーヴについての明示規定がないことから、使用者は被用者をガーデン・リーヴの状態に置くことはできない、ということであった[21]。そして、本件控訴院のモリット（Moritt）裁判官の見解では、被用者は二種類に分けられた。その一つは、使用者が就労を許さなければならない被用者であり、その二つは、使用者が単に報酬の支払義務を負うにすぎない被用者である。こうした区別にしたがって、同裁判官の認定によれば、特別の契約条項が置かれていないときでも、使用者は、ガーデン・リーヴによって、後者の被用者を自宅待機にさせることができる。使用者は、それによって、何ら被用者に対する契約上の義務に違反していないからである[22]。しかし、使用者は前者の被用者については、雇用上明示的な合意により使用者に権限が与えられている場合にのみ、ガーデン・リーヴの状態に置くことができるにすぎない。そして、本件被用者は、こうした部類に属する旨認定されたことから、裁判所は本件において、契約上ガーデン・リーヴ条項が置かれていないことを理由に、被用者が競業他社へ転職することを制限するために、差止めを命じることはできないとされた[23]。本件争点をめぐって先例がなかったにもかかわらず、本件にみるように、明示のガーデン・リーヴ条項が置かれていないことは、必ずしも暫定的差止命令（interlocutory injunction）の請求にとって決定的なものではないことは、以前から実務的には一般的に認められてきたことを考慮すると、本件判決は異例ともいえる。

さらに、ガーデン・リーヴの法理が明確化された事例として、シンビアン社対クリステンセン事件[24]が挙げられる。本件控訴院民事部は、雇用契約上明示的に、契約の有効期間中、被用者は他者のために働くことが許されないとしても、ガーデン・リーヴを用いることによってのみ、被用者が競業他社のために働かないようにすることができる旨判示したのである。本件控訴院の考え方は、すでに述べたプロヴィデント・ファイナンシャル・グループ社事件判決においてとられた立場からは後退したようにもみられるが、裁判所は、当該被用者の職務が、以前の使用者と直接的に競業しないという事実は、決定的なものとは捉えなかったのである。それよりむしろ、本件判決で注目されるのは、裁判所が、ガーデン・リーヴ条項と、契約の有効期間中に被用者が他で就労することを制限する規定の両方について、当該被用者の雇用契約上の定めに着目して、これを検討したことである。[25] そして、本件控訴院はその合議体において、これら二つの条項の重要性を強調したのである。すなわち、ウィリアム・ヒル社の事件の判決で明言されたように、明示のガーデン・リーヴ条項が置かれていない場合、被用者が競業他社のために働くのを制限することは、裁判上強制されうるものではない。そして、裁判所は本件シンビアン社事件の判決において、ガーデン・リーヴ条項だけで被用者が競業他社に就労することを禁止するものではない、ということを進んで述べたのである。すなわち、本件裁判所の認定によれば、ガーデン・リーヴの状態に被用者を置くことは、被用者の黙示的な信義ないし誠実義務に終止符を打つものである。[26] が、しかし両当事者の契約関係は、ガーデン・リーヴの期間中存続している。その結果として、被用者は、ガーデン・リーヴに基づく予告期間中は任期をまっとうする一方で、被用者が他の使用者のために働くことを排除する契約条項は、なおも有効であるとして、本件では差止めが命じられた。[27]

3　ガーデン・リーヴの法理の最近の動向

イギリスにおいてガーデン・リーヴ条項が用いられたのは、比較的新しい時期に属するが、それをめぐる判例法理は個々の裁判例を通じて依然として発展を続けている。したがって、関連する裁判例が多数ある場合には複雑性をともなうが、いずれにせよ、裁判所は、企業にとって枢要な被用者が競業他社へ転職するために職を辞する際に、企業自らの保護を確実なものにする雇用契約上の指針を使用者がもつという観点から、ガーデン・リーヴ条項の履行を強制する差止めを命じる状況を絞り込んできたとされる。すなわち、まず第一に、被用者をガーデン・リーヴ状態に置くことを許す明示的条項と、(28)第二に、当事者が明示的な合意をした期間、被用者が他の使用者のために働くことを禁止する規定の二つを契約のなかに盛り込んでいなければならない。(29)この点、クレディ・スイス・アセット・マネジメント社対アームストロング事件判決においては、ガーデン・リーヴ条項の導入に道を開いたのは、「制限的特約の履行強制の可能性に関する不確実性にほかならず、こうしたガーデン・リーヴ条項に対して裁判所は、制限的特約に比べて、より柔軟に対応してきた」旨が指摘された。(30)このようにして、イギリスにおいては、ガーデン・リーヴをめぐって、さまざまな裁判例が積み重ねられてきたが、概して、裁判所は、差止命令によるガーデン・リーヴ条項の履行強制に前向きな姿勢を示してきたようにみられる。(31)そうした裁判例の結果を端的にあらわす事例として、前述したウィリアム・ヒル事件判決においては次のように述べられた。

すなわち、「被用者が雇用契約を見定めて、予告する際に、使用者は、報酬を支払う一方で、予告期間中、就労をしてはならない旨、主張しうるであろうか。そうした効果をもたらすために、明示の契約条項がある場合、使用者がそうしうることについては、争いがない。(32)」

また、退職被用者は、競業禁止特約については異議を申し立てながらも、ガーデン・リーヴ条項には拘束されることが被用者にも受け入れられつつあるといわれる。(33)このようにして、ガーデン・リーヴ条項の裁判上の履行強制可能性をめぐって、確実性が増すにしたがって、競業他社へ転職することから企業の保護を図ろうとする使用者は、企業にとって枢要な被用者との間の契約中に、そうした条項を盛り込むことが普通になってきたといわれる。

しかしながら、その一方で、ガーデン・リーヴの法理の働きの限界が認識されるようになり、イギリスの裁判所は近年、ガーデン・リーヴ条項の濫用の可能性について関心を向けてきた。すなわち、まず、裁判所は、予告期間中に競争相手企業での就労を禁止する明示の規定があることにより、差止命令を認容する傾向にある。次に、裁判所は、被用者の就労請求権との関係で、とくに、被用者が、自己の技能や経験を維持するために就労を要求する場合には、予告期間中であれ、使用者が仕事を与える義務を進んで読み込んできたとされる。さらに、長期間にわたる予告期間を求める条項に対しては、取引制限の法理（doctrine of restraint of trade）が適用され、使用者の合法的な利益を保護するものとして正当化されない限り、無効なものとして取り扱われることが示されてきた。(34)

三　結びにかえて

急速に進む技術革新と労働力の流動性の高まりのなかで、企業は、トレード・シークレットなどの秘密情報の社外流出への対応が求められてきたところである。しかしながら、わが国における競業避止契約の履行強制をめぐる不確実性の高まりという現状にかんがみて、使用者は、専門的分野に優れた能力を発揮する、企業にとって枢要な被用者との雇用契約中に競業避止契約に代えて、ガーデン・リーヴ条項を盛り込むことは可能であろうか。とりわけ、労使関係において当事者が、オール・オア・ナッシングの処理を避けて、中間的な歩みよりを求めてガーデン・リーヴのような特約を結びうるか。もとより、わが国の裁判所には、ガーデン・リーヴの法理の有効性を検討する機会は今のところは与えられていない。したがって、ガーデン・リーヴ条項は、競業避止契約に比べて、法的に裁判上も履行強制の可能性が高いかどうかは、未知数である。

確かに、イギリスにおけるガーデン・リーヴ条項は、競業避止契約に比べて、使用者と被用者との間の相対立する利害に対して、よりバランスを取っているかにみえる。が、しかし企業を退職することにより、使用者に真の脅威を与えるような被用者のみをガーデン・リーヴ状態に置くことが許されるであろう。この契約条項自体は、もともと被用者が不必要に長期間にわたって労働から排除されるものではなく、しかも、競業が制限されている期間中、被用者に発生した損害の補填をはかりながらも、使用者が保護する必要のある事業上の利益に保護を与えることを、より確実なものとする狙いがある。(35)

もし仮に、わが国の裁判所がガーデン・リーヴの法理を承認し、受容するならば、雇用契約関係終了後の競業制限法の分野がより明確化される道が開かれるかもしれない。そうであるならば、使用者は、競業避止契約に代えて、より実効性をともなう有効な対応措置として、ガーデン・リーヴ条項を盛り込む可能性があり、競業避止契約の履行強制をめぐる不確実な状況を打開するために役立ちうるであろう。そして、使用者は、企業にとって枢要な被用者が競業他社へ転職することによって被る損害から自社を防衛するのに有力な対抗手段を得ることになるであろう。一方、被用者もまた、新たな使用者のために働くことを制限される場合、給与などを補償されるだけではなく、被用者が重要な顧客と接触したり、教育訓練上の投資をされる可能性も残されている。

最後に、すでに述べたように、ガーデン・リーヴ条項は、裁判上の強制可能性を促進する点で使用者の要請に適うものであり、イギリス法にとり入れられてきた。そして、この法理の発展により、イギリスの使用者はわが国の使用者に比べて、手厚い保護を受けているかにみえる。しかしながら、こうした考え方をわが国にとり入れることについては、法理上いくつかの難点を抱えている。まず、この法理は、競業他社のために働くことを制限されている期間中、被用者には給与などが全額支払われる一方で、労働は強制されないとはいえ、使用者のトレード・シークレットなどの秘密情報を保護するため、それを知りうる立場にある被用者を職務から排除して、自宅待機を可能にするものであり、こうした法理は、何よりも、わが国の憲法第二二条において保障された労働者の職業選択の自由（転職の自由）を侵害するおそれがあると同時に、専門的分野に優れた能力を発揮する被用者が自主的に自らのキャリアを形成、維持、向上させ、自己実現を図る機会を奪うおそれがある。次に、およそ契約関係においては何ほどかの力関係が働くのは常であるが、被用者が自ら合法的な仕事または営業に従事しないという契約は、労使の間に取引能力の不平等がある結果にほかならないものである。さらに、この法理は、競争の制限による不当な独占が発生するおそれをともなうものであることから、そうした競争制限は、競争を通じて自由主義経済の市場機能が維持されるために不可欠な、有能な労働者の移動と知識・情報の流通を妨げる危険もはらんでいる。

注

（1）ガーデン・リーヴという言葉は、もともと、被用者は家にとどまって、庭仕事に従事するものであるというところからきている。 Bob Hepple, *The Duty of Loyalty: Employee Loyalty in English Law*, 20 Comp. Lab. L. & Pol'y J. 205, at 214 (1999).

（2）*See*, John Fellas, Garden Leave: *A New Weapon Against a Departing Employee*, N.Y. L.J., May. 29, 1997, at 1; Lawrence F. Carnevale & Lorraine R. Doran, *Restrictive Employment Clauses: Enforceability Enhanced by Tailoring to Your Business and Employees* N.Y. L.J., Feb. 5, 2001, at S4; Steven J. Stein, *Recent Trends in Post-Employment Restrictions on Competition*, N.Y. L.J., Apr. 9, 1998, at 1; Greg T. Lembrich, Note, *Garden Leave: A Possible Solution to the Uncertain Enforceability of Restrictive Employment Covenants*, 102 Colum. L. Rev. 2291 (2002).

（3）Evening Standard Co. V. Henderson, (1987) I. C. R. 588 (C.A. 1986).

（4）Evening Standard, (1987) I. C. R. at 592.

（5）*Id.* at 593.

(6) *Id.*
(7) *Id.* at 594.
(8) *Id.*
(9) *See*, Lembrich, *supra* note 2, at 2309.
(10) Provident Financial Group v. Hayward,（1989）3 All E.R. 298（C. A.1988）.
(11) *Id.* at 301.
(12) *Id.*
(13) *Id.* at 302.
(14) *Id.* at 304-05.
(15) *Id.* at 304.
(16) Andrew Burrows, *Specific Performance Against an Employer*, 140 New L. J .1007, 1008（1990）. バローズによれば、原則の問題として、被用者が競業他社において就労することを制限する差止命令は、使用者がいわゆる「ガーデン・リーヴ」を事前の措置として講じる場合に、付与されることは、プロヴィデント社事件において確認されたとする。
(17) JA Mont（UK）Ltd. v. Mills,（1993）I. R.L.R. 172, 177（C.A. 1992）.
(18) *Id.*
(19) *Id.*
(20) William Hill Organisation Ltd. v. Tucker, (1999) I.C.R. 291, 301（C.A.1998）.
(21) *Id.*
(22) *Id.*
(23) *Id.* Jane Middleton, *Heave-Hoe to Garden Leave*, 148 New L.J. 579（1998）. ミドルトンによれば、ウィリアム・ヒル社事件判決以前には、必ずしも雇用契約関係の存続中は、被用者には働く権利があるという、一般に認められた考え方はなかったとされる。*Id.*
(24) Symbian Ltd. v. Christensen,（2001）I.R.L.R. 77, 80（C.A. 2000）.
(25) 本件裁判所は、当該条項の履行強制については狭く限定し、被告が原告会社の競業他社に雇用されるのを制限するだけの差止めを命じた。*Id.*

(26) *Id.* at 80.

(27) *Id.* at 80-81. *See*, Lembrich, *supra* note 2, at 2313.

(28) *See*, William Hill Organisation Ltd. v. Tucker, (1999) I.C.R. 291, 303 (C.A. 1998).

(29) *See*, Symbian, (2001) I. R. L. R. at 80.

(30) Credit Suisse Asset Management Ltd.v. Armstrong, (1996) I.C.R. 882, 891-92 (C.A. 1996).

(31) *See*, Symbian, (2001) I. R. L. R. at 81; Euro Brokers Ltd. v. Rabey, (1995) I.R.L.R. 206, 210 (Ch. 1994).

(32) (1999) I.C.R. at 293.

(33) *See*, Credit Suisse First Boston (Europe) Ltd. v. Padiachy, (1999) I.C.R. 569, 576 (Q.B. 1998); FSS Travel & Leisure Sys. Ltd. v. Johnson, (1998) I.R.L.R. 382, 383, 387 (C.A. 1997).

(34) Hepple, *supra* note 1, at 215-16.

(35) *See*, Lembrich, *supra* note 2, at 2321.

第三章

企業の営業秘密の保護と競業避止契約

アメリカの競業禁止条項とイギリスのガーデン・リーヴ条項の比較をめぐって

一　はじめに

わが国における急速な技術革新の進展や、経済社会の情報化を背景に近年、とりわけ高度先端技術分野において互いにしのぎを削り合う企業が増加するにしたがって、技術とか、市場や顧客（企業）についての知識、情報などを豊かに身につけた労働者は、その価値をますます高めている。しかしながら、その一方で、わが国において終身雇用、年功序列という日本的雇用慣行が大きく崩れ、被用者が競業他社で働くために退職したり、競業他社を自ら立ち上げる機会も増えてきた。

もとより、使用者は、会社にとっての資産のうち、枢要な人的財産（人材）を自社へ引き止めることを強制することはできない。が、その結果、被用者の競業他社への転職は、以前の使用者のもとで得た、会社にとって最も価値のある財産であり、競業他社に対して競争優位を保つ情報であるトレード・シークレットやその他の秘密情報が社外へ流出するという問題を生じてきた。被用者が競業他社へ転職すること、または競業他社を自ら立ち上げることになれば、以前の使用者は、その技術的、営業的な競争優位性が損なわれるおそれがあるのみならず、まさに企業存亡の危機ともいえる事態にさらされることになりかねず、企業は、被用者が在職中に得た知識、情報などを競業他社のために用いることを防ぐ必要に迫られる。被用者の転職を介したトレード・シークレットなどの流出から使用者をいかに保護するのか。使用者は、最も財産的価値のある資産のうち、被用者の身につけたトレード・シークレットなどの秘密情報を確保し、専門的知識、技術が損失を被ることから自社を守るために、会社にとって価値のある知識、情報の開示を防止したり、被用者が競業他社へ転職することを制限するため、雇用関係の終了後も、秘密保持義務や競業避止義務を負わせる、秘密保持契約や競業避止契約の締結という手段を用いることにより、自衛策を講じてきたところである。

もちろん、退職した労働者が、契約などに基づいて秘密保持義務に絡んで競業避止義務を負う場合には、使用者は、当該契約などの取り決めの条項に違反する競業行為によって被った損害の賠償を請求することができるが、トレード・シークレットやその他の秘密情報の流出のケースには、こうした救済方法だけでは必ずしも実効性をあげることができない。したがって、使用者は、退職労働者に対して、当該契約などで取り決めた条項に基づいて、現に行われている競業行為を排除したり、将来当該契約条項に違反する競業行為が行われることを予防するため、競業行為の差止めを求めるわけである。しかし、秘密保持義務も、労働者が自ら好むところで働く自由に影響を与えることがあるが、競業避止義務は、労働者の転職、再就職の自由を直接的な形で制限するものであるだけに、競業避止義務を含む契約の有効性について裁判上争われる事例も少なくない。(1) また、わが国の裁判所は、とりわけ競業行為の差止請求の要件については厳格な解釈態度をとってきた。(2) したがって、使用者と被用者との間の競業避止契約の締結という手段による対応は、トレード・シークレットなどの秘密情報の流出を防止する措置として、その抑止効果を期待されながらも、必ずしも期待される程の効果をあげていないばかりか、競業避止契約の履行を強制することについては、その裁判結果が不確実で予断を許さない状況にある。このような、被用者の競業他社への転職、競業他社の立ち上げとトレード・シークレットなどの秘密情報の流出の問題について、諸外国に目を転じると、例えば、アメリカ合衆国（以下、単にアメリカという）には、わが国と同様に、使用者のトレード・シークレットやその他の秘密情報を保護するために、雇用関係の終了後の競業を禁止する契約などの取り決めの条項は、一定の役割を果たしてきたことが認められる。しかし、アメリカの裁判所は従来から、競業禁止条項そのものに疑念を抱くとともに、退職被用者が競業他社へ転職することを妨げることに消極的な態度をとってきたところである。(3)そして、こうした競業禁止条項に対する裁判例の傾向は、被用者の退職によって生じる可能性のある損害から企業の営業上の利益を守るために、競業禁止条項に依存せざるを得ない使用者がかかる契約条項に期待した目的を実現することを不可能にしている。にもかかわらず、アメリカは多くの州において、雇用関係の終了後の競業制限法の分野において明確な法的ルールないし基準を確立するに至っていないばかりか、雇用関係の終了後の競業禁止条項を裁判上も履行を強制することについて、一定の傾向は認められるものの、いまだ確立した裁判例といえるものが形成されていない。(4)したがって、企業のトレード・シークレットなどの保護を図ろうという使用者は不安定な立場に置かれてきた。すなわち、たとえ企業にとって枢要な被用者との雇用契約に付随して競業禁止条項が設けられている場合でも、使用者には、実際に、そうした契約条項が裁判上も履行を強制され、被用者が競業他社へ転職することが阻止される保証はなく、アメリカの使用者は、その解決に苦慮してきたところである。

他方、イングランド（以下、単にイギリスという）においても、わが国やアメリカと同じように、競業避止契約が裁判上も履行を強制されるか否かについては、結果が不確実で予断を許さない状況に直面してきた。しかし、イギリスの使用者は、わが国やアメリカとは異なり、競業禁止条項の裁判上の履行強制をめぐる不確実性の問題に対する一つの解決方法として、一般に「ガーデン・リーヴ（garden leave）」と呼ばれる独自の概念をあみ出し、それを契約条項として盛り込んできたところである。(5)このガーデン・リーヴ条項によれば、被用者は退職する前に、相当長期にわたる予告が求められる一方で、この予告期間中、使用者は、被用者に労働を求めることなく、被用者には給与などが支払われる。なぜならば、当該労働者は「被用者（employee）」としての地位にあるからである。もっとも、予告期間満了後には、被用者は、以前の使用者の競争相手企業において就労することができる。こうした使用者と被用者との間の契約などの取り決めの条項は、企業に必要な保護を与える一方で、被用者にとっても「フェア（fair）」なものとして、イギリスの裁判所によって一般的に受け入れられるとともに、裁判上も履行を強制されてきたのである。(6)

しかし、こうした法的に独特な性格をもつガーデン・リーヴという考え方は、イギリスにおいては公正、妥当なものでありうるとしても、わが国やアメリカにおける競業避止ないし競業禁止契約の履行の強制をめぐる裁判結果の不確実性の問題を解決する糸口となりうるであろうか。

そこで、以下において、まずアメリカにおける伝統的な競業禁止条項についての裁判上の履行強制可能性をめぐる不確実性の問題を概観し、次いで、イギリスにおける競業禁止条項に対する異論と、それを乗り越えようとするガーデン・リーヴという契約などの条項を設けることによる問題解決の試みを考察した。さらに、アメリカにおける競業禁止条項とイギリスのガーデン・リーヴ条項を比較検討した。そして、最後に、わが国やアメリカにおける伝統的な競業避止ないし競業禁止契約に比べて、裁判上もより履行が強制される可能性が高く、信頼できる保護を与える契約などの取り決めの条項として、使用者は企業にとって枢要な被用者との間の雇用契約に付随してガーデン・リーヴ条項を盛り込み、トレード・シークレットなどの秘密情報の流出を防止する効果を上げることができるかどうかについて検討を加えてみたい。

二　アメリカの競業禁止条項によるトレード・シークレットの保護

1　問題検討の背景

激しい企業間競争のなかにあって、企業にとって枢要な被用者は、単に使用者にとって価値があるばかりではなく、被用者が以前の会社を退職し、競業他社へ転職をはかるならば、当該企業にとっては計り知れない損失を被るおそれがあるような場合に、使用者がそうした被用者を自社に止めておきたいと考えることは、もっともなことである。その一方で、労働者の流動化が加速する今日、被用者の競業他社への転職や競業他社の起ち上げによって、トレード・シークレットやその他の秘密情報が流出するという事態を生み出している。こうした状況のなかにあって、使用者は自ら、企業にとって財産的に価値のある営業上の顧客や知識、情報を身につけて転職する可能性のある被用者に対して、対応策を講じる事例が多くなっている。(7)

このようにして、使用者がこれまでよりどころとしてきた企業の重要な自衛措置の一つが、被用者との雇用契約において競業禁止条項やその他の競業制限条項を契約内容として取り込むことであるにほかならない。そして、こうした雇用関係の終了後の競業禁止条項などが、アメリカにおいては雇用契約に付随して設けられることは普通になってきた。しかし、使用者によるこうした取り組みにもかかわらず、かえって競業禁止条項の履行強制を求める訴訟は、激増してきたのである。(8) こうした現象に対して、アメリカの裁判所は、競業禁止条項が履行を強制されるかどうかを判断するための明確な法的ルールを形成することができなかったばかりではなく、確固とした裁判例も形成することができなかった。その結果、実務と理論の双方に混乱をもたらしてきたのである。とりわけ、雇用関係の終了後の競業制限法の分野において、競業禁止条項が裁判上も履行を強制されるか否かについて予測可能性が乏しいことによって、使用者は企業経営上、秘密保持義務と密接に絡まる競業禁止条項の重要性の高まりと、それらをめぐる訴訟事件が増加するにつれて、混迷を深めてきたのである。

2　アメリカの競業禁止条項

すでに述べたように、アメリカの使用者は、企業にとって枢要な被用者との間の雇用契約関係が終了する際に生じる秘密情報流出の危険性から企業自らの利益を守るための一つの対応措置として、競業禁止条項を用いてきた。(9) 使用者と被用者との間でこうした契約条項がなければ、被用者は自らその在職中に得た知識、情報を用いて、競業他社を立ち上げたり、競業他社へ転職し、使用者に損害を与える可能性があるからである。雇用契約に付随して、競業禁止条項が設けられるのは、使用者が雇用関係の終了後の被用者の行動の自由に制限を加えることにより、企業が損害を被ることを未然に回避するためであり、使用者は、激しい企業間競争のなかにあって、しばしば雇用の条件として、競業禁止条項を受け入れさせてきたのである。(10)

ところで、雇用契約に付随する競業制限条項には、主に秘密保持条項やそれと密接に絡む競業禁止条項などがあるが、これらの契約条項は、被用者の退職にともなって生じる可能性のある損害に対して、使用者に保護を与えるものである。もっとも、使用者は、こうした契約締結による保護を、必ずしも企業で働くすべての被用者に対して求めるわけではなく、トレード・シークレットをはじめとする企業の秘密情報にアクセスしたり、顧客と個人的に接触したりする被用者との雇用契約のなかに通常盛り込まれるにすぎない。(11) そして、使用者がこうした競業禁止条項を用いるのには、明確な理由がある。使用者が、企業にとって枢要な被用者に対して行った多額の研究開発投資の保護を求めるからである。がしかし、原則として、使用者は、被用者の転職や退職の自由を制限することはできない。アメリカ合衆国憲法は第一三修正の第一節において、「奴隷制および自らの意に反する苦役は、犯罪に対する処罰としてその当事者に対し適正に有罪判決がなされた場合を除き、合衆国またはその権限に服するいっさいの地において、存在してはならない。」と規定し、(12)犯罪に対する刑罰として科される場合を除いて、奴隷的拘束およびその意に反する苦役を禁止しているからである。このような憲法上の根拠により、裁判所は、雇用契約のような個人的労務提供契約については特定履行(specific performance)を命じることはできない。なぜならば、もし仮に、特定履行が認められるならば、被用者にその意に反する苦役を強いる結果になるからである。しかし、こうした憲法上の制約があることによって、使用者は、人的財産（人材）の獲得と人的資源の開発には多額の費用を要するにもかかわらず、とりわけ被用者の教育訓練投資や秘密情報の開示、あるいは重要な顧客への接触を容認せざるを得ないという危険にさらされる。また、使用者は、当該被用者の労働によって投資を回収する前に、そうした出費に耐えられるかどうかも問題である。その一方で、このようなコストを負担していない競業他社は、労働の対価として当該労働者に多額の報酬を与えることが可能である。それのみならず、多数の被用者が労働市場において市場性をもつようになるならば、被用者らに転退職の動機づけを与える結果ともなりうる。このようにして、もともとの使用者が当該被用者に対して投資を行う一方で、その競業他社がその果実を得るという不合理な結果になりかねない。(13)

すでに述べたように、使用者は、被用者に対して企業に止まって契約の履行を強制することはできない。しかし、使用者は、当該被用者がさらに企業に損害を与えるおそれのある秘密情報を取得したり、顧客と親密に接触することを妨げるため、直ちに労働の中止を求めることがある。(14)その一方で、使用者は、当該被用者が競業他社を立ち上げたり、競業他社へ転職することを、可能な限り阻止しようと図ることになる。近年の急速な技術の変化は、人的財産をより重要なものにするとともに、知識、情報を容易に時代遅れのものにする傾向にあることから、当該被用者が就労を制限されている期間中、使用者は、被用者が身につけた秘密の知識、情報を陳腐化させたり、少なくともその価値を減殺させる機会を与えられるのである。(15) かくして、使用者と被用者との間の競業禁止条項は、奴隷的拘束およびその意に反する苦役を禁止するアメリカ合衆国憲法上の制約と、被用者の転退職によって生じる可能性のある秘密情報の流出の危険との間の溝を埋める契約を介しての対応手段にほかならない。(16)

一方、こうした競業禁止条項が使用者に与える保護に対して、必ずしも企業にとってその必要性がないにもかかわらず、雇用契約に付随してこうした条項が盛り込まれることがある。(17) しかし、アメリカの裁判所は従来から、使用者が競業禁止条項の履行を強制する差止命令による救済を求めるときに、雇用契約に付随して合意された競業禁止条項に被用者が拘束されることについては、しばしば躊躇してきたのである。(18)

3 競業禁止条項に対する疑義

アメリカの裁判所はこれまで、雇用関係の終了後の被用者の行動を制限する契約条項に対して、疑念を抱くことによって、きわめて消極的態度をとり、そうした契約条項について履行の強制をしばしば拒否してきた。裁判所が競業禁止条項について履行を強制することに対する司法上の疑義には、一般に、競業禁止条項は取引を制限するものであるという理由と、労働者の保護の必要性という二つの理由がある。すなわち、裁判所によれば、競業禁止条項については、(1) 労働者の生計を営む権利を奪うものである、(2) 労使の間には交渉力に差がある、(3) 労働の自由を促進するというアメリカの一般原理に反するものである、(4) 取引の制限を目的とするものである、という理由が述べられてきた。まず第一に、裁判所が最も多く取り上げる競業禁止条項に対する主要な反対理由として、もともと労働者は、その通常の職業活動を通じて生活を成り立たせることが可能でなければならないにもかかわず、競業禁止条項は、被用者が生計を営む権利を奪うものであるとともに、その職業選択の自由を妨げるものであるというのである。(19) 第二に、裁判所はしばしば後見人的役割を果たし、使用者に対して被用者を保護する必要性に基づいて、競業禁止条項を厳格に取り扱ってきた。そして、競業禁止条項は労使の交渉力の不平等の結果にすぎないものであることを明らかにしてきた。(20) つまり、被用者は概して、使用者に比べて、知識、情報に乏しく、被用者には選択の余地が少ないのである。第三に、競業禁止条項は、労働の自由の理念に反するものであって、裁判所は、競業禁止条項に対して疑いの目をもって取り扱ってきたのは、労働の自由の理念を守ることに、アメリカ自身が強い関心を払ってきたからである。すなわち、労働の自由の理念は、南北戦争以降、アメリカという国家の性格形成において重要な役割を果たしてきた。労働の自由の理念によって、すべての市民は、自己の労働を支配し、それから利益を享受する権利をもつことが保障される。奴隷的拘束、その意に反する苦役、黒人法（Black Code）の制定にみるこの国の歴史的背景から、裁判所は、労働の自由というイデオロギーに抵触するとみられる差止を命じることに慎重な態度をとってきたのである。(21) 第四に、競業禁止条項は、競争を排除、制限し、企業の独占に資するものであるという理由から、裁判所は、しばしば異論を唱えてきた。すなわち、そうした条項は、経済競争にとって本質的な、技能労働者の移動や情報の流通の双方を制限するものであるとみてきたのである。言い換えれば、競業禁止条項は、労働者が最高の買い手に自己の労働力を売ることを禁じることによって独占状態を生じるがゆえに、労働市場における競争を阻害するものである。(22)

とりわけ、裁判所が競業禁止条項の有効性を検討する際に、前述の労働の自由の理念を強調する格好の事例として、例えば、カーディス対ブリット事件(23)がある。ノースカロライナ州の最高裁判所は本件において、衣料品の小売業者の配達および集金係として働いていた被用者に対する競業禁止の合意の履行の強制を認めなかった。州最高裁の指摘によれば、同州法は「統治の安定の基本的要因として雇用の保障」を認めているということであった。(24) そして、裁判所は、雇用関係の終了後の競業制限は、被用者（被告）の働く権利に不当な制約を課すものである旨判示し、結論として次のように述べた。

すなわち、「被告に、適応し、経験を重ねる唯一の職業を放棄させ、あるいはその性格や技量が未知数である人々とともに、どんなところであれ、仕事に就くため家族と一緒に移転するよう期待することは、正当性が担保されない負荷を強いるものである。[25]」

また、このような事件判決のほかにも、競業禁止条項をめぐる裁判例では、労働の自由の理念を守ることの重要性が認められてきたのである。[26]

このようにして、アメリカでは、競争の排除を目的として労働者の自由を制限する契約条項が無効とされる可能性が少なくない。しかし、その一方で、労働者が通常の職務の遂行を通じて生活を成り立たせながら、同時に使用者企業の合法的利益を保護するにはいかにすべきかという問題が残されている。

4　競業禁止条項の履行強制についての判断基準

アメリカでは、営業譲渡の際の競業禁止条項と労使の間の競業禁止条項とでは見方は著しく異なる。すなわち、裁判所は、営業の譲渡に絡む競業禁止の履行を強制することには、一般的に積極的な態度をとってきた。その一つの理由は、営業譲渡の場合の譲渡人と譲受人は平等な立場にあるのに対し、使用者と被用者の場合はそうではないからである。一方、使用者と被用者との間の競業禁止条項については、裁判所は、当該契約条項を厳密に検討し、それが確立した基準に適合するならば、履行を強制するにすぎない。[27]そして、競業禁止条項についてはアメリカにおいて、二つの基準が司法上形成されてきた。すなわち、まず第一の基準として、裁判所は、この種の条項の履行を強制することが、トレード・シークレットやその他の秘密情報の使用または開示、または顧客の勧誘などに対して、当該被用者の労働がユニークなものであるか、あるいは特別のものとみられる場合に、保護の必要性があるか否かを判断する。[28]第二の基準として、裁判所はこの種の条項については、使用者の正当な利益の保護のために必要であって、一般公衆を害するものではなく、しかも当該被用者に不当な制約とはならないほか、それが制限の期間、場所などについて合理的範囲内にある場合に、履行を強制されるにすぎないと判断してきた。[29]とりわけ、前述の二つの判断基準は、主としてニューヨーク州の裁判所によって形成されてきたが、[30]そうした基準は、コモン・ローのもとで競業禁止条項が有効か否かを評定する際に、同州のほかに、多くの州においても、おおむね守られているとされる。[31]

5　競業禁止条項をめぐる裁判例の不統一と不確実性の増大

すでに述べてきた司法上の判断基準は、アメリカにおける雇用関係の終了後の競業制限法の分野において適用されてきた。とはいえ、これまでなんら明確な法的ルールは現れてこなかった。[32]したがって、競業禁止条項はいかに解釈されるべきかについてのみならず、競業禁止条項はいかなる場合に履行を強制されるのかについても、明確な指針が示されていないことから、具体的事例ごとに裁判所にその判断が委ねられている。それゆえ、競業禁止条項をめぐっては数多くの裁判例が積み重ねられているにもかかわらず、裁判所が競業禁止条項をどのように取り扱うのかは、当事者にとっては予測可能性が低く、競業禁止条項をめぐる訴訟は、出たとこ勝負にならざるを得ない。[33]

すなわち、アメリカにおける雇用関係の終了後の競業禁止条項をめぐる裁判例は従来から、いくつかの面で首尾一貫性を欠いてきた。例えば、ほかの被用者と比較して、何をもって当該被用者を「特別またはユニーク（special or unique)」とするのかについては、裁判所によって大きく解釈が異なってきた。例えば、競業禁止条項の履行を強制する差止めがこうした性格づけを理由として、ほとんど命じられない裁判例がある一方で、[34] 被用者を「特別またはユニーク」なものとみて、単に顧客との関係、あるいは特別の教育訓練ということだけに基づいて、競業禁止条項を認める裁判例がある。[35] また、競業禁止条項に課される制限のなかで、何をもって適切な期間の制限とみるのかについても、裁判所によって見方が大きく異なっている。例えば、一年あるいはそれ以上に長い制限期間を認める裁判例がある一方で、一年あるいはそれ未満でも長すぎるとみる裁判例がある。[36] しかし、実際には、この期間の制限については、科学技術の進歩の速さや、当該企業の顧客ないし事業活動の安定性といった要因によっても左右されると思われる。さらに、競業禁止条項について課される制限のなかで、適用地域の制限の許容限度についても裁判所の見方は異なっているのである。[37]

もとより、これらの裁判例は、競業禁止条項をめぐる各個の事案、使用者の事業の性質、被用者の地位などが異なることによって、その違いが正当化されるかもしれないが、結果として、競業禁止条項が履行を強制されるか否かについては、何ら明らかにされていないのである。とりわけ、こうした競業禁止条項の裁判例をめぐっては、本案の審理を行って最終的判決が下されるまで、現状維持のために、仮の処分として競業行為の差止めを命じる、暫定的差止命令(preliminary injunction)の段階において、通常、勝敗が決せられるので、当該基準を解釈する際に裁判所には大幅な裁量権が与えられていることにかんがみて、当該裁判官がいかなる傾向をもつかが大きな要因となりうることからも、さらに統一性を保つことは難しい。[38] こうした競業禁止条項をめぐる裁判例の統一性の欠如によって、訴訟当事者が裁判結果を予測することは容易ではない。また、裁判所が競業禁止条項の一部分でも制限の範囲を超えるか、またはその履行強制を不可能とみることによって、その契約条項全体の履行強制を認めないことによっても、競業禁止をめぐる事件の予測可能性が高まるということはない。[39] もっとも、こうした傾向は、使用者が過度に被用者の競業行為を制限することに一定の歯止めにはなるであろうが、裁判所は何をもって合理的とみなすのかについて、明確な指針をほとんど示してこなかったという実情を見過ごしてはならない。

また、アメリカの裁判所が使用者と被用者との間の競業禁止条項の裁判結果の不確実性の問題について、ある種の合意形成に向かっているようにはみられないことから、使用者は、被用者との間の契約中の競業禁止条項は履行を強制されるか否かについて明確な予兆を欠いている。とはいえ、裁判所は、定型的な文言の条項に比べて、とりわけ使用者の必要性や個々の被用者に見合った競業禁止条項については進んで履行を強制するようにはみえる。このようにして、雇用関係の終了後の競業制限法の分野において不確実性が広がる一方で、伝統的な競業禁止条項は使用者に何ら信頼に値する保護を与えていないのである。それどころか、こうした法分野において確固とした先例がないことは、この種の事件をめぐって訴訟を増加させる結果を招いている。すなわち、裁判所が、競業禁止条項の履行を強制するか否かについて明確な法的ルールを確立することを安易に期待することができないのである。そこで以下において、イギリスのガーデン・リーヴ条項は、競業禁止条項をめぐる不確実性の問題を解決する突破口を開くものであるのかどうか、アメリカとイギリスのいずれの条項が、トレード・シークレットなどの秘密情報の保護のための対応措置として優れているかを考察したい。

三　イギリスのガーデン・リーヴの法理の歴史的展開

1　問題検討の背景

イギリスの裁判所は伝統的に、アメリカの裁判所とは異なり、一定の期間、被用者が新たな地位に就くことを阻止する差止めを命じることによって、企業にとって枢要な被用者が競業他社へ転職することによる損失に対して、使用者を保護することに好意的な態度をとってきた。ところが、イギリスの裁判所は近年、アメリカの裁判所と同様の懸念を抱くことによって、雇用契約中に明示的契約条項が存在する場合でも、差止命令を発することを拒否してきた。また、その際に、競業禁止条項の履行を強制できるか否かを判断するにあたって、すでに述べたようなアメリカの裁判所によって適用される二つの基準と類似する基準を用いてきたところである。[40] しかし、こうしたイギリスの裁判例の傾向に対して、使用者は、企業にとって枢要な被用者の転職から自社を守るために、一般にガーデン・リーヴといわれる独特な解決方法をとってきた。すなわち、このガーデン・リーヴ条項によれば、一方で、被用者は、雇用関係の終了後に競業他社へ転職する前に、比較的長期にわたる予告（通常三カ月から一二カ月ぐらいとされる）を使用者に行うことを約束する。これに対して、使用者は、当該被用者に就労を求めることなく、この間も、被用者に給与の全額とその他の便益を与えることが約束される。また、使用者は、雇用契約に基づく労働義務の不履行に対して、被用者に損害賠償を請求しないことを約束する。[41] こうしたイギリス独特のガーデン・リーヴという考え方が生み出されてきた背景として、労働者が正当な理由なくその約束を履行しない場合、使用者は当初望んだとおりの約束の履行を求めるのが通常であろうが、契約違反に対し、労働（債務）を約束されたそのままで履行を強制することは個人的な労務契約については、何よりも特定履行（specific performance）の命令が労働の強制になり、労働者を奴隷状態に置く結果になると考えられるからである。[42]

前述のような労使の契約的取り決めがガーデン・リーヴと呼ばれるのは、給与が提供される一方で、被用者は自宅にあって庭仕事に従事することが想定されているからにほかならない。もちろん、この間は当該被用者は使用者のトレード・シークレットなどの秘密情報にアクセスすることはできない。かくして、被用者が在職中に身につけた秘密情報は陳腐化するか、またはその経済的価値は減殺される。とりわけ、予告期間が長期にわたるような場合、当該労働者は競業他社にとってあまり魅力がないものとなり、以前の企業を退職後直ちに、就労できないような労働者を雇うことはためられる。[43] こうしたイギリスにおけるガーデン・リーヴ条項は、被用者が競業他社へ転職するため退職する際に被る可能性のある損害の最小化を意図するものである点で、伝統的な雇用関係終了後の競業禁止条項と類似するが、それは、雇用関係終了後の競業制限に狙いを定めるものではなく、あくまで雇用関係の存続を前提としているところに大きな違いが認められる。したがって、使用者は、以前の被用者に対するより、被用者としての地位に止まる労働者にあれこれと指図を行いやすいと思われる。このようにして、実際のところ、ガーデン・リーヴ条項は、伝統的な競業禁止条項に比べて、裁判上も履行を強制することが容易であることがイギリスの裁判所によって明らかにされ、雇用関係の終了後の競業制限法の分野の明確化に大いに役立ってきたとされる。[44]

2　イギリスの競業禁止条項

マスター・アンド・サーヴァントについての法理として長く知られてきたイギリスの雇用（関係）法（law of employment）は、封建時代に封建領主がその臣下から労働を搾取するために土地の所有権を用いることができた中世の制度に由来する。[45] この法理は、契約法に深く根ざしてきたが、そもそも、裁判所は、一般の商取引上の契約と同様に、使用者と被用者との間で締結された契約の内容と範囲の履行を強制すべきか否か、という本質的な問題に解答を求められてきたのである。[46]

すなわち、雇用契約は、使用者と被用者との間で締結される契約であり、その契約上の義務は、両当事者の間で締結される一般の商取引上の契約と同様に、法のもとで尊重されるべきであるという直截な見方がある。その一方で、雇用契約は、人格をもつ労働者の身体的活動ないし労働をともなうものであって、司法は、一般の商取引上の契約と同様に、雇用関係に干渉することは許されないという見方がある。[47] 確かに、前者の見方は、競業制限という法分野における裁判結果の予測可能性を高めるように思われるが、必ずしも被用者にとって好ましい結果をもたらすものではない。すなわち、雇用契約に基づく労務の給付と利用の関係は、使用者の指揮命令と労働者の従属を特徴とするいわゆる使用従属性あるいは使用従属関係となる。このような労使の力関係の相違に着目した使用従属関係のもとにおいては、労働者は一般に労働の対価としての賃金を生計を立てるために必要としていることから、契約の締結とその維持を余儀なくされる。こうした雇用契約の実際の展開があらわにする現実を踏まえて、雇用契約を単純に契約自由の原則のもとに放置するか、あるいは不対等当事者間の使用従属関係が生み出す矛盾や弊害を排除することを指向するのかについては、これまでもさまざまな議論が展開されてきたところである。(48)

そして、こうした雇用契約のとらえ方についての基本的立場の違いは、各論的には、雇用の終了後の競業禁止の契約条項をめぐる労使紛争において端的に表れる。しかしながら、イギリスにおける制定法によらず判例により形成されてきた法としてのコモン・ローのもとで、雇用関係の終了後の競業制限条項をめぐる裁判例は、時代とともに劇的に変化してきたとされる。(49)すなわち、すでに述べたように、競業禁止条項については、イギリスにおいて徒弟制度の昔にまで遡ることができるが、当初、イギリスの裁判所はそれの履行を強制することに敵意さえ抱いていたとされる。そうした契約条項は、無力な徒弟には不利となりがちであるからである。取引ないし事業の競争を妨げたり、制限することを求める契約は、一貫してその効力が無効とされてきただけではなく、諸事情から刑事上の犯罪としてその責任に服させることさえあった。(50)ところが、こうした裁判所による強硬な取り組み方は、一九世紀から二〇世紀にかけて軌道修正を迫られるようになった。すなわち、そうした裁判所の態度は、実際のところ、事業や競争を強めるどころか、むしろそれらに弊害をもたらすものであるということが認識されるに至り、取引ないし営業制限が合理的な範囲内に限定され、公序良俗に反するものでない限り、そうした制限は裁判上も支持されるようになったのである。(51)

しかしながら、裁判所は近年、雇用の終了後の競業行為の禁止をめぐる労使紛争において、被用者に好意的な態度をとる傾向を顕著にしてきた。すなわち、わが国やアメリカの裁判所と同様に、イギリスの裁判所は、被用者は雇用契約関係が存続する限りで誠実義務を負うにすぎず、雇用関係の終了後も黙示的に競業禁止義務を負うという解釈態度をとらなくなった。したがって、被用者は、雇用の終了後には、別途、明示的な契約条項の存在を通じて、競業禁止義務または秘密保持義務を課される。[52]それどころか、イギリスの裁判所は、わが国やアメリカの裁判所と同様に、雇用契約上の競業制限条項の履行を強制することに対して、消極的な態度をとる傾向が強まっている。[53]すなわち、一般的に明示的な契約条項に尊重を払うという従来の考え方に反して、裁判所は、競業禁止条項に対して、コモン・ロー上発達した概念として、取引制限の法理（doctrine of restraint of trade）を厳格に適用することによって、こうした競業制限条項については、反証のない限り、一応無効と推定し、当該条項について保護の必要性と合理性の両方について正当な根拠を示すことを使用者に求めている。[54]そして、こうした司法の態度の変化の背景には、次のような二つの理由があるとされる。すなわち、まず第一に、使用者は、労務の提供だけに賃金を支払うものであって、将来の競争に対する制限のために賃金を支払うものではない。第二に、被用者は自己の利益を守ることができるほど、使用者と対等な交渉力を備えていない。[55]このようにして、イギリスにおいてガーデン・リーヴという概念が生み出されたのは、まさに雇用契約上の競業禁止条項の履行が強制されるか否かが不確かで予断を許さないという状況があったからにほかならない。[56]そこで以下において、イギリスにおけるガーデン・リーヴの概念およびその法理についての判例法の歴史を概観してみた。

3　イギリスのガーデン・リーヴをめぐる判例法理の展開

(1)　ガーデン・リーヴという概念の起源

すでに前に述べたように、イギリスにおいてガーデン・リーヴという概念が生じた先駆的な事例は、一九八六年のイヴニング・スタンダード社対ヘンダーソン事件である。[57] その事実の概要と判旨は次のようなものである。

本件被告は、その当時に、首都ロンドン地域において主要な夕刊紙であつた原告イヴニング・スタンダード社のプロダクション・マネージャーの地位に就いていた。しかし、有名な出版社であるロバート・マックスウェル社がライバル夕刊紙の発行開始を決定するに至って、被告は、原告会社を退職し、新たな出版にともなってプロダクション・マネージャーに就任するようにマックスウェル社から勧誘された。しかしながら、被告と原告会社との間で結ばれた契約には、被告は当該契約の有効期間中はその他の使用者のために働いてはならないことと、当該契約は使用者または被用者のいずれか一方が、一年の予告期間をもってのみ終了させうる旨定められていた。しかし、被告の辞表によれば、被告は二カ月以内に退職する予定であり、それは本件契約に定められた期間より一〇カ月間も不足するものであった。[58] これに対して、原告会社が、本件契約条項の履行を強制することを求め、まる一年間、被告がマックスウェル社のために働くことを阻止する差止命令を申し立てた。本件下級審裁判所は当初、原告の差止命令の申立てを認容しなかった。被告は在職中に、保護されるべき必要のある秘密情報を取得していなかったという理由からである。これに対して、本件控訴院は、原告会社から提示された新しい理論に基づいて差止命令を認容した。すなわち、原告会社の主張によれば、イギリスの契約法上、他方の当事者により受け入れられない、契約当事者の一方による契約の履行拒絶（repudiation）がなされるときには、他方の当事者は当該契約はなおも有効とみなすことができる、というものである。[59] すなわち、本件被告は、辞表の提出により当該契約の終了前に履行の意思がないことを表明したが、原告会社は契約は依然として存続しているものとみなしたわけである。そして、こうした状況のもとで、原告会社は、被告が実際上同社のために働くか否かにかかわらず、契約上定められた予告期間の残存期間中も、給与の全額およびその他の便益を被告に与える旨の意思を表した。それのみならず、原告会社は、被告に給与などが支払われるにもかかわらず、同社に就労しない期間について、損害賠償請求を見合わせる旨の提案を行った。(60)

これに対して、本件裁判所の認定によれば、被告は、契約上行わないとされたことをまさに行うこと、とくに当該契約の有効期間中は他者に就労することは許されるべきではないとされた。(61) そして、裁判所は、このような法的判断と、雇用契約の履行を強制する差止命令を認容しないこととを比較衡量する際に、次のように述べた。

すなわち、「差止命令により、被告は原告のために働くことを強制されてはならないし、被告を困窮させたり、失業状態に追いやるものであってはならない。……しかし、当職の判断によれば、それは原告の提案によって克服されるものである。被告は、原告のところに戻って就労することができる。もし仮に、被告が就労しないとしても。……予告期間が適切であるならば、その期間が満了するまで、本件契約上給与のみならず契約上の利益を十分に受け取ることができる。(62)」

このように、本件は、使用者が競業禁止の約定の有効期間中は当該被用者に給与の支払を継続する予定であるという理由に基づいて、以前には裁判上履行を強制できないと考えられてきたものを強制するという裁判所の判断が下された事例である。そして、本件判決にみるような裁判所が差止命令の認否を判断する際の比較衡量のありようは、イギリスにおける雇用法の劇的な変化をあらわすものであるとされる。(63) こうして、裁判所がイヴニング・スタンダード社事件判決において、契約上定められた予告期間の残存期間中も、被告（被用者）に給与の支払いを継続するという原告会社の意思をよりどころとして、被告に対する差止命令を認容したことによって、ガーデン・リーヴといわれる概念枠組は、その基礎が形成されたということができる。

(2) ガーデン・リーヴという概念の司法上の承認

すでに述べたように、イヴニング・スタンダード社事件判決についで、実際に、雇用契約上のガーデン・リーヴ条項が検討の対象とされた事例は、プロヴィデント・ファイナンシャル・グループ社対ヘイワード事件[64]である。

本件被告は、不動産仲介業を営む原告会社において財務担当のディレクターとして働く公認会計士であった。被告は、退職して別会社へ転職する考えから、原告会社の職を辞した。前述したイヴニング・スタンダード社事件の被告と同様に、本件被告と会社との間の雇用契約には、被告が在職中はほかの使用者のために働いてはならないことと、契約の終了には一年前に予告を必要とする旨の規定が置かれていた。また、本件被告と会社との間の契約には、被告は給与を全額受け取ることができるが、会社は被告を職場構内に立ち入らせないか、あるいはいつでも被告の職務の執行を停止させることができる旨の定めが置かれていたというのが本件事案である。これに対して、本件裁判所の指摘によれば、「これは、明らかにいわゆる『ガーデン・リーヴ』としてよく知られた約定であり、こうした趣旨の規定は、幹部社員との間の雇用契約中に今日、普通に置かれている。」とされた[65]。

本件では、辞表の提出がなされた後に、原告会社と被告との間で、原告に対する予告期間を六カ月間短縮するということが相互に合意された。被告は、原告会社で二カ月間職務を継続したが、原告会社はその際に、損害を被る可能性のある秘密情報を被告に取得されることを危惧して、ガーデン・リーヴ条項に基づいて予告期間の残存期間中、職務からはずし、自宅に待機させた[66]。しかし、被告はその一週間後に原告会社に対して、残存期間が終了するまで自宅で待機するより、二、三日後には前記別会社において就労する予定である旨を知らせた。そこで、原告会社は、六カ月の期間が満了するまで、被告が別会社で新たな地位に就くことを阻止するため、差止命令を裁判所に申し立てたのである。

しかし、本件裁判所は、先に述べたイヴニング・スタンダード社事件判決とは異なり、被用者に給与を全額支払うことだけで、被用者の転職を制限をできるという使用者の立場そのものに関心を向けた。そして、本件裁判所は次のように述べた。

すなわち、「実際『ガーデン・リーヴ』の期間が長期にわたるときには、明らかに濫用の可能性がある。もし仮に、意欲が旺盛で有能な幹部社員が、長期にわたる予告期間が定められているため、誰かのためにまったく働くことができないならば、退職を申し出ないようにする武器を使用者は手中に収めることになる。退職の事前通告を行って、職を離れる幹部社員は誰であれ、不正を働くため、または以前の使用者を欺くためではなく、自分自身の専門的知識を最大限に発揮するために、同業他社へ新たに転職することは大いにありうる」(67)。

このようにして、本件裁判所は結果としては、差止命令を認容しなかった。もし仮に、被告が、予告期間の残りの一〇週間、前記他社において就労したとしても、原告会社はなんら深刻な被害を被らないであろうと認定されたからである。原告会社と前記他社とが競業関係にあろうと、他社における被告の職務は、原告会社において被告が就いていた地位とはきわめて異なっていた。したがって、この際、裁判所による救済処置としては損害賠償が適切であって、差止命令を認容することではない。しかしながら、一方で、裁判所の認めるところによれば、「諸事情によっては」、被用者は、「被告会社との契約にみられる契約条項のもとで」、競業を制限されることがありうるということであった(68)。このようにして、裁判所はプロヴィデント・ファイナンシャル・グループ社事件判決において、被用者が競業他社において類似の職務に就くことを阻止するため、ガーデン・リーヴ条項を承認し、それを用いることを暗黙の内に是認したのである(69)。

(3) 裁判例の変化

プロヴィデント・ファイナンシャル・グループ社事件判決は、評判の良い被用者が競業他社へ転職することを阻止するために、使用者自身にとってガーデン・リーヴが有用でありうる状況を明確化する役割を果たした。本件判決を契機として、多くの裁判例が積み重ねられてきたが、イギリスの雇用上訴審判所(Employment Appeal Tribunal)はジェイエイ・モント(UK)社対ミルズ事件[70]において、ガーデン・リーヴの原則に基づいて、被用者が競業他社へ転職することに制限を加えるために、使用者は解雇との抱合せが可能かどうかという問題を検討した。そして、本件裁判所の認定によれば、「雇用関係の継続」が、ガーデン・リーヴをめぐる事件において差止命令の認容により使用者が保護されるかどうかの重要な判断要素になるとされた。[71] すなわち、被用者は、競業他社のために働くことによって、自己の使用者に損害を与えることを避ける信義・誠実の義務(duty of fidelity)を使用者に負うが、雇用関係の終了後には、忠実の義務(duty of loyalty)を負わないとされたからである。[72] 言い換えれば、ジェイエイ・モント社事件判決によれば、使用者は当該雇用関係がすでに終了した被用者をガーデン・リーヴの状態に置くことは許されないが、ガーデン・リーヴによる保護をよりどころとするためには、忠実義務を維持するためにも当該被用者と雇用関係を継続しなければならない、という考え方が示唆されたのである。

ジェイエイ・モント社事件判決はガーデン・リーヴの法理の適用について一定の制限を設けたが、その制限は、一九九八年のウィリアム・ヒル・オーガニゼーション社対タッカー事件[73]においてさらに拡大された。すなわち、本件控訴院民事部(Civil Division Court of Appeal)の判示によれば、当該使用者がそうすることを許す特別の契約条項がなければ、一定の被用者をガーデン・リーヴ状態に置くことはできないとされた。本件裁判所は差止命令を認容しなかったが、その認定によれば、雇用契約上ガーデン・リーヴの明示規定がないならば、使用者は被用者をガーデン・リーヴの状態に置くことはできない、ということであった。(74) そして、本件控訴院のモリット（Moritt）裁判官の見解によれば、使用者が就労を認めなければならない被用者と、使用者が単に報酬の支払義務を負うにすぎない被用者というように、被用者は二種類に分けられた。その上で、同裁判官によれば、特別の契約条項が置かれていないときでも、使用者は、ガーデン・リーヴに基づいて後者の被用者は自宅に待機させることができる。使用者は、それによって、なんら被用者に対する契約上の義務に違反していないからである。(75) しかし、使用者は前者の被用者については、雇用上の明示的な合意により使用者に権限が与えられている場合にのみ、前者に属する被用者をガーデン・リーヴの状態に置くことができるにすぎない。そして、本件被用者は、これに当たる旨認定されたことから、裁判所は本件において、契約上ガーデン・リーヴ条項が置かれていないことを理由に、被用者が競業他社へ転職することを制限するために、差止めを命じることはできないとされた。(76) 本件判決で注目されるのは、本件争点をめぐっては先例がなかったが、明示のガーデン・リーヴ条項が置かれていないことは、必ずしも暫定的差止命令（interlocutory injunction）の請求にとって決定的なものではないことが、実務上一般に認められてきたことからすれば、本件判決は異例ともいえる。(77)

さらに、ガーデン・リーヴの法理は、シンビアン社対クリステンセン事件(78)において明確化された。本件控訴院民事部の判示によれば、雇用契約上明示的に、契約の有効期間中、被用者は他者のために働くことが許されないとしても、ガーデン・リーヴを用いることによってのみ、被用者が競業他社のために働かないようにすることができるとされた。本件判決は、すでに述べたプロヴィデント・ファイナンシャル・グループ社事件判決の立場からは後退しているようにもみられるが、裁判所は、被用者の職務が元の使用者と直接、競業しないという事実は、決定的なものであるとは考えないということである。その代わりに、裁判所は本件において、ガーデン・リーヴ条項と、被用者は契約の有効期間中、ほかで働くことを制限される規定の両方について、当該被用者の雇用契約上に定めがあるということに着目して、これを検討したわけである。(79) そして、本件裁判所は、こうした二つの条項の重要性を強調したのである。すなわち、すでに述べたウィリアム・ヒル社事件判決で明言されたように、明示のガーデン・リーヴ条項が置かれていない場合には、被用者が競業他社のために働くことを制限することは、必ずしも被用者に履行を強制できるものではない。それのみならず、裁判所はシンビアン社事件判決において、ガーデン・リーヴ条項だけで、被用者が競業他社で働くことを禁止されるものではない、と述べたのである。すなわち、本件裁判所の認定によれば、ガーデン・リーヴの状態に被用者を置くことは、被用者が黙示的な信義・誠実義務を尽くすことに終止符を打つものではあるが、両当事者の契約関係は、ガーデン・リーヴの期間中も存続している。その結果として、被用者は、ガーデン・リーヴに基づく予告期間中は任期をまっとうする一方で、被用者がほかの使用者のために働くことを排除する契約条項は、なおも有効であるとして、裁判所は本件において、差止めを命じたのである。(80)

(4) 判例法理の最近の動き

すでにみてきたように、ガーデン・リーヴ条項はイギリスにおいて近年、生まれたものであり、ガーデン・リーヴをめぐる法理は、依然として、裁判例を通じて発展しつづけている。もとより、使用者は、秘密情報を身につけた企業にとって枢要な被用者との間の契約にガーデン・リーヴ条項が置かれ、それが、裁判上も履行を強制されることに期待を寄せている。しかし、枢要な被用者が競業他社において働くために退社する際に、使用者が、自らの利益の保護を確実なものにするための雇用契約を策定するにあたって、裁判所は、考慮すべき指針を示すという観点から、差止命令を通じてガーデン・リーヴ条項が履行を強制される状況を絞り込んできた。すなわち、使用者は、被用者との契約において、被用者がガーデン・リーヴ状態に置かれることが許される明示的な条項と、(81) 当該契約条項の有効期間中は、被用者がほかの使用者のために働くことを禁止する条項、(82) という二つの条項を契約上盛り込まなければならない、ということが明らかにされてきた。

この点について、例えば、クレディ・スイス・アセット・マネジメント社対アームストロング事件において、ネイル（Neill）裁判官は次のように述べた。

すなわち、ガーデン・リーヴ条項の導入に道を開いたのは、「競業禁止条項が履行を強制されるか否かが不確実であるからにほかならない」。そして、実際のところ、「裁判所はこうした条項に対して、競業禁止条項の場合に比べて、より柔軟に対処してきた。[83]」

そして、これまで、ガーデン・リーヴをめぐってさまざまな裁判例が積み重ねられてきたが、イギリスの裁判所は概して、差止命令によるガーデン・リーヴ条項の履行強制に対して、好意的な態度をとってきたとされる。[84]しかし、こうしたガーデン・リーヴをめぐる裁判例の結果よりも、裁判所の態度を端的に示すものは、先に述べたウィリアム・ヒル社事件判決におけるモリット（Morritt）裁判官の次のような見解である。

すなわち、「被用者が雇用契約を見定めて予告を行う際に、使用者は、給与の支払いを継続する一方で、いわゆるガーデン・リーヴ状態に置くものとして知られるが、予告期間中は被用者に仕事に就かないように求めることができるであろうか。契約上明示的な条項があるならば、使用者がそのようにできることについては、争いがない。[85]」

さらにいえば、イギリスにおいては、退職被用者は、競業禁止条項についてはなおも争う一方で、ガーデン・リーヴ条項には拘束されるということを被用者が受け入れることをあらわす裁判例が認められる。[86]このようにして、ガーデン・リーヴ条項の裁判上の履行強制可能性について確実性が増すにつれて、競業他社へ転職することから企業を守ろうとする使用者は、枢要な被用者との契約中に、そうした条項を盛り込むことが普通になってきたといわれる。

この点について、キレン（Killen）によれば、イギリスにおける大多数の被用者は、三カ月にわたる予告期間で終了する雇用契約に基づいて職務に従事するが、これは、幹部社員や多くの企業にとって枢要な社員にはあてはまらない。

とくに、幹部社員は、長期間にわたる契約または長期間の予告が要求される契約のもとで職務に従事し、使用者が競業禁止契約ないし明示のガーデン・リーヴ条項という手段により自衛策を講ずることは、必ずしも珍しいことではないとされる。(87)

このようにして、ガーデン・リーヴはイギリスにおいて、司法上も正当なものと承認された法理として、広く受け入れられてきた。(88)使用者は、ガーデン・リーヴ条項により、有能な被用者が退職後直ちに競業他社に転職することによって損失を被ることを未然に防止するための、より信頼に足る対応措置をとってきたのである。

四　競業禁止条項とガーデン・リーヴ条項の比較検討

1　競業禁止条項とガーデン・リーヴ条項

アメリカにおける競業禁止条項が裁判上も履行を強制されるかどうか不確かである一方、イギリスのガーデン・リーヴ条項がこの国の固有の事情に照らして一定の成果を収めてきたことを考慮するならば、アメリカの使用者も、ガーデン・リーヴ条項を企業にとって枢要な被用者との間の雇用契約中に置こうと試みることは別に驚くようなことではない。しかしながら、ガーデン・リーヴ条項が、アメリカの雇用関係において根付き、それが雇用契約上も一般化するかどうかは、予測がつかない。というのは、アメリカの裁判所は、ガーデン・リーヴ条項が競業禁止条項に比べて裁判上も履行強制の可能性がより高いかどうかについて、その実効性を検討する機会を十分に与えられていないからである。

そこで、以下において、ガーデン・リーヴ条項がアメリカの裁判所において履行を強制される可能性をめぐって、ガーデン・リーヴ条項は伝統的な競業禁止条項に対する法理上の異論を克服するものかどうかについて検討したい。

2　ガーデン・リーヴ条項の擁護論

ガーデン・リーヴ条項は競業禁止条項に比べてより異論が少ないものとして、次のような理由が挙げられる。まず第一に、ガーデン・リーヴ条項は、労働者の生計を営む権利を妨げるものではない。すなわち、競業禁止条項は、被用者が生計を営む権利を奪うものであるという批判は、直ちにガーデン・リーヴ条項に当てはまるものではないとされる。ガーデン・リーヴ条項の基本的要素の一つは、被用者が競業他社のために働くことを制限される期間中、給与の全額および諸便益が与えられる旨定められることである。この点について、前述したプロヴィデント・ファイナンシャル・グループ社事件においてテーラー（Taylor）裁判官は、次のように述べている。すなわち、「本件被告は、制限を受ける当年の一二月三一日まで、社用車およびその他のすべての便益とともに、給与全額を与えられるべきであり、困窮することはない。(89)」ということであった。言い換えれば、競業禁止条項により拘束を受ける労働者とは異なり、ガーデン・リーヴの状態に置かれる被用者には、予告期間中は給料の全額を支給されることから、この間に被用者らは収入が途絶えるという危惧はない。(90)

第二に、ガーデン・リーヴ条項は、伝統的な競業禁止条項に比べて競争制限の度合いが少ないであろうとされる。すなわち、ガーデン・リーヴ条項の裁判上の履行強制は、伝統的な競業禁止条項の裁判上の履行強制よりも競争を妨げる程度が低い。事実、もし仮に、ガーデン・リーヴ条項が、使用者の利益保護のために信頼に値する手段となりうるならば、実際に、それは、競争を促進するとともに、産業をより強化することに役立つであろうとされる。競業禁止条項の裁判上の履行強制可能性が不確かであることにより、使用者の出費によって獲得された知識、情報を身につけることによって競業他社に利益をもたらす、企業にとって枢要な被用者は、ある意味で、犠牲を強いられている。[91] すなわち、もし仮に、使用者が、その研究開発などの投資の成果が競業他社に直接に奪い取られないことに合理的な確信がもてるならば、被用者の教育訓練や新たな技術の研究開発の投資により積極的になるであろう。その結果として、労働力と市場は強化されるであろうとされる。

一方、雇用関係の終了後の短い期間、被用者が競業他社へ転職することを制限されることは、被用者自身にとっても利益である、という使用者側の確信に近いものがあるとされる。すなわち、たとえ被用者が競業他社に転職を決める際にも、自社を守ることができるということを確信して、使用者は財産的に価値のある秘密情報を被用者にさらしたり、顧客と関係を築くことを認める傾向にある。そして、そうした秘密情報や技能は、被用者や転職先の使用者の両方にとって後々に有益なものとなり得る。さらに、ガーデン・リーヴ条項の有効期間を限定することによって、その裁判上の履行を強制しても独占を促進することにはならないであろうとされる。この点、一定期間競業を制限されたとしても、被用者にはその期間中は給与が全額支給されるので、被用者が身につけた知識、情報は、競業他社に転職するか、同業他社を立ち上げるかはともかくとして、被用者が当該市場において自己の技能や鍛錬したものを用いる新たな機会を求めることを実際上奨励し得るとされる。

第三に、ガーデン・リーヴ条項は、必ずしも労使の不平等な交渉力の差によるものではないとされる。すなわち、競業禁止条項は労使間の交渉力の差から生まれたものであるという批判は、直ちにガーデン・リーヴ条項に当てはまるものではない。というのは、ガーデン・リーヴの状態に置かれる可能性のある被用者は、一般の被用者に比べて、はるかに強い交渉力をもっているからであるとされる。また、使用者は、被用者が競業を制限されている期間中は給与を支払わなければならないので、競業他社に転職するならば、使用者に損失を与える可能性が高い地位にある被用者との契約中にガーデン・リーヴ条項を設けるにすぎない。[92] おそらく、使用者は、熟練の被用者らに秘密情報を開示したり、その顧客の扱いを委ねるように思われる。したがって、契約中にガーデン・リーヴ条項が置かれるような被用者は、取引に際しても使用者と対等の立場に立って交渉できるような如才のない、見識の高い労働者であろう。ガーデン・リーヴ条項が裁判上も履行を強制されるか否かを見定める際に、イギリスの裁判所は、こうした要因を重要な考慮対象としてきたとされる。この点、すでに述べたクレディ・スイス・アセット・マネジメント社事件の判決に際して、「反証のない限り、被用者らが雇われている当該事業の性質を考慮して、被告の地位や勤労所得について、被用者らは当該契約条項に拘束されるべきであるということから始まる」旨、述べられた。[93]また、同様に、ユーロ・バンカーズ社対ラビィ事件判決[94]において、裁判所の指摘によれば、両当事者はガーデン・リーヴを必要として進んで契約を締結し、「おそらく目的をもって、そのようにした」、ということであった。結局のところ、もし仮に、ある被用者が重要であるならば、使用者は、被用者が競業他社へ転職することを許すより、自宅待機の状態で給与を全額支払うであろうし、その被用者は何らかの交渉力をもつことは明らかであるとされる。

また、ガーデン・リーヴは競業禁止条項に比べて、被用者の交渉力や裁判所による被用者保護の可能性に負荷をかけないであろうとされる。すなわち、使用者は、競業禁止条項の場合、退職被用者にできるだけ長期間にわたって競業させないことに主眼をおくが、ガーデン・リーヴ条項の場合、被用者の労働を禁止するコストの方に着目する。[95]このようにして、使用者は、自らの事業を守る絶対的な必要性があり、被用者の退職によって被る可能性のある損害を最小限にする必要がある期間に限って、こうした対応措置に依存する傾向にある。その結果として、交渉力の弱い立場にある被用者が、使用者より優位な立場に立つということはないとされる。使用者は、ガーデン・リーヴの枠のなかで制限に対する経済的な負担に耐えなければならないからである。かくして、使用者には、こうしたガーデン・リーヴの取り決めそれ自体を自己規制するインセンティヴが働くであろうとされる。さらに、使用者は、これまでも、こうしたバランスを取ってきたわけで、被用者は、予告期間中は給与を全額支給されるという保護が与えられるので、被用者保護に対して裁判所にかかる負荷は取り除かれるであろうとされる。

第四に、ガーデン・リーヴは、労働の自由の理念に反するものではないとされる。すなわち、ガーデン・リーヴ条項を裁判上も履行を強制することは、例えば、アメリカにおける労働の自由の理念に抵触するものではないであろうとされる。[96] 労働の自由という理念は、労働者から労働の成果を奪い取る労働の搾取という考え方に由来するものであって、こうした労働の自由についての歴史的背景から、ガーデン・リーヴ条項を強制労働と同じ枠内で捉えることは妥当ではない。被用者はガーデン・リーヴの状態に置かれるとしても、給与の全額およびその他の諸便益が与えられており、労働の成果を別に奪われてはいないからである。また、被用者は予告期間中は、まったく労働を禁止されているのではなく、一定の使用者らのために働いたり、顧客と関係をもつことが許されないにすぎない。すなわち、人の自由を安く売り渡すことに消極的な裁判所は、被用者が直ちに競業他社のために働くことを許すことによって損害を被る可能性から免れる使用者の権利とバランスをとらなければならない。[97]

また、労働の自由の理念を擁護するために、裁判所がガーデン・リーヴ条項を無効と評定することは、かえって不当な干渉であるとされる。過酷な条件のもとで、労働を支配、搾取、強制されるのとは異なり、ガーデン・リーヴの状態に置かれる被用者は、ほんの短い期間中、自己の労働力に対する一定の支配の自由と給与の見返りを考慮する、高度な知識労働者にほかならない。したがって、ガーデン・リーヴ条項を奴隷や年期奉公、そのほかの強制労働と安易に結びつけて考えることは、きわめて不正確であるだけではなく、有害でさえある。このようにして、司法は、ある給与の高い仕事から別の仕事へ転職する間に、給与を支払われる被用者について、その性格づけを誤ってはならないとされる。[98] また、競業禁止契約は、被用者がその職に止まるように強いるものであることから、しばしば、労働の自由の理念に反するものであるようにみられてきたが、[99] ガーデン・リーヴ条項は、必ずしも満たされない被用者が退職することを容易にさせるものであるとされる。ガーデン・リーヴ条項によれば、離職したならば当面の間、収入が得られないことを危惧しないで、被用者は、競業他社に職を求めることが許される。すなわち、被用者はいかなる労働も行うことを求められないにもかかわらず、使用者は契約上、予告期間中は被用者に給与の支払いを義務づけられることから、別に不満をもたないような被用者は、職務から離れる一方で、経済的な損失を被ることなく、新たな仕事を求める機会として、ガーデン・リーヴの状態にある期間を用いることができる。

しかしながら、むしろガーデン・リーヴ条項は、被用者が一定期間、労働から排除されることから、その間に被用者が身につけた技能などが陳腐化し、その専門性を取り戻すことに困難をともなうという意味から、労働の自由の理念に反する旨の主張がなされる。この点について、このような主張は、イギリスの裁判例(100)でも、競業禁止条項についてのアメリカの裁判例(101)でも退けられてきたとされる。しかし、そのような判断は一部の判決であって、それをもって、ガーデン・リーヴ条項を正当化する理由づけとすることは、不当な一般化であるように思われる。たとえ、こうした裁判例に一定の説得力があるとしても、例えば、転職後の使用者に利益をもたらさないような職務または顧客を割り当てさせるようにして、被用者が元の使用者のために限定された職務を果たすことによって、ガーデン・リーヴの状態に置かれている期間中、自己の技能などを磨くことが許される取り決めをすることは不可能なことではないであろう(102)。いずれにせよ、このような調整がなされたとしても、被用者が在職中に身につけた専門的知識、技能、経験などが陳腐化するおそれは避けられないであろう。

五　結びにかえて

すでにみてきたように、アメリカの裁判所は、イギリスのガーデン・リーヴ条項が裁判上も履行の強制が可能かどうかという問題に、これまで十分に検討を加える機会が与えられてこなかった。しかし、近い将来において、こうした問題に直面しないとは限らない。したがって、ガーデン・リーヴ条項は、伝統的な競業禁止条項の裁判上の履行強制可能性をめぐる困難で不確実な状況を打開するのに役立つものかどうか未知のままであって、予断を許さない。

確かに、ガーデン・リーヴ条項は、競業禁止条項に比べて、労使双方の歩み寄りによって、相対立する利益のバランスをはかろうとする取り決めではある。すなわち、ガーデン・リーヴ条項は、企業のトレード・シークレットなどの秘密情報を保護する必要のある使用者に保護を与える一方で、被用者を不必要に長く労働から排除することなく、しかも、競業を制限されている期間中、給与などを補償するものである。

もし仮に、ガーデン・リーヴの法理がアメリカにおいて、司法上も承認され、受け入れられるならば、雇用関係の終了後の競業制限法の分野を一段と明確化する重要な一歩を踏み出すことになる可能性はある。そうであるならば、使用者は、競業禁止条項に代えて、あるいはそれとともに、ガーデン・リーヴ条項を用いるようになり、競業禁止条項をめぐる不確実性の問題を解決する糸口を見出すようにもみえる。また、そうであるならば、使用者は企業にとって枢要な被用者が競業他社に転職することによるトレード・シークレットなどの秘密情報の流出という被害から企業を守るためによりどころとすることができる対応手段を得ることになろう。他方、被用者は、たとえ競業他社のもとでの労働を制限されるとしても、給与の支払いが補償されるのみならず、使用者は進んで被用者に重要な顧客に接触させたり、教育投資を行うようになるかもしれない。しかし、いずれにせよ、以前の企業を転職するならば、使用者に真の脅威を与えるような被用者だけが、ガーデン・リーヴ条項の対象になりうるにすぎない。(103)

最後に、イギリス同様にわが国においても、競業避止契約の履行強制の可能性をめぐる不確実性の問題に対する解決法として、ガーデン・リーヴの法理を取り入れることができるであろうか。もちろん、わが国の裁判所も、ガーデン・リーヴ条項が履行を強制されるかどうかの問題に、いまだ直面していないが、近い将来において、ガーデン・リーヴ条項に類似する内容を含む契約条項の履行強制可能性の問題を取り扱うことを求められるかもしれない。しかし、イギリスのガーデン・リーヴ条項は法的に疑義があることに注意を喚起しておきたい。

まず第一に、ガーデン・リーヴ条項は、わが国の憲法第二二条において保障された、労働者が自己の欲するいかなる職業も任意に選ぶことができるという職業選択の自由（営業の自由）、またそれを担保する退職の自由を大きく制約するものである。と同時に、専門的分野に優れた能力を発揮する労働者が在職中に得た知識、技能、経験をもとに、自主的、主体的に自らの職業キャリアを形成、維持、向上させ、自らの能力、適性、意欲に即して自己実現を図る機会を奪うおそれがある。第二に、およそ契約関係においては何ほどかの力関係が働くのはやむを得ないが、被用者自らに合法的な仕事または営業に携わらせないという労使の取り決めは、労使の交渉力の差による産物にほかならないと考えられる。第三に、この法理は、競争の制限による不当な独占を生むおそれをともなうものである。そうした競争制限は、競争を通じて自由主義経済の市場機能が維持されるために不可欠な、有能な労働者の移動と知識・情報の流通を妨げる危険をはらんでいる。

ちなみに、イギリスにおいては近年、ガーデン・リーヴ条項の濫用に対して注目が集められるところとなってきた。すなわち、まず、予告期間中に競争相手企業での就労を禁止する明示の規定が置かれることによって、差止命令が認められる傾向にある。のみならず、とりわけ、被用者が自分の技能や経験を維持するために就労を求めるならば、予告期間中といえども、使用者（企業）が就労を受け入れる義務を認めてきた。さらに、長期にわたる告知期間を求める条項に対しては、取引制限の法理の適用が示唆されてきたのである。(104)

注

(1) 雇用の終了後の競業禁止特約についての代表的事例として、フォセコ・ジャパン・リミテッド事件（奈良地判昭四五・一〇・二三判時六二四号七八頁）においては、「競業の制限が合理的範囲を超え、債務者らの職業選択の自由等を不当に拘束し、同人の生存を脅かす場合には、その制限は公序良俗に反し無効となることは言うまでもないが、この合理的範囲を確定するにあたっては、制限の期間、場所的範囲、制限の対象となる職種の範囲、代償の有無等について、債権者の利益（企業秘密の保護）、債務者の不利益（転職、再就職の不自由）及び社会的利害（独占集中の虞れ、それに伴う一般消費者の利害）の三つの視点に立って慎重に検討していくことを要する」と判示された。そして、本件判断基準が、その後の同種事案において、競業禁止特約の有効性の判断基準として用いられている。

(2) 例えば、東京リーガルマインド事件（東京地決平成七・一〇・一六ジュリスト一〇九七号一四二頁、一四三頁）においては、「競業行為の差止請求は、職業選択の自由を直接制限し、濫用のおそれがあることに鑑みると、当該競業行為により使用者が営業上の利益を現に侵害され、または侵害される具体的なおそれがある場合に限り許されると解すべきである」として、差止請求の要件を詳しく述べた後に、「Y_1（監査役であるとともに従業員）に対する申立てについては、被保全権利（差止請求権）が存在せず、またY_2（代表取締役の辞任後は従業員）に対する仮処分申立については、実体上の要件を備えていないので、ともに保全の必要性は認められない」、とされた。また、A特許事務所事件（大阪地決平成一七・一〇・二七労判九〇八号五七頁）では、就業禁止仮処分命令申立が却下された。また、アサヒプリテック事件（福岡地判平成一九・一〇・五労判九五六号九一頁）では、競業避止等の請求が棄却された。他方、前記フォセコ・ジャパン・リミテッド事件、新大阪貿易事件（大阪地判平成三・一〇・一五労判五九六号二一頁）等では、差止請求は認容された。

(3) *See,* Katherine V. W. Stone, *Knowledge at Work: Disputes over the Ownership of Human Capital in the Changing Workplace,* 34 Conn. L. Rev. 721, 723 (2002).

(4) *See,* Thomas M. Hogan, *Uncertainty in the Employment Context:Which Types of Restrictive Covenants are Enforceable?,* 80St. John's L. Rev. 429, at 430 (2006).

(5) *See,* John Dwight Ingram, *COVENANTS NOT TO COMPETE,* 36 Akron L. Rev. 49 (2002). この論文では、営利活動において用いられる競業禁止条項の履行強制可能性について述べられている。*See,* John Fellas, *Garden Leave:A New*

Weapon Against a Departing Employee, N.Y.L.J., May 29, 1997, at 1. *See*, Greg T. Lembrich, Note, *Garden Leave: A Possible Solution to the Uncertain Enforceability of Restrictive Employment Covenants*, 102 Colum. L. Rev. 2291, 2291 (2002). ガーデン・リーヴという概念が出現した背景には、イギリスの法文化にかかわる事情があろうが、その出現に関係する要因として、イギリス人が「庭」に寄せる特別の思いがあるとされる。

(6) *See*, Lembrich, *supra* note5, at 2292.

(7) *See*, Lawrence F. Carnevale & Lorraine R. Doran, *Restrictive Employment Clauses: Enforceability Enhanced by Tailoring to Your Business and Employees*, N.Y.L.J., Feb. 5, 2001, at S4.

(8) *See*, Tamara Loomis, *Non-Compete Pacts: Whether These Agreements Hold Up is Uncertain*, N.Y.L.J., Aug. 24, 2000, at 5.

(9) *See*, Harlan M. Blake, *Employee Agreements Not to Compete*, 73 Harv. L. Rev. 625 (1960).

(10) *See*, Maureen B. Callahan, *Post-Employment Restraint Agreements: A Reassessment*, 52 U.Chi.L. Rev. 703, 703 (1985). もっとも、使用者は、トレード・シークレットについては、「不可避的開示の法理」の援用を通じて、被用者が退職する際に被る可能性のある損害から保護されることがある。その具体的な裁判例としては、例えば、Pepsico, Inc. v. Redmond, 54F. 3d 1262, 1269 (7th Cir. 1995), DoubleClick, Inc. v. Henderson, No. 116914/97, 1997 WL 731413, at 5–6 (N.Y. Sup. Ct. Nov. 7, 1997). しかし、トレード・シークレットにかかわる不可避的開示の法理については、本章主題からはずれるので、これ以上触れない。

(11) *See*, Loomis, *supra* note 8, at 5. 制限特約は、通常、幹部社員、営業マン、技術者、プログラマーなどに対して設けられる。そして、企業が研究開発投資する際には、使用者が開発した営業上の秘密や顧客を被用者に開示せざるを得ないことがある。*See*, Gillian Lester, *Restrictive Covenants, Employee Traning, and the Limits of Transaction-Cost Analysis*, 76 Ind. L.J. 49, 51 (2001).

(12) U.S. Const. amend. XIII, 1.

(13) *See*, Callahan, *supra* note 10, at 717. BDO Seidman v. Hirshberg, 712 N.E. 2d 1220, 1225 (N. Y. 1999). 本件判決によれば、使用者には、被用者が競業他社のために使用者の出費によって得た顧客や消費者に対するのれん（goodwill）を欲しいままに流用することを妨げる正当な利益がある、とする。

(14) *See*, Fellas, *supra* note 5.

(15) *Id.*

(16) *See,* Lester, *supra* note 11, at 53.

(17) *See,* Steven J. Stein, *Recent Trends in Post-Employment Restrictions on Competition,* N.Y.L.J., Apr. 9, 1998, at 1.

(18) *See,* Stone, *supra* note 3, at 740.

(19) このことは、とくに、被用者が十分な教育訓練を受けた分野のみで仕事に就くことを妨げるものであるので、競業禁止条項の場合に、当てはまる。この点、秘密保持契約や引抜き禁止契約は、被用者が当該分野において職務を遂行する方法を制限するにすぎない。競業禁止条項が合理的か否かを判断する際に、被用者の生計の手段を考慮するものとして、次の裁判例がある。Purchasing Assocs. v. Weitz, 196 N. E. 2d 245, 247 (N. Y. 1963); Simons v. Fried, 98 N. E. 2d 456, 456 (N. Y. 1951); Serv. Sys. Corp. v. Harris, 341 N.Y.S. 2d 702, 705 (App. Div. 1973); Bates Chevrolet Corp. v. Haven Chevrolet, Inc., 213 N.Y.S. 2d 577, 580 (App. Div. 1961).

(20) 例えば、Schmidl v. Cent. Laundry & Supply Co., Inc., 13 N.Y.S. 2d 817, 823 (Sup. Ct. 1939); Arthur Murray Dance Studios, Inc. v. Witter, 105 N.E. 2d 685, 704 (Ohio Ct. C .P. 1952); Reading Aviation Serv., Inc. v. Bertolet, 311 A. 2d 628, 630 (Pa. 1973) .

(21) アメリカの歴史における労働の自由の理念の重要性については、Eric Foner, Free Soil, Free Labor, Free Men: The Ideology of the Republican Party Before the Civil War (1970). *See,* Christopher T. Wonnell, *The Contractual Disempowerment of Employees,* 46 Stan. L. Rev. 87, 141 (1993).

(22) *See,* Callahan, *supra* note 10, at 706. Dynamics Research Corp. v. Analytic Scis. Corp., 400 N.E. 2d 1274, 1282-83 (Mass. App. Ct. 1980); 1st Am.Sys., Inc. v. Rezatto, 311 N.W. 2d 51, 57 (S. D. 1981). ABC v. Wolf, 420 N.E. 2d 363, 368 (N.Y. 1981).

(23) Kadis v. Britt, 29 S.E. 2d 543 (N.C. 1944).

(24) *Id.* at 547.

(25) *Id.* at 549.

(26) 例えば、Simons v. Fried, 98 N.E. 2d 456, 456 (N.Y. 1951); Paramount Pad Co. v. Baumrind, 151 N.E. 2d 609, 610 (N.Y. 1958); Bates Chevrolet Corp. v. Haven Chevrolet, Inc., 213 N.Y.S. 2d 577, 580 (App. Div. 1961); Serv. Sys. Corp. v. Harris,

341 N.Y.S. 2d 702, 705（App. Div. 1973）; Reed, Roberts Assocs. v. Strauman, 353 N.E. 2d 590, 594（N.Y. 1976）.

（27）営業の譲渡については、例えば、Purchasing Associates v. Weitz, 196N. E. 2d 245, 247（N. Y. 1963）. これに対して、ABC v. Wolf, 420 N.E. 2d 363, 367（N.Y. 1981）. 本件では、明示的な競業制限条項がある場合でも、厳格に検討され、とくに、一定の要件を満たす場合にのみ、履行が強制される、とする。

（28）Purchasing Assocs., 196 N.E. 2d at 248（N.Y. 1963）; Cont'l, Group v. Kinsley, 422 F. Supp. 838, 843（D. Conn. 1976）; Reed, Roberts, 353 N.E. 2d at 593（N.Y. 1976）; ABC v. Wolf, 420 N.E. 2d at 367（N.Y. 1981）; BDO Seidman v. Hirshberg, 712 N.E. 2d 1220, 1223（N.Y. 1999）.

（29）Reed, Roberts, 353 N.E. 2d at 593（N.Y. 1976）; Cont'l, Group v. Kinsley, 422 F. Supp. at 843（D. Conn. 1976）; ABC v. Wolf, 420 N.E. 2d at 367（N.Y. 1981）; BDO Seidman v. Hirshberg, 712 N.E. 2d at 1223（N.Y. 1999）; Ticor Title Ins. Co. Cohen, 173 F. 3d. 63, 70（2d Cir. 1999）.

（30）*See, supra* notes 27-29.

（31）例えば、Frank, Seringer & Chaney, Inc. v. Jesko, C.A. Nos. 89CA004577, 89CA004613, 1989 Ohio App. LEXIS4519, at 6（Dec. 6, 1989）; Dryvit Sys., Inc. v. Healy, No. C.A.KC89-45, 1989 R.I. Super. LEXIS 105, 13-14（Apr. 26, 1989）; Blue Ridge Anesthesia & Critical Care, Inc. v. Gidick, 389 S.E. 2d 467, 468-69（Va. 1990）; Arpac Corp. v. Murray, 589 N.E. 2d 640, 649（Ill. App. Ct. 1992）; Ecolab, Inc. v. Ford, Nos. C0-94-1207, C8-94-1276, 1994 Minn.App. LEXIS 932, at 3（Sept. 14, 1994）; Affinity Partners v. Drees, No. 95-2564, 1996 Mass. Super. LEXIS 647, at 8（Jan. 6, 1996）; McGlothen v. Heritage Envtl.Servs., 705 N.E. 2d 1069, 1071-72（Ind. Ct. App. 1999）.

（32）Greenwich Mills Co. v. Barrie House Coffee Co., 459 N.Y.S. 2d 454, 456（App. Div. 1983）. 裁判所は、確固とした法的ルールを形成してこなかった反面、競業制限の合理性を判断することに取り組んできた。

（33）*See*, Loomis, *supra* note 8, at 5. 問題は、競業制限条項を規制する制定法をもたない州は、そうした条項をいかに評定するかである。

（34）例えば、ABC v. Wolf, 420 N.E. 2d 363, 367 n. 6（N.Y. 1981）. 本件では、裁判上の履行強制は、労働のユニークさだけから認められるものではないとされた。また、Nigra v. Young Broad. of Albany, Inc., 676 N.Y.S. 2d. 848, 849（Sup. Ct. 1998）. 本件では、被用者が「特別でユニーク」であるという法理は不確かなものであって、例えば、テレビ出演のパーソナリティは、それには該当しないとされた。

（35） 例えば、Ticor Title Ins. Co. v. Cohen, 173 F. 3d 63, 65, 70–72（2d Cir. 1999). 本件では、使用者の事業と被用者との関係に焦点が向けられ、使用者の顧客の多くと被用者との密接な関係に基づいて、六カ月にわたる制限は合理的であるとされた。また、Natsource LLC v. Paribello, 151 F. Supp. 2d 465, 473–74（S.D.N.Y. 2001). 本件では、たとえ被用者は代替可能であるとしても、技術、才能、顧客との関係に基づいて、被用者に対して競業禁止条項の履行の強制がなされた。

（36） Baxter Int'l, Inc. v. Morris, 976 F. 2d 1189, 1197（8th Cir. 1992). 本件では、一年の制限は長すぎるとされた。Earth-Web, Inc. v. Schlack, 71 F. Supp. 2d 299, 313（S.D.N.Y. 1999). 本件でも、一年の競業制限は長すぎるという理由で、差止命令は認容されなかった。これに対して、Blue Ridge Anesthesia & Critical Care, Inc. v. Gidick, 389 S.E. 2d 467, 470（Va. 1990). 本件では、三年にわたる競業禁止契約が有効とされた。Contempo Communications, Inc. v. MJM Creative Servs., 582 N.Y.S. 2d 667, 669（APP. Dic. 1992). 本件では、二年の競業制限は時間的に合理性があるとされた。Chernoff Diamond & Co. v. Fitzmaurice, Inc., 651 N.Y.S. 2d 504, 505–06（App. Div. 1996). 本件では、二年にわたる競業禁止契約が認められた。BDO Seidman v. Hirshberg, 712 N.E. 2d 1220, 1225, 1228（N.Y. 1999). 本件は、一八カ月にわたる引抜き禁止契約が履行を強制された。

（37） Cont'l, Group v. Kinsley, 422 F. Supp. 838, 841 n. 1, 843（D. Conn. 1976). 本件では、アメリカ、カナダ、西ヨーロッパ、日本をカヴァーする競業禁止契約の地理的制限は不当に広いものではないとされた。BUS. Intelligence Servs., Inc. v. Hudson, 580 F. Supp. 1068, 1073（S.D.N.Y. 1984). 本件では、地理的に無制限に及ぶにもかかわらず、競業制限条項は認められた。Innovative Networks, Inc. v. Satellite Airlines Ticketing Ctrs., Inc., 871 F. Supp. 709, 728（S.D.N.Y. 1995). 本件では、合衆国全土に及ぶ地理的制限も合理的であると判断された。これに対して、Great Lakes Carbon Corp. v. Koch Indus., 497 F. Supp. 462, 471（S.D.N.Y. 1980). 本件では、地理的制限がないことから、競業制限条項の履行強制は認められなかった。Garfinkle v. Pfizer, Inc., 556 N.Y.S. 2d 322, 323（App. Div. 1990). 本件では、世界全体に及ぶ地理的制限は、不合理であるとされた。Bendinger v. Marshalltown Trowell Co., 994. S.W. 2d 468, 472（Ark. 1999). 本件では、競業制限条項に地理的制限が設けられていないことにより、広すぎるとされた。

（38） *See*, Loomis, *supra* note 8.

（39） 「ブルー・ペンシル（blue-penciling）」といわれる方法を通して、過度にわたる条項を修正したり、競業禁止条項中の不当な制限を消去して、履行の強制が認められる裁判例がある。例えば、Bijan Designer for Men v. Katzman, No. 96 Civ. 7345, 1997 U.S. Dist. LEXIS 1426, at 16 n. 8 (S.D.N.Y. Jan. 6, 1997). そのほかに、Karpinski v. Ingrasci, 268 N.E. 2d 751, 754-55 (N.Y. 1971); Rector-Phillips-Morse, Inc. v. Vroman, 489 S.W. 2d 1, 4 (Ark. 1973); Philip G. Jonson & Co. v. Salmen, 317 N.W. 2d 900, 904-05 (Neb. 1982); BDO Seidman v. Hirshberg, 712 N.E. 2d at 1226 (N.Y. 1999); Heartland Sec. Corp. Gerstenblatt, Nos. 99 Civ. 3694, 99 Civ. 3858, 2000 U.S. Dist. LEXIS 3496, at 29 (S.D.N.Y. Mar. 22, 2000).

(40) Bob Hepple, *The Duty of Loyalty: Employee Loyalty in English Law*, 20 Comp. Lab. L. & Pol'y J. 205, at 216 (1999).

(41) *Id.* at 214.

(42) *Id.*

(43) Jonathan M. Lewis, *Who Will Restrict the Restrictive Covenants?*, Law Soc'y's Gazette, June 21, 1989, at 32.

(44) *See*, Lembrich, *supra* note, 5 at 2305.

(45) John Hand QC & Paul A. Smith, *Injunction Against Employees*, 139 New L.J. 1716, 1716. なお、イギリスの雇用（関係）法の歴史の詳細については、Robert J. Steinfeld, The Invention of Free Labor: The Employment Relation in English and American Law and Culture (1991).

(46) Hand QC & Paul A. Smith, *supra* note 45, at 1716.

(47) *Id.*

(48) De Francesco v. Barnum, (1890) 45 Ch.D. 430, 438 (1890). *See*, Hand & Smith, *supra* note 45, at 1716.

(49) *See*, Hepple, *supra* note 40, at 205-06.

(50) *Id.* at 209.

(51) *Id.*

(52) *Id.* at 215.　もっとも、トレード・シークレットについては、被用者は、雇用期間を超えて、秘密保持義務を使用者に負うとする。

(53) イギリスには、奴隷制度と適正になされた有罪判決に基づく場合以外の強制的苦役を廃止するアメリカ合衆国憲法第一三修正のような規定はないが、被用者が任意に履行しない場合に、裁判所によって強制的に雇用契約の履行が命じられることはない。こうしたコモン・ロー上形成されてきたルールは近年、立法化された。Trade Union and Labour

Relations (Consolidation) Act, 1992, c. 52, 236 (Eng.).

(54) ヘプル (Hepple, *supra* note 40, at 216) は、取引制限の法理を競業制限の事例との関連で説明している。また、ルイス (Lewis, *supra* note 43, at 32) によれば、取引制限の法理は、競業制限条項として容認されるか否かについてこの条項に厳しい制限を課するとする。しかし、イギリスの裁判所は、アメリカと同様に、競業制限条項が営業譲渡と密接にかかわっている場合、そうした条項の履行を強制する可能性が高いとされる。営業の買主は、当該営業の「のれん (goodwill)」に代金を支払い、競業制限条項を通して、以前の所有者に対して営業が保護される権利があるからである。

(55) Hepple *supra* note 40,. at 216. こうした考え方は、例えば、Hanover Insurance Brokers Ltd. v. Schapiro, (1994) I.R.L.R. 82 (C.A. 1993) においてみることができる。本件は、保険のブローカー業を営む会社の数人の被用者が、競業他社を立ち上げるために退職したという事案である。本件裁判所の認定によれば、労働力の安定性を保護することは、正当な利益には当たらず、被用者らとの契約中の一二カ月間にわたる競業制限条項の履行を強制する差止命令を認容しなかった。*Id.* at 86.

(56) Hand & Smith *supra* note 45, at 1718.

(57) Evening Standard Co. Ltd. Henderson, (1987) I.C.R. 588 (C.A. 1986).

(58) Evening Standard, (1987) I.C.R. at 592.

(59) *Id.* at 593.

(60) *Id.*

(61) *Id.* at 594.

(62) *Id.*

(63) *See,* Lembrich, *supra* note 5, at 2309.

(64) Provident Financial Group v. Hayward, (1989) 3 All E.R. 298 (C.A. 1988).

(65) *Id.* at 301.

(66) *Id.*

(67) *Id.* at 302.

(68) *Id.* at 304-05.

（69）Andrew Burrows, *Specific Performance Against an Employer*, 140 New L.J. 1007, 1008（1990）. バローズによれば、原則的に、被用者が競合他社のために就労するのを制限する差止命令は、使用者がいわゆる「ガーデン・リーヴ」を事前の措置として講じる場合に認められることは、プロビデント社事件において確認されたとする。

（70）JA Mont（UK）Ltd. v. Mills,（1993）I.R.L.R. 172, 177（C.A. 1992）.

（71）*Id.*

（72）*Id.*

（73）Willliam Hill Organisation Ltd. v. Tucker,（1999）I.C.R. 291, 301（C.A. 1998）.

（74）*Id.*

（75）*Id.*

（76）*Id.*

（77）Jane Middleton, *Heave-Hoe to Garden Leave*, 148 New L.J. 579（1998）. ミドルトンによれば、ウィリアム・ヒル社事件判決以前には、雇用契約関係の存続中、必ずしも被用者には働く権利があるという考え方はなかったとする。*Id.*

（78）Symbian Ltd. v. Christensen,（2001）I.R.L.R. 77, 80（C.A. 2000）.

（79）本件裁判所は、当該条項の履行を強制する際に絞りをかけ、被告が原告の競業他社に雇われることを制限する差止めを命じたにすぎない。*Id.* at 81.

（80）*Id* . at 80–81.

（81）*See,* Willliam Hill Organisation Ltd. v. Tucker,（1999）I.C.R. 291, 301（C.A. 1998）.

（82）*See,* Symbian,（2001）I.R.L.R. at 80.

（83）Credit Suisse Asset Management Ltd. v. Armstrong,（1996）I.C.R. 882, 891–92（C.A. 1996）.

（84）*See,* Symbian,（2001）I.R.L.R at 81. 本件では、被用者が六カ月にわたるガーデン・リーヴ期間中、競業他社のために働くことを阻止する契約条項の履行を強制するために差止めが命じられた。また、Euro Brokers Ltd. v. Rabey,（1995）I.R.L.R. 206, 210（Ch. 1994）. 本件では、競業他社へ転職するために退職するマネー・ブローカーに対して、六カ月間にわたるガーデン・リーヴ条項が履行強制された。

（85）*See,*（1999）I.C.R. at 293.

(86) Credit Suisse First Boston (Europe) Ltd. v. Padiachy, (1999) I.C.R. 569. 576 (Q.B. 1998). 本件では、三カ月にわたる競業禁止条項の履行を強制することは拒否されたが、被告がガーデン・リーヴに基づいて三カ月の予告期間中、職務に従事した後に、競業他社のために働くことは許された。また、FSS Travel & Leisure Sys. Ltd. v. Johnson, (1998) I.R.L.R. 382, 383, 387 (C.A. 1997). 本件では、被告がガーデン・リーヴに基づいて三カ月の予告期間中は職務に従事しなければならないことを承知していた場合に、一年間にわたる競業禁止条項の履行を強制する差止めを命じることは拒否された。

(87) Paul Killen, Football's Loyalty Bonus,Law Soc'y's Gazette, Sept. 21, 2000, at 16. キレンは、ヨーロッパのサッカークラブはプレーヤーが競争相手チームでプレーするため退団することを阻止するために、ガーデン・リーヴ条項ないし競業禁止条項を用いることができるか否かについて触れている。

(88) *See*, Lembrich, *supra* note 5, at 2314.

(89) Provident Financial Group v. Hayward, (1989) 3 All E.R. 298, 305 (C.A. 1988).

(90) *See*, Loomis, *supra* note 8.

(91) *See*, Lester, *supra* note 11.

(92) *See*, Killen, *supra* note 87, at 16.

(93) Credit Suisse Asset Management Ltd. v. Armstrong, (1996) I.C.R. 882. 894 (C.A. 1996).

(94) Euro Bankers Ltd. v. Rabey, (1995) I.R.L.R. 206, 209 (Ch. 1994).

(95) *See*, Hepple, *supra* note 40, at 214.

(96) 労働の自由の理念に深くかかわっているが、ガーデン・リーヴ条項の履行の強制を判断する際に、裁判所は合衆国憲法第一三修正にあまり関心を払わないようである。

(97) MTV Networks v. Fox Kids Worldwide, Inc., No. 605580/97, 1998 N.Y. Misc. LEXIS 701, at 14-15, 23 (Sup. Ct. Feb. 4, 1998).

(98) *See*, Lembrich, *supra* note 5, at 2318.

(99) Stewart E. Sterk, Restraints on Alienation of Human Capital, 79 Va. L. Rev. 383, at 410 (1993). スタークによれば、被用者にとって魅力的ないくつかの選択肢を制限することにより、競業禁止条項は、ある意味で、被用者が元の使用者のもとに止まることを強制しうるものであるとする。

（100）例えば、Provident Financial Group v. Hayward,（1989）3 All E.R. 298, 305（C.A. 1988）. 本件では、仕事がないことそれ自体は別個の問題として考えられるが、それは、本件ではほとんど起こりえないとされる。会計ないし財務担当者としての被告の技能は三カ月の間に衰えるようなものではないとされた。

（101）例えば、Natsource LLC v. Paribello, 151 F. Supp. 2d 465, 472（S.D.N.Y. 2001）. 本件では、四カ月間にわたって制限したとしても、商品ブローカーをその専門職から不当に排除したことにはならない旨認定された。また、Maltby v. Harlow Meyer Savage, Inc., 633 N.Y.S. 2d 926, 930（Sup. Ct. 1995）. 本件では、トレーダーが六カ月間にわたって取引からはずされても、当該業界内での雇用能力を失わせたり、または生計を営む権利を実質的に侵害することにはならない旨認定された。

（102）*See*, Lembrich, *supra* note 5, at 2319. レンブリッチによれば、こうした労使の取り組みは、ガーデン・リーヴまたは強制労働禁止の本旨に背くものではないとする。それは被用者の求めによるものであり、何もしないという選択肢も残されているからである。こうした考え方に即した解決法として、SG Cowen Securities Corp. v. Stix, No. 00 Civ. 3662, slip op.at 4（S.D.N.Y. May 23, 2000）.

（103）*See*, Lembrich, *supra* note 5, at 2321–23.

（104）*Id*. at 2312–13.

第四章

アメリカにおける被用者引抜き禁止契約の強制可能性

ケンタッキー州の裁判例を中心に

一　はじめに

従来、終身雇用が一般的とみられてきたわが国において、近年、雇用の流動化が進むなかで、使用者企業の予期に反して、長年にわたり、信頼を寄せていた被用者などが、新会社を設立して、その部下や同僚などを勧誘し、新会社あるいは別会社に一斉に転退職させるというような事態が時として起こる。その結果として、以前の使用者企業は、有能な人材が競争相手企業に転職して働くことにより、自らの事業が廃業に追いやられたり、自ら転職ないし転業を余儀なくされることがある。

こうして、使用者企業は、前述のような被用者らの不意の行動によって事業上の利益に多大の損害を被ることを防ぐための重要な手法として、雇用契約のなかにいわゆる被用者引抜き禁止特約（条項）を盛り込むわけである。すなわち、被用者引抜き禁止契約は、以前の被用者らが競争相手企業に元の同僚などを雇い入れ、在職中に身につけた知識・

情報などが用いられることにより、以前の使用者企業が損害を被ることを避けるものである。しかしながら、被用者の引抜き禁止など、被用者に課される競争制限的契約については、仮に、使用者企業が被用者との間で被用者の引抜きや、勧誘などを契約において禁止した場合であっても、こうした契約に、果たして、法的な拘束力をもたせることができるのかどうか、その裁判結果には不確実性がともなうだけではなく、裁判所において法的拘束力をもたせる判断枠組みについては、必ずしも明確ではないところである。(1)

一方、アメリカ合衆国（以下、アメリカという）においては、雇用関係の終了後の一定期間、以前の被用者らが元の同僚などを引抜くことに禁止を求める、雇用契約に盛り込まれた被用者引抜き禁止の合意（non-solicitation agreement）について、引抜き禁止特約が結ばれるか、あるいは競争禁止に付随して範囲の広い特約が結ばれていない場合、秘密情報が用いられない限り、被用者は自由に転退職して、元の被用者らを採用したり、引抜きを行って、以前の使用者企業と競争関係に立つことができるとされる。(2) かくして、使用者企業は、自らの事業を守るためにも、キーとなる被用者らに引抜き禁止契約の署名を求める一方で、アメリカの裁判所はどのようにして、このような契約に強制力をもたせるのかを知ることは、喫緊の課題であるとされる。しかしながら、被用者引抜き禁止契約は、使用者企業に保護を与える一方で、以前の被用者に対して引抜きを行わないという義務を負わせるものであるがゆえに、アメリカの裁判所、とりわけケンタッキー州裁判所は、こうした契約に拘束力を持たせることには消極的な態度を取り得るところである。(3) したがって、使用者企業が引抜き禁止契約書の作成にあたり、細心の注意を払わないならば、結果として、契約の法的拘束力が否定されてしまうおそれがある。

以下、本章においては、前述のような理由から、被用者の引抜き禁止契約が裁判上強制されるか否かを決めるために、裁判所により、しばしば考慮される諸要因について概観するとともに、同州以外のいくつかの州裁判所において、被用者の引抜き禁止契約が是認される理由や、そうした判決の背景について検討する一方で、ケンタッキー州裁判所は、どのように引抜き禁止契約を取り扱うのかを検討することによって、前述のような特約が最大限に効果を発揮するために、実際上留意すべき諸点ついて検討を加えてみたい。

二　被用者引抜き禁止契約

1　競争制限的特約の裁判上の強制

雇用関係の終了後の競業禁止特約をはじめとする、競争制限的特約が裁判上強制されるか否かは、具体的な事案の事実関係に基づいて決められることはいうまでもない。しかしながら、アメリカにおいていくつかの州裁判所は、このような特約に対して、積極的な態度をとらない。競争制限的特約は、被用者一人ひとりが生計を立てる権利を侵害し、当該被用者の生存を脅かすおそれがあると同時に、自由主義経済の観念に抵触するものであり、その分野において最初に事業を立ち上げた使用者企業を不当に保護することになりかねないからである。(4)

とはいえ、競争制限的特約が、合理的であり、契約上の必要条件を満たし、さらに、制定法上規制される場合、法律上の要件を遵守するものであるならば、一般的に裁判上強制が可能とされる。(5) この点、例えば、部分的に取引を制限するような競業禁止特約は、常に法的に受け入れられるとは限らないが、このような特約が、使用者企業の正当な事業上の利益を保護するために合理的に必要とされ、被用者に不当な負担を強いるものではなく、あるいは社会公共の利益に反するものでないならば、裁判上強制される余地は残されている。他方で、当該反競争的特約の真の目的が、当該使用者企業の事業を守ることにあるのではなく、むしろ当該被用者の退職を妨害することにあるのならば、当該特約は、裁

判上強制され得ないことはいうまでもない。(6)

いずれにせよ、一般的に、反競争的特約の合理性は、まさにケース・バイ・ケースで決められる。そして、裁判所は通常、不合理な競争制限が、修正が可能かどうかを決める際に、禁止される活動のみならず、地域、期間のような、様々な要因を考慮するところである。(7) もとより、競争に反するような不合理な制限的特約は、裁判上強制されるものではないが、強制が困難な競争制限について、制限される期間や地域について修正がなされることにより、裁判上強制の可能性が高められるわけである。

すでに述べたように、不合理な競争制限については、部分的な強制であっても、当該制限が結果として、公序良俗と両立して、社会公共の利益を害しないこと、当該被用者に不当に厳しい制約を課するものではないことが求められ、当該使用者企業の利益を守るために合理的に必要とされる範囲で法的拘束力をもつにすぎないのである。(8)

2 被用者引抜き禁止契約と競業禁止契約との関係

ところで、被用者が退職を告知する前に、使用者企業には、事前の予防措置として、雇用契約において盛り込んでおくことができる、いくつかの制限的特約がある。こうした契約的保護措置は、大きく二つの類型に分けられる。すなわち、被用者が以前の使用者企業と直接に競争することを妨げる競業禁止契約と、被用者が以前に働いていた企業の被用者または顧客を勧誘したり、引抜くことを禁止する引抜き禁止契約である。伝統的な競業禁止契約によると、一般的に、雇用関係の終了後に、被用者は、一定の地域において一定の期間、以前の使用者企業の事業と競争関係に立つような具体的な活動を行わないものとされる。こうした競業禁止契約とは異なって、引抜き禁止契約によると、以前の被用者が競争相手企業のところで働くことは別段制限を受けるものではない。が、このような契約によると、被用者または顧客、あるいは被用者と顧客の双方の勧誘、引抜きが禁止されるのが、その典型例である。(9) とりわけ、顧客引抜き禁止特約は、退職した被用者が以前の使用者企業の顧客や将来の顧客を事業上引抜くことを禁止するものであり、それは、顧客関係や、顧客と接触を保つ使用者企業の利益を守るものである。この点、以前の被用者が雇用関係の終了後に、元の同僚を採用することに対して加えられる制限は、いわば引抜き禁止特約を補充するものであり、とりわけ引抜き禁止特約は、何よりも労働力の安定性を維持するという使用者企業の利益を保護するものにほかならない。(10)

このようにして、引抜き禁止特約は、以前の被用者が一緒に競争すること自体を妨げるものではなく、別の手段、方法でもって、被用者らを雇い入れるように求めるものであるにすぎないがゆえに、裁判所は、引抜き禁止特約を競業禁止特約と比較して反競争性が少ないものと捉えるところである。(11) また、引抜き禁止特約は、使用者企業の正当な事業上の利益に見合ったものに限定されているという理由から、裁判所は、引抜き禁止特約をより一層支持する可能性がある。(12) しかしながら、引抜き禁止特約は、被用者らの競争の自由を制限するものであるがゆえに、そうした契約条項は、競業禁止特約と同じような制限に服するものであるとされる。(13)

3　被用者引抜き禁止特約の締結理由

もとより、ある被用者が、雇用関係の終了前の在職中に、競争相手企業において一緒に働くために、同僚の被用者を引抜くような場合、使用者企業に対する忠実の義務に違反したことになることはいうまでもない。しかしながら、雇用関係の終了後には、結果は異なってくる。すなわち、いったん雇用関係が終了し、引抜き禁止契約が結ばれていない場合、不正または詐欺的方法が用いられない限り、退職した被用者は、競争相手企業のところで働くために、自由に以前の使用者企業の被用者らを引抜くことができる。(14) しかしながら、アメリカにおける多くの州の裁判所は、被用者が被用者引抜き禁止特約を結んだときには、以前の被用者が元の同僚を引抜くことを禁止する規定を支持するとされる。(15)雇用契約において競争制限的特約を盛り込む多くの使用者企業は、自社の出費によって得られた顧客関係または事業上の経験を用いることができるキーとなる会社役員や、セールスパーソンなどが競合企業を起ち上げることを妨げるために、このような特約を結ぶわけである。(16)

すでに述べたとおり、引抜き禁止契約は、以前の被用者らが競争相手企業のところに同僚らを勧誘することを妨げることによって、以前の被用者らが競争関係に立つことを妨げることを可能にするものである。この点、裁判所の判示によれば、使用者企業が人材を育成し、有能な労働力を推持することに対する投資を保護することには、合理性があるとされてきたことから、このような引抜き禁止特約は、ほとんど司法上の抵抗を受けなかったとされる。(17)

こうして、使用者企業は、被用者らが競争相手のところで働くならば、市場において当該企業をきわめて競争上不利な立場に立たせるおそれのある被用者との間で、引抜き禁止契約を結ぶわけである。かくして、引抜き禁止契約を結ぶ被用者は、以前の使用者企業のもとで現に働く被用者らの採用にかかわるならば、訴えられることが少なくない。もとより、雇用契約をめぐる訴訟には、多額の費用を要するわけであるが、前述のような契約は、以前の被用者が在職中の被用者の引抜きにかかわることを抑制するために、大きな効果を上げるものであるとされる。

4　引抜き禁止契約の違反

被用者引抜き禁止契約に違反した場合、当事者適格の要件としての訴訟当事者の利害関係が、十二分に満たされているならば、以前の被用者と新たな使用者企業は、きわめて大きな法的責任問題に直面する。例えば、ブラック・アンド・デッカー社（Black & Decker）が、イメージ・ダイナミクス社（Image Dynamics）の以前の被用者（David

P.Olsen）を雇い入れたときに、このピー・アール（PR）会社の主張によれば、ブラック・アンド・デッカー社は、当該被用者の奪い取りを図ることによって、引抜き禁止契約に違反した、ということであった[18]。これに対して、メリーランド州の陪審は、当該引抜き禁止契約を是認し、イメージ・ダイナミクス社に九四万ドル（その内訳は、ブラック・アンド・デッカー社に対しては、六四万五千ドル、以前の被用者に対しては二九万五千ドル）の損害賠償金を認めたのである[19]。

また、プルーデンシャル保険会社（Prudential Securities）が、前述の事件と同じような理由に基づいて、当該会社役員が引抜き禁止特約の違反に加担したことを理由として、上位一〇人の会社役員の内の何人かと当該会社を訴えた事案がある[20]。すなわち、アセット・バック証券グループからの収入が九〇％以上を占める、プルーデンシャル社のアセット・バック証券グループの首脳や八人の役員が退職する一方で、クレディ・スイス・ファースト・ボストン社（Credit Suisse First Boston: CSFB）と一緒になったときに、プルーデンシャル社は、以前の会社役員やクレディ・スイス・ファースト・ボストン社（以下、クレディ・スイス社という）に対して、被用者の引抜き禁止契約の履行の強制を求めて訴えを起こしたのである。こうして、プルーデンシャル社は、クレディ・スイス社が多くの被用者らを雇うことを阻止する暫定的差止命令を勝ちとる一方で、クレディ・スイス社らに損害賠償を求めたのである[21]。

もとより、引抜き禁止契約に拘束される以前の被用者が、在職中の被用者に会社退職を勧めるような場合、その使用者企業は、多くの訴訟上の請求が可能である。が、その引抜き・採用に関係した以前の被用者に対する契約違反の主張は、当該被用者の財力が限られていることもあって、必ずしも実際的であるとはいえないが、その例外のほとんどすべての請求を実体法的に基礎づけるために必要な事実は、当該被用者との契約において盛り込まれた引抜き禁止契約をよりどころとしている[22]。また、使用者企業は、不法な契約関係ないしは事業の妨害の法理（theory of tortuous interference with contractual or business relation）に基づいて、新たな使用者企業に対して、訴えを提起することが少ない。[23] これに対して、裁判所は、このような訴えを、契約違反の誘因、契約妨害（interference with contract）、競争優位性の侵害（interference with advantageous relations）、不正競争、[24] または被用者の略奪（piracy）もしくは奪取（raiding）[25] の訴えとして、捉えることもできる。他方、以前の被用者が、競争相手企業のために元の同僚を採用するならば、競争制限的特約違反を理由として、[26] あるいは以前の被用者が在職中に、当該使用者企業の利益に反する行動をとる場合、信任義務違反の法理に照らして、以前の被用者は、当該使用者企業により訴えられることがある。[27]

三　ケンタッキー州裁判所の引抜き禁止契約の解釈

ケンタッキー州は制定法により、雇用契約における競争制限的特約を規制していない。したがって、使用者企業は、競争制限的特約について裁判所の解釈をよりどころとせざるを得ない。しかしながら、同州裁判所は従来、特に、被用者の引抜きを禁止する特約の強制可能性の問題に取り組んできたわけではない。が、顧客引抜き禁止条項（customer non-solicitation clause）の強制可能性に取り組んできたいくつかの裁判例がある。[28] したがって、競争制限的特約について一般的ルールを適用する色々な裁判例から、同州裁判所が、被用者引抜き禁止契約の違反に対して、どのように判断を下すことができるのか、その見方について類推が可能であると思われる。

一般的に、ケンタッキー州裁判所によれば、競争を制限する契約について、当該契約が、(1) 合理的なものであり、(2) 地域または期間について限定されているならば、裁判上強制が可能とされる。[29] この点、競争を制限する契約は、当該制限が保護を求める訴訟当事者の正当な利益の保護を与えるために必要かつ十分に限定されているだけではなく、社会公共の利益を害しない限り、合理的なものとされる。[30]また、取引を制限する契約は、期間と地域の双方、あるいは地域については制限がなされていない場合、強制はされない一方で、期間について制限はないが、地域について合理的に限定がされている場合、裁判上強制は可能とされる。[31]

この点、例えば、ウェルス対メリル・リンチ、ピアス・フェンナー・アンド・スミス社事件は、複数の証券ブローカーらが、以前の証券会社との間の雇用契約に盛り込まれた顧客引抜き禁止規定は強制不可能である旨を主張した事案である。[32]そして、本件被用者らが署名した契約には、一部次のように述べられていた。

すなわち、「メリル・リンチ、ピアス・フェンナー・アンド・スミス社（以下、「メリル・リンチ社」という）は、私を販売員または販売職として雇い入れるために、次のように合意する。すなわち、『メリル・リンチ社の職務の終了に際して、私は、いかなる理由であれ、(i)雇用関係の終了の日から一年間、私が勤務したメリル・リンチ社のいかなる顧客であれ、または同社在職中に同社事務所において知り合った顧客や、在職した同社事務所の百マイル以内に居住するそのほかの顧客を引き抜かない』[33]」。

これに対して、証券ブローカーらは、当該雇用契約に盛り込まれた顧客引抜き禁止特約の部分は、不当であり、（または）漠然としており、約因（consideration）を欠く旨を主張した。[34]しかしながら、これに対して、同州東部地区連邦地方裁判所は、本件と類似の契約を有効であるとする同州の裁判例に照らして、[35]証券ブローカーらが会社の顧客に仕事を依頼することを禁止する暫定的差止命令を発したのである。[36]メリル・リンチ社が救済を受ける権利について合理的な立証を行ったか否かについて、裁判所は、本件暫定的差止命令において評定を求められたことから、本件ウェルス事件判決によれば、顧客引抜き禁止契約は有効である旨を裁判所が認めたことを示すと思われる。[37]

また、裁判所は、本件ウェルス事件において、一九三四年の証券諸法（Securities Acts）のもとで、代理人の引抜きとの関連で、「引抜き」の定義づけについて言及した。そして、本件裁判所の結論によれば、「（当該被用者）と以前の顧客との間の単なる情報連絡は、雇用契約上、（引抜き）を構成するものではない」、ということであった。すなわち、情報連絡は、原告の所在や連絡の方法について知らせる、書面または口頭のやりとりからなるものである。(38)

このような事件のほか、マンハッタン・アソシエイツ社対ライダー事件は、在職中に顧客引抜き禁止契約や競業禁止契約が結ばれていたにもかかわらず、使用者企業の顧客を引抜いたという理由に基づいて、以前の被用者が訴えられたという事案である。(39) すなわち、本件使用者企業は、契約、忠実義務、信任義務の各違反、事業に対する不法な妨害（業務妨害）などを理由として、被用者を訴えたのである。(40) これに対して、ケンタッキー州西地区連邦地方裁判所は、競業禁止条項および引抜き禁止条項の効力を認めず、契約違反、不法な妨害などという使用者企業の主張を斥けた。(41) 当該契約が強制不可能とされた理由について明らかにすることなく、本件裁判所の指摘によれば、同州法上、法的拘束力をもたない競業禁止契約や顧客引抜き禁止契約は、契約違反の主張の根拠とはなり得ない、ということであった。(42) さらに、当該契約は、効力をもたず、当該顧客との接触は不適切ではないことから、不法な妨害であるという使用者企業の主張は、使用者の顧客と接触して引抜きを行う、以前の被用者に対して成り立たない、ということであった。(43) しかしながら、本件裁判所の指摘によれば、当該契約とは別個に存在する不当な行為を理由とする主張がなされる限りで、当該引抜き禁止条項や競業禁止条項について法的拘束力を認めないという命令により、忠実義務、誠実義務、信任義務の各義務の違反の主張があらかじめ排除されるものではない、ということであった。(44) また、同州控訴裁判所はセレシア対ミッチェル事件(45)において、同州における取引または取引上の競争を制限する契約について、同州の法の概要を説示した。そして、裁判所は本件において、営業譲渡契約に違反して、果物の卸売市場の売り主が、当該事業の買い主と競争することを禁止した。本件裁判所は判決にあたり、いわゆる契約のリステイトメントをよりどころとしたのである。(46)

こうして、結局のところ、本件裁判所の判示によれば、当該売り主がミューレンバーグ郡（Muhlenberg County）において果物や野菜を販売することを禁止する営業譲渡契約の規定は、強制が可能であるとされたのである。(47)

また、本件裁判所の判示によれば、取引制限の有効性について、制限される当該事業あるいは職業の性質にかかわらず、営業の時間については制限されていないが、地域については合理的に制限が加えられた合意は、公序良俗に違反するものではない、ということであった。(48) さらに、本件裁判所の指摘によれば、当該制限が購入者の保護のために必要であり、本件訴訟における係争事項、当該事業の性質、当事者の状況にかんがみて、当該制限が、当該受約者（covenantee）の利益に公正な保護を与える一方で、社会公共の利益を侵害または制約を受ける当該訴訟当事者に不当な制約を加えるものでないならば、当該契約は、合理的なものとして支持されるとされた。(49)

こうして、本件において重要であるのは、裁判所が競業禁止規定を是認したことにあるのではなく、むしろ同州裁判所は雇用契約に付随する制限的特約を強制するにあたり、実務的には、法的拘束力はないとはいえ、リステイトメントをよりどころとする傾向にあるということである。

四　ケンタッキー州以外の裁判所の引抜き禁止契約の解釈

アメリカにおいて、一九の州は、制定法により、競争制限的特約を規制する一方で、(50) そのほかの州は、伝統的なコモン・ローにより、特約が規制される。すでに述べたように、ケンタッキー州においては、引抜き禁止契約を規制する制定法はないのみならず、裁判所はどのようにして、被用者の引抜き禁止契約を解釈するのかについて明らかにしてこなかった。したがって、同州以外のいくつかの裁判所が、同じような特約について、どのように取り組んできたのかを概観することは、法的に強制可能な引抜き禁止契約書を起案する際に有益であると思われる。

1　ヴァージニア州

まず、ヴァージニア州裁判所は、制限的特約の有効性を判断する際に、被用者の諸利益に好意的な態度を示すとされる。[51] 使用者企業は同州において、被用者の引抜き禁止契約の強制を求める場合、当該制限が合理的なものである旨の立証責任を負う。そして、このような合理性基準に基づいて、当該契約には次のような要件が求められる。すなわち、(1) 当該使用者企業の正当な事業上の利益を保護する必要性を超えるものではないこと、(2) 当該被用者が生計を立てるための合法的な職業活動上の努力に対して過酷な制約を課するものではないこと、(3) 公序良俗と両立すること、である。[52]

この点、同州東部地区連邦地方裁判所はマイクロストラテジィ社対ビジネス・オブジェクツ・エス・エイ事件[53]において、前述の合理性基準に基づいて、引抜き禁止契約を分析検討し、本件引抜き禁止条項は、すでに述べた三つの要件をいずれも満たしていない旨を判示した。[54] すなわち、本件裁判所は、まず、当該条項の期間の合理性について、当該使用者企業よりの立場に立ったが、その制限は不明瞭であって、使用者企業の正当な事業上の利益を保護する必要性を大きく超えているとした。[55] 次に、当該条項は、すでに述べた判断基準の第二の要件に違反するとされた。本件条項によって、使用者企業とマイクロストラテジィ社との関係に変更を加えることをおそれるあまり、被用者は、本件業界のどのような仕事に就くことも制限されるものであるからである。[56] 最後に、同州連邦レベルと州レベルの裁判所の双方の判示によれば、以前の被用者をそうした不安定な状態に置くことは、健全な「公序」に違反し、[57] 当該規定は、第三の要件を満たすものではないとされたのである。

このようにして、使用者企業は同州において、引抜き禁止契約の強制について結果が思わしくなかったが、同州裁判所が引抜き禁止契約の無効を正当化する理由づけは、同じような引抜き禁止契約書を起案する際に、いったい何を盛り込み、また何を盛り込むべきではないのかについて、有益な示唆を与えてくれるものである。

2　ルイジアナ州

すでに述べたヴァージニア州法とは対照的に、ルイジアナ州においては制定法により、人が合法的な職業、取引、または事業に従事することを制限する契約は、禁止されている。(58) しかしながら、同州最高裁判所は、マーチン-バリー社対ニューオーリンズ・ファイアー・ディテクション・サービス事件において、実際上、被用者引抜き禁止契約を競業禁止契約に対する制定法上の規制対象から除外した。(59) そして、同州裁判所は、近年、被用者が雇用関係の終了後に、元の同僚を引抜いてはならない旨の規定を定める制限的特約を強制すべきであるという傾向にあるとされる。(60) この点、ナショナル・オイル・サービス・オブ・ルイジアナ社対ブラウン事件は、以前の被用者ら三人が、同じ顧客、同じキーとなる被用者のほか、原告企業の設備の大部分や、オイル販売によって得られた資金のいくらかを用いることによって自ら起業する一方で、原告の事業を閉鎖に追い込むことを禁止するよう、使用者企業が求めた事案である。(61) もっとも、本件被用者らは、引抜き禁止契約に署名をしていなかったところ、本件裁判所の指摘によれば、同州においては、競業禁止契約に対して積極的な態度をとらないとはいえ、(62) ある事業に関係する連中が、その関係の終了にともなって、以前の共同事業の被用者らを雇い入れないことを合意でき、また、そのような契約は、取引制限を禁止する制定法に違反するものではない、ということであった。(63) しかしながら、そのような契約が結ばれていない場合には、被用者を雇い入れることや、ある使用者企業と共に働くことに本来的な基本的結社の自由の行使に対して、差止命令を求める根拠は、一般的に存在しないとされた。(64)

こうして、同州裁判所は、競業禁止契約を公序良俗に違反するものとみなす一方で、引抜き禁止契約を公序良俗によって無効とすることに消極的な態度をとる。この点、エマージェンシー・フィジシャンズ・アソシエーション対アワー・レディ・オブ・ザ・レイク・リージョナル・メディカル・センター事件は、ある病院がエマージェンシー・フィジシャンズ・アソシエーションのパートナーらを引抜かない旨の合意がなされた規定、すなわち、当該契約の期間中は救急室で医療を行うためのパートナーシップについて争われた事案である。(65) これに対して、同州控訴裁判所の判示によれば、当該合意は是認され、当該病院には、ほかの外科医または外科医のグループと交渉したり、契約する自由が残されていることから、当該病院が緊急治療を行うために個々のパートナーを引抜くことを禁止する契約は、公序良俗に違反するものではなく、あるいは高度な緊急治療室で治療を施すという病院の任務を妨げるものではない、ということであった。(66)

このようにして、同州には取引制限を規制する制定法があるが、同法は、被用者の引抜き禁止契約の問題を直接に対象とするものではない。(67) が、裁判所は、制定法上の基本的要件を満たす被用者の引抜き禁止契約を支持することに積極的な態度をとるとされる。しかしながら、使用者企業が、雇用契約に引抜き禁止の合意を盛り込んでいない場合、同州裁判所は、当該規定が含意されているとすることには積極的ではないとされる。

3 カリフォルニア州

カリフォルニア州においては、制定法により、使用者企業とその被用者間の競業禁止契約は、一般的に禁止される。(68) しかしながら、雇用契約に盛り込まれた引抜き禁止条項は、制定法上無効とはされない。(69) その結果として、同州の使用者企業は、諸般の事情のもとで、以前の被用者が、雇用関係の終了後の一定期間、その被用者（労働力）を奪い取ることを契約上禁止できるとされる。(70) この点、同州において引抜き禁止契約が有効とされたリーディング・ケースとしては、ローラル社対モイズ事件(71)が挙げられる。すなわち、同州第六地区控訴裁判所は本件モイズ事件において、雇用関係の終了後に被用者が新たな事業に従事することに向けてほかの被用者を引抜くことを禁止する契約（カリフォルニア州においては、「干渉禁止特約（noninterference covenants）」と呼ばれる）を是認したところである。(72)

重要なことは本件判決において、雇用契約において盛り込まれた諸条項は、使用者企業の労働力の安定性を確保するために合理的な方法であるとみられることから、取引制限についての伝統的なコモン・ローのもとで有効である、という立場がとられたことである。(73) すなわち、本件裁判所の指摘によれば、当該制限は、以前の被用者の職業活動をいくらか制限する可能性は否定できない。が、当該契約は、取引または事業全般に否定的な影響をもたらすものではなく、それは、競業禁止の特約を構成するものではないことから、強制は可能である、ということであった。(74) さらに、当該特約が無期限に継続するという事実は、必ずしも決定的なものではなく、むしろ強制が可能か否かは、その合理性によるわけであって、当該使用者、当該被用者、社会公共との関係で評定がなされるとされた。(75)

同州の制定法は、ある者が合法的な仕事に従事することを制限するような契約を無効として、被用者よりにみられる一方で、裁判所は同州において、引抜き禁止特約については、いくらか異なった取り扱いをすることを明確に理解しておかなければならない。すなわち、干渉禁止特約については、直接の取引制限とは捉えない。したがって、裁判所は、競業禁止特約に適用されるような厳格な基準を、そうした特約に適用しないのである。

4　オハイオ州

オハイオ州においては、雇用契約に盛り込まれた制限的特約の拘束力について制定法上規制がなされていない。したがって、同州裁判所は、レイモンド対ヴァン・ヴレラ事件同州最高裁判所判決において示された「合理性（reasonableness）」の基準をよりどころとして判断を行う。(76) すなわち、このレイモンド事件裁判所判決によれば、被用者に不合理な制限を課する競業禁止の特約は、当該使用者企業の正当な利益を保護するために必要な限度で強制される。つまり、雇用関係の終了後、被用者が、以前の使用者企業と競争することを制限する特約は、当該使用者企業の保護の必要性を超えるものではないだけではなく、当該被用者に不当な制限を課すものでもなく、社会公共に有害なものではないならば、合理的とされる。また、そうした結果になるように、裁判所には、雇用契約を修正する権限が与えられる。

そして、取引を制限する契約の有効性を決める際に、当該合意の地域や期間の制限など、様々な要因が考慮される。(77)この点、競業禁止契約や引抜き禁止契約に対して、すでに述べたレイモンド事件判決において示された判断基準を適用する同州のリーディング・ケースとしては、ユー・ゼット・エンジニアード・プロダクツ社対ミッドウェスト・モーター・サプライ社事件(78)が挙げられる。

すなわち、同州控訴裁判所は本件ユー・ゼット・エンジニアード・プロダクツ社事件において、当該被用者の合意を強制しただけではなく、(79)新たな使用者企業による雇用契約の不法な妨害に対して、以前の使用者企業に懲罰的損害賠償を認めたのである。(80)すなわち、本件裁判所の判示によれば、引抜き禁止契約は、無効であるという当該被用者の主張に対して、当該使用者企業の正当な利益の保護というレイモンド事件判決において示された第一の要件は、当該使用者企業の制限的特約の強制に明らかに有利に働くものである、ということであった。(81)次に、競業禁止条項は、当該被用者に対して不当に制限を課するものであってはならないという第二の要件について、本件裁判所の認定によれば、二年間にわたる地域的制限を強制することは、以前の被用者に不当な制限をもたらすものである旨を立証する証拠を欠いている、ということであった。(82)最後に、本件裁判所の判示によれば、当該使用者企業は公正な事業競争を促進する社会公共の利益という第三の要件を満たしている、ということであった。当該特定の産業はきわめて競争的であり、当該特約を強制することは、当該産業における事業競争に悪影響を及ぼすか、あるいは社会公共を害するものではないからである。(83)裁判所は、レイモンド事件判決において、労働力の安定性を維持するという使用者企業の正当な事業上の利益を保護するために、法的強制が困難な引抜き禁止特約を修正し得るとする一方で、同州控訴裁判所はバスチ対プリミア・インテグレィティド・メディカル・アソシエイツ社事件[84]において、引抜き禁止契約を無効とし、当該契約の修正を認めない下級審裁判所の判決を支持した。すなわち、第一審裁判所は本件において、医療グループのプライムド（PriMed）と二人の心臓医との間の引抜き禁止契約を無効とした後に、当該契約の修正に傾いて、プライムドにはその利益を守るためにほかの手段がある旨を認定したのである。つまり、このほかの手段としては、被用者の退職のため一八〇日に及ぶ待機期間とか、競業禁止契約が含まれていた。[85] いずれにせよ、本件バスチ事件判決は、次の諸点が認められたとしても、裁判所は、当該契約の修正を拒否したことが注目される。すなわち、(1) プライムドは安定的労働力の維持に利益をもっていたこと、(2) 心臓医が雇った七人の被用者らの内の六人がプライムドの以前の被用者であったこと、(3) 裁判所はレイモンド判決によって、当該制限を合理的なものにするため、引抜き禁止特約の諸条件を修正する裁量権を有すること、である。

5　フロリダ州

フロリダ州には、何が取引または商取引に対して有効な制限となるのかを明らかにする包括的な制定法がある。[86] したがって、被用者の引抜き禁止契約（同州では、略奪禁止契約「nonpiracy agreement」と呼ばれる）の有効性は、この法律によって規制される。こうした制定法上の要件を適用するにあたり、同州地区控訴裁判所は、バラスコ対ガルフ・オート・ホールディング社事件において、セールス・マネジャーが退職後二年間、ほかの被用者らを引抜くなどして、自動車販売店を退職させることを禁止する略奪禁止契約を是認した。[87] 当該契約を支持し、暫定的差止命令を発する際に、本件裁判所の認定によれば、継続雇用の約因があることや、二年間に限定され、制限には合理性があることからみ

て、販売店による特別の販売トレーニングに対する投資を保護する必要がある、ということであった。(88)

このようにして、同州裁判所は、制定法上の要件に基づいて、使用者企業の正当な事業上の利益を保護する引抜き禁止契約を是認すると思われる。すなわち、契約の範囲が広範ではないこと、当該使用者企業の事業方針に合理的に沿っていること、期間が合理的であること（二年を超える合意は、不合理と推定される）、適切な約因があること、である。

五　ケンタッキー州の引抜き禁止契約の強制可能性

1　契約書の起案について

被用者の引抜き禁止契約が、果たして、裁判上強制されるか否かについては大きな不確実性がともなうのみならず、裁判所が、不合理な競争制限を課する契約を修正するか否かについても不確実性をともなうことから、使用者企業は、このような契約が有効な契約として成り立つために、細心の注意を払わなければならない。被用者の引抜き禁止契約の強制可能性は、まさに事案の事実関係に即して決められるが、当該被用者の引抜き禁止契約が裁判上是認されるか否かについては、必ずしも明確ではない。かくして、使用者企業は、引抜き禁止契約の強制可能性を高めるために、契約をめぐって紛争が起こる前に、事前準備を怠ってはならない。すでに述べたように、アメリカにおけるいくつかの州の裁判例からも明らかなように、被用者の引抜き禁止特約が裁判上強制されるためには、①書面化されること、②被用者の署名がなされること、③雇用関係に付随すること、④約因があること、⑤合理的であること、⑥社会公共の利益と両立することが、求められる。

また、使用者企業は、被用者引抜き禁止契約の強制可能性を高めるために、次のように、契約書の起案の仕方にも工夫をしなければならない。すなわち、まず第一に、使用者企業は、契約の解釈についての基本的立場を明記しておくべきである。この点、裁判所は、起草者の意思に反して、契約を解釈するおそれがあるからである。したがって、曖昧さを残さない明瞭な引抜き禁止契約を作成することが重要である。第二に、使用者企業は、当該契約の有効性について疑義を生じないように、被用者の引抜き禁止の合意が、雇用上明示の条件である旨を明確に規定しておくべきである。[89]第三に、使用者企業は、当該契約について承継を可能にし、承継人などによる強制可能性を許容すべきである。[90]そして、当該契約には、雇用関係の終了理由の有無を問わず、関係の終了後に、このような条件が存続する旨を明らかにしておくべきである。最後に、使用者企業は、リスクの可能性と過度に制限を課することによる利益とを比較検討すべきである。すなわち、契約には、当該使用者企業を守るために真に必要な制限だけが盛り込まれるべきである。例えば、ある被用者が退職し、ほかの被用者を一緒に連れて行くことを使用者が危惧するのであるならば、当該企業は、その正当な事業上の利益を守ることについて、当該契約の強制可能性を高めるために、広範にわたる競業禁止契約より、むしろ範囲の限られた引抜き禁止契約を用いることを考慮すべきであろう。[91]

すでにみてきたようなことから、使用者企業は、すべての被用者に対して一律に同じ内容の契約書を用いるのではなく、被用者一人ひとりに見合った契約に練り直すべきである。個々の被用者ごとに当該制限を練り直すことは、裁判所によって契約の強制がなされるように、被用者に課される制限に合理性を保つ一方で、使用者企業に対する保護の最大化を図ることに資するものである。[92]逆に、すべての被用者の引抜き契約に広範な定型的文言を盛り込むことは、有効な引抜き禁止契約書を作るためには、あまり効果的な方法ではなかろう。[93]とりわけ、当該被用者が置かれている特殊事情や、関係する仕事の内容に即して引抜き禁止契約を見直すことは、使用者企業の利益を守るためにも必要であると思われる。

2　ケンタッキー州裁判所以外の諸州裁判所からの示唆

もとより、アメリカにおいて、ある州で合理的とされ、強制される被用者の引抜き禁止契約は、ほかの州においても裁判上強制されるとは限らない。が、州法によって被用者の引抜き禁止契約の強制が規制されることを認識しておくことは、重要なことである。すでに述べたように、被用者の引抜き禁止契約を評定する特筆すべき裁判例はケンタッキー州においてはみられないことから、同州以外の州裁判所が、このような契約をどのようにして、そして何故に、強制するのかを分析検討することは重要であると思われる。すなわち、同州以外の裁判所が被用者の引抜き禁止契約を強制する様々な方法からみて、裁判所間での共通の諸要因を見定めるとともに、これらの諸要因と同州法とをすり合わせてみることが求められる。同州裁判所は、制定法によって制限的特約を規制していないことから、制限的特約についての一般的類型のもとで、引抜き禁止契約を分析検討することは、従来の裁判例からみて明らかであるとされる一方で、制定法がない州、取引制限を規制する範囲の広い制定法がある州、そして、こうした制定法に対する司法上の解釈を分析検討することは、有益であると思われる。

とりわけ、ヴァージニア州には、制限的特約を規制する制定法はないが、同州最高裁判所判決は、被用者の福利や生計を立てる能力との関係から、引抜き禁止契約を無効と評定する傾向にあるとされる。すなわち、裁判所は、狭く解釈される場合にだけ、契約を是認する。[94] 他方、オハイオ州はケンタッキー州同様に、制限的特約を規制する制定法をもたないが、裁判所は同州において、当該使用者企業と当該被用者との相異なる利益の比較衡量を上手くやり遂げているとされる。また、同州裁判所は、契約について範囲を狭く絞り込んで作られることや、使用者企業の利益保護の必要性を超えないことを求める一方で、被用者に対する不当な制限や、公正な競争という社会公共の利益を重視するところである。こうした同州裁判所の取り組み方は、制限的特約に対するケンタッキー州裁判所の取り組みにおいても支持が得られるように思われる。また、取引を制限する契約を制定法上禁止される州として、ルイジアナ州裁判所が、法的判断を下す際に動機づけとなる諸要因に着目することも有益であろう。(95) すなわち、同州裁判所の指摘によれば、競業禁止契約は、一般的に、公序良俗の観点から禁止されるが、このような契約が被用者の重要な法的特権などの行使を妨げるものではない場合、引抜き禁止契約に対して、公序良俗からの主張を受け入れない、ということである。この点、最終的に、同州裁判所判決を左右すると思われるものは、契約の自由や結社の自由であるとされる。すなわち、被用者の引抜き禁止契約が不当に競争を制限するものであるか、あるいは制定法に違反するものではない限り、裁判所はこうした契約を是認するとされる。(96)

3　合理性について

裁判所は、当該契約が合理的なものである場合、雇用の自由を制限する契約に法的拘束力を認める。この点、すでに述べたように、使用者企業は、被用者の引抜き禁止の合意の強制を求める際に、当該制限が合理的なものである旨を立証する責任を負う。アメリカにおける大多数の裁判所の見解が一致をみるところによれば、当該合意の諸条件には、(1)使用者企業の正当な事業上の利益を保護するために必要であること、(2)被用者に不当な制限を課するものではないこと、(3)公序良俗に反するものではないこと、が求められる。しかしながら、被用者の引抜き禁止の合意が不明確であり、公序良俗に違反することから、あるいは使用者企業の利益を保護するために、より制限的ではない手段が有用であることから、そうした合意を直ちに無効とするいくつかの州の裁判例があることも留意しておかなければならない。(97) また、大多数の州裁判所は、制限される期間と地域の双方において、合理的でないならば、被用者の引抜き禁止の合意を強制しない。裁判所がこうした判断を下すにあたり、使用者企業の利益を保護するために必要とされるものと、合意によって被用者に課される制限の双方が考慮される。また、裁判所は、事案の事実関係に即して、使用者企業の性質、企業の属する業界、被用者の技能レベルや仕事の種類、性質のような諸要因に基づいて、判断を行う。[98] そして、被用者の引抜きの合意は、一般的に、以前の被用者が雇用関係の終了後、二年間かそれ未満、在職中の被用者の引抜きを禁止するような場合、強制が可能とされる。[99] また、地域の制限についていえば、例えば、ある市から半径百マイル以内、あるいは使用者の事務所から半径五〇マイル以内のように、一定の地域内に活動が制限されるのが、典型例であるとされる。[100] 競業禁止規定は、地理的制限と大きく関係する一方で、引抜き禁止条項は、被用者や顧客に焦点が当てられることから、同条項においては、地理的制限が課されることは、比較的に少ないとされる。とはいえ、被用者の引抜き禁止条項には、地理的制限が含まれるのが、通例である。[101] この点、ケンタッキー州控訴裁判所はカルホウン対エバーマン事件において、制限的特約について期間は制限されていないが、地理的には相当である場合、強制は可能であるとした。[102] しかしながら、同州裁判所は、無期限に継続するような被用者の引抜き禁止の合意を是認するとは思われない。

4 約因について

被用者の引抜き禁止の契約は、契約の署名と引き替えに、使用者企業が被用者に約因を与える場合にだけ、強制が可能とされる。[103] この点、被用者が雇用関係の開始時に、契約に署名する場合、約因としては、相当とされる。しかしながら、任意終了の被用者が雇用関係に入った後に、契約に署名する場合、雇用の継続だけでは、約因としては相当ではなく、使用者企業はさらに、被用者に何らかの利益を与えなければならないとされる。[104] つまり、使用者企業は、在職中の被用者に対して、このような引抜き禁止の合意に署名することを求める場合、その合意の見返りとして、昇進・昇格、賃金の引き上げ、一時金などを申し出るべきであるとされる。[105] また、任意終了の被用者については、事前に書面による契約があれば、約因として相当とされる。[106] もとより、被用者がある種の制限を課されることに対して署名を拒否する場合には、失職するというような脅迫は、通常、引抜き禁止特約が是認される約因として、相当とはされないことはいうまでもない。[107] さらに、使用者企業は、雇用関係に入った後、雇用あるいはそのほかの何らかの利益のほかに、約因として、相当かつ十分である旨を被用者に承知させるべきであるとされる。[108] それは、被用者の約束の代償としての約因が相当ではないという、被用者の抗弁の主張を困難にするからである。

5　司法による修正について

過度に広範あるいは不合理な引抜き禁止契約の規定は、アメリカにおけるいくつかの州において、契約全体に法的拘束力は認められない。[109] 一方、会社の正当な事業上の利益を合理的に保護するために、例えば、オハイオ州にみるように、裁判所には、過度に広範な契約を修正する権限が与えられている。[110] 裁判所はその際に、当該競争制限が相当か否かを決めるにあたり、書面による合意と同じような諸要因を吟味するとされる。[111]

また、雇用契約の法的拘束力を高める別の方法としては、いわゆる「ブルー・ペンシル（blue pencil）」条項が盛り込まれる。[112] すなわち、裁判所はこのような条項によって、契約全体を無効にする代わりに、不相当な制限あるいは不明瞭な特約を修正することが許される。[113] 例えば、裁判所は、二年にわたる競争禁止契約は不当であるとするならば、まったく契約の法的拘束力を認めないことより、相当とされる場合、一年間だけ契約の法的拘束力を認めることができるとされる。[114] この点、被用者が積極的に合意した場合、裁判所は、過度に広範な特約を修正する可能性が高いと思われることから、使用者企業は、このような修正条項を引抜き禁止契約に盛り込むと思われる。[115] 前述のようなブルー・ペンシル条項に加えて、被用者の引抜き禁止条項にいわゆる「分離条項（severability clause）」を盛り込むことが有益な場合が

ある。そして、このような条項に基づいて、裁判所は、法的強制が困難な契約を修正することが許される。(116)

もとより、使用者企業は、被用者の引抜き禁止契約に最大可能な条項を盛り込むことによって、裁判所による契約の修正を期待すべきではない。契約の見直しは、当該裁判所によって求められるのではなく、いかなる規定であれ、過度に広範あるいは不相当な場合、裁判所により、契約の強制が拒否されるにすぎないのである。(117)

六　結びにかえて

被用者が退職する場合、使用者企業は、単に時間と被用者の訓練に費やした金銭を失うおそれがあるのみならず、被用者が競争相手企業に転職し、以前の同僚らが一緒に引き抜かれるおそれがある。しかしながら、その一方で、当該競争相手企業は、金銭的により魅力的な仕事を与えることができる。そうでなければ、当該被用者は自らが置かれている労働環境に不満ながらも従わざるを得ないのである。

いずれにせよ、その理由は何であれ、使用者企業は、自社の利益を守るため、キーとなる被用者らに被用者引抜き禁止契約の締結を求めることが肝要である。すでにみてきたように、アメリカにおけるケンタッキー州裁判所が、いつ、いかなる場合に、被用者引抜き禁止契約を是認するのかを、正確に予測することは難しい。が、同州以外の裁判所の裁判例を比較検討することによって、被用者引抜き禁止契約をめぐる一般的判断基準や原則的見方を踏まえて、法的強制の可能性を見定めることができると思われる。

最後に、被用者引抜き禁止契約は、以前の被用者らによる被用者の引抜きや奪取などを阻止するために、大きな効果を発揮するものであるがゆえに、企業と被用者との間でこうした引抜き禁止契約を事前に締結しておくことは、使用者の事業上の利益を守るためにも、必要不可欠であろう。

注

（1）従業員の就業規則上の競業避止義務違反の例として、東京学習協力会事件（東京地判・平二・四・一七労判五八一号七〇頁）参照。ちなみに、退職後の元被用者の競業行為について、不法行為の成否が問題となった近時の裁判例に、サクセスほか（三佳テック）事件（最一小判平二二・三・二五労判一〇〇五号五頁）がある。最高裁判所は本件において、「元従業員等の競業行為が、社会通念上自由競争の範囲を逸脱した違法な態様で元雇用者の顧客を奪取したとみられるような場合には、その行為は元雇用者に対する不法行為に当たるというべきである」とした。が、本件競業行為は、社会通念上自由競争の範囲を逸脱した違法なものということはできないとして、不法行為の成立は、否定された。

（2）*See*, Elizabeth E.Nicholas, NOTE: *Drafting Enforceable Non-solicitation Agreements in Kentucky*, 95 Ky. L. J. 505, 506 (2006/2007).

（3）Non-Competition and Non-Solicitation Agreements: An Overview and Steps for Employers to Take to Maximize Their Effectiveness, Legal Update (Funkhouser, Vegosen, Liebman & Dunn Ltd., Chicago, I 11.), Nov. 2005, http//www.fvldlaw.com/newsletters/2005-11.htm.

（4）Arnold H. Pedowiz, A Practical and Ethical Discussion on Advising Clients Confronting Non-Competition, Non-solicitation, and Loyalty Issues, in 600 Practising L. Inst. Litigation & Administration Practice Course Handbook Series 328-29 (1999).

（5）54A Am. Jur. 2d Monopolies and Restraints of Trade § 888 (2006).

（6）*Id.*

（7）*See*, Ferdinand S. Tinio, Annotation, *Enforceability, Insofar as Restrictions Would Be Reasonable, of Contract Containing Unreasonable Restrictions on Competition*, 61 A.L.R. 3d 397, 404 (2005).

(8) *Id.*

(9) Benton J. Mathis, Jr. & Bradley T. Adler, Never Say Goodbye: Enforcing Non-compete Agreements and Protecting Confidential Information,Publications (Freeman, Mathis, & Gray, LLP), http://www.fmglaw.com/publications49.html (last visited Sept. 9, 2006).

(10) *Id.*

(11) 2 Louis Altman, Callmann on Unfair Competition,Trademarks & Monopolies § 16:44 (4th ed. 2006). *See,* Smith, Barney, Harris Upham & Co. v. Robinson, 12 F.3d 515 (5th Cir. 1994). 本件では、以前の使用者企業の被用者らからなる小集団を除いて、以前の被用者は、新たな使用者企業のために、いつでも、どこでも、どんな組織からでも、自由に被用者を取り込める旨が指摘されている。また、Loral Corp. v. Moyes, 219 Cal. Rptr. 836, 843 (Ct. App. 1985). 本件では、顧客の引抜き、あるいは秘密情報の開示に対する制限を超えて、職業、取引、事業に従事することに対して制限的であるとは思われない、とされた。

(12) Susan P. Serota, Restrictive Covenants in Executive Employment Contracts, in 503 Practising L. Inst., Tax Law and Estate Planning Course Handbook Series 413, 427 (2001).

(13) *Id.* at 417. 競業禁止条項は、競争の自由を制限するものであることから、厳密な審査に服してきたとされる。

(14) Compare Larry C. Drapkin & Samantha C. Grant, Strategies for Dealing with Departing Employees: Why Wait Until Then? Lets Think About it Now, in 1233 Practising L. Inst., Corporate Law & Practice Course Handbook Series 261, 269 (2001). *See,* Bancroft Whitney Co. v. Glen, 411 P. 2d 921, 936 (Cal. 1966). 本件では、とりわけ会社幹部である被用者は、その行動が使用者企業に有害である場合、在職中は競合事業の立ち上げを図ってはならないとされる。

(15) *See,* Drapkin & Grant, *supra* note 14. Metro Traffic Control, Inc. v. Shadow Traffic Network, 27 Cal. Rptr. 2d 573, 576–77 (Ct. App. 1994). 本件判決によれば、違法な手段を用いたり、不正競争行為を行わないならば、競争相手は、ほかの被用者を引抜くことができるとされた。

(16) *See,* Kenneth J. Vanko, “You're Fired! And Don't Forget Your Non-Compete…”: *The Enforceability of Restrictive Covenants in Involuntary Discharge Cases,* 1 DePaul Bus. & Com. L. J. 1, 1 (2002).

(17) *Id.* at 7.

(18) Kristine Henry, Black & Decker to Pay Brotman $235, 000-Court of Appeals Declines to Take Up Long Legal Battle, Baltimore Sun (Baltimore, Md.), Feb. 15, 2002 at 11C.

(19) *Id.* メリーランド州の中間上訴裁判所の判決によれば、ブラック・アンド・デッカー社は、意図的に競業禁止条項に違反したとされた。

(20) Prudential Wins Court Bit to Bar Hirings, N.Y. Times, Mar. 16, 2000, at C14.

(21) *Id.*

(22) 例えば、信任義務違反、被用者の勧誘・引抜きを行う競争相手の使用者企業に対する不当な誘因、契約違反の主張である。*See*, Carolina Overall Corp. v. E. Carolina Linen Supply, Inc., 174 S.E.2d 659, 661 (N.C. Ct. App. 1970).

(23) 事業に対する妨害が不法行為となるためには、その基本的要件を満たさなければならない。45 Am. Jur. 2d Interference § 48 (2005).

(24) *See*, Diodes Inc. v. Franzen, 67 Cal. Rptr. 19, 25 (Ct. App. 1968).

(25) *See*, Avtec Indus., Inc. v. Sony Corp.of Am., 500 A.2d 712 (N.J. Super. Ct. 1985). 本件は、被用者の略奪についての事例である。Lowndes Prods., Inc. v. Brower, 191 S.E.2d 761 (S.C. 1972). 本件は、被用者の奪取の事例である。

(26) *See*, Ryan, Elliott & Co., 396 N.E. 2d 1009. 本件では、一定期間、雇用契約関係にあった二人の被用者を引抜いた者に対して、意図的な妨害という主張が含まれる。

(27) *See*, Frederick Chusid & Co. v. Marshall Leeman & Co., 326 F. Supp 1043 (S.D. N.Y. 1971).

(28) *See*, Ceresia v. Mitchell, 242 S. W. 2d 359 (Ky.1951); Johnson v.Stumbo,126 S.W.2d 165 (Ky.1938).

(29) *See*, Hall v. Willard & Woolsey, P.S.C., 471 S.W. 2d 316 (Ky. 1971); Martin v. Ratliff Furniture Co., 264 S.W.2d 273, 275 (Ky. 1954); Mendell v. Golden-Farley of Hopkinsville, Inc., 573 S.W.2d 346, 348 (Ky. Ct. App. 1978).

(30) Jonson, 126 S.W.2d at 169. *See*, Vaughan v. Gen. Outdoor Adver. Co., 352 S.W.2d 562 (Ky. 1962). 本件では、取引において競争を妨げる制限的特約は、有効とされた。取引の制限が最大一〇年間かつ一市内に限られていたからである。

(31) Calhoun v. Everman, 242 S.W.2d 100, 102 (Ky. 1951).

(32) Wells v. Merrill Lynch, Pierce, Fenner & Smith, Inc. 919 F. Supp. 1047, 1048 (E.D. Ky. 1994).

(33) *Id.* at 1049-50.

(34) *Id.* at 1051.

(35) *See,* Hall v. Willard & Wollsey, P.S.C., 471 S.W.2d 316, 317-18 (Ky, 1971). 本件裁判所によれば、合理性は、一般的に、当該事業、あるいは職業や雇用の性質、そして、それらの性格、期間、地域との関連で、制限の範囲が決められるとする。 *See,* Calhoun, 242 S.W.2d at 102.

(36) Wells, 919 F. Supp. at 1055.

(37) *Id.* at 1051.

(38) *Id.* at 1053.

(39) Manhattan Associates, Inc. v. Rider, No. 3: 02 CV-265-S, 2002 WL 1774056 (W.D. Ky. Aug. 1, 2002).

(40) *Id.* at 1.

(41) *Id.* at 1-2.

(42) *Id.* at 1.

(43) *Id.*

(44) *Id.* at 1-2.

(45) Ceresia v. Mitchell, 242 S.W. 2d 359 (Ky. 1951).

(46) *Id.* at 363. *See,* Restatement (First) of Contracts § 518 (1932).

(47) *Id.*

(48) *Id. See,* 17 C.J.S. Contracts § 244 (1951).

(49) *Id.* at 364. *See,* 17 C.J.S. Contracts § 247 (1951).

(50) *See,* Ala. Code § 8-1-1 (2005); Cal. Bus. & Prof. Code § 16600 (West 2005); Colo. Rev. Stat. § 8-2-113 (2) (2005); Fla. Stat.. § 542. 335 (2005); Ga. Code Ann. § 13-8-2. 1 (2005). *See,* Jackson & Coker, Inc. v. Hart, 405 S.E.2d 253 (Ga. 1991); Haw. Rev. Stat. § 480-4 (c) (4) (2004); La. Rev. Stat. Ann. § 23 : 921 (2005); Mich. Comp. Laws Ann. § 445. 772 (West 2005); Mont. Code Ann. § 28-2-703 (2005); Nev. Rev. Stat. § 613. 200 (2005); N.C. Gen Stat. § 75-4 (2005); N.D. Cent. Code § 9-08-06 (2005); Okla. Stat. tit. 15 § 217 (2005); Or. Rev. Stat § 653. 295 (2005); S.D. Codified Laws § 53-9-11 (2005); Tenn. Code Ann. § 47-25-101 (2006); Tex. Bus. & Com. Code Ann. § 15. 50 (Vernon 2005); W. Va. Code § 47-

18-3 (a) (2005); Wis. Stat § 103. 465 (2005).

(51) *See*, Thomas M. Winn, III & Lindesy H. Dobbs, *Annual Survey of Virginia Law:Labor and Employment Law*, 39 U. Rich. Rev. 285, 314 (2004).

(52) *See*, Simmons v. Miller, 544 S.E.2d 666, 678 (Va. 2001). *See*, Winn & Dobbs, *supra* note 51, at 294. *See*, Advanced Marine Enters., Inc. v. PRC, Inc., 501 S.E.2d 148, 155 (Va. 1998).

(53) MicroStrategy, Inc. v. Business Objects, S.A., 233 F. Supp. 2d 789 (E.D. Va. 2002). aff'd, 429 F. 3d 1344 (Fed. Cir. 2005).

(54) *Id.* at 794.

(55) *Id.* at 795.

(56) *Id.*

(57) *Id.*

(58) La. Rev. Stat Ann. § 23 : 921 (A) (1) (2006).

(59) Craig A. Courville, *Validity of Nonsolicitation Clauses in Employment Contracts*, 48 La. L. Rev. 699, 702 (1998). *See*, Martin-Parry Corp. v. New Orleans Fire Detection Servs., 60 So. 2d 83 (La. 1952).　本件では、引抜き禁止条項は雇用契約における競業禁止条項とは異なるとされた。

(60) *See*, Smith, Barney, Harris Upham & Co. v. Robinson, 12 F. 3d 515 (5th Cir. 1994); Emergency Physicians Ass'n v. Our Lady of the Lake Reg'l Med. Ctr., 635 So. 2d 1148 (La. Ct. App.).　しかし、本件判決は、取り消された。*See*, 642 So. 2d 179 (La. 1994). *See*, Nat'l Oil Serv. of La., Inc. v. Brown, 381 So. 2d 1269 (La. Ct. App. 1980); John Jay Esthetic Salon, Inc. v. Woods, 377 So. 2d 1363 (La. Ct. App. 1979).

(61) Nat'l Oil Serv. of La., Inc., 381 So. 2d 1274.

(62) *Id*, at 1272.

(63) *Id*, at 1274. *See*, § 23 : 921.

(64) Nat'l Oil Serv. of La., Inc., 381 So. 2d at 1274-75.

(65) Emergency Physicians Association v. Our Lady of the Lake Regional Medical Center, 635 So. 2d at 1148.

(66) *Id*, at 1150.
(67) *See*, § 23:921 (C).
(68) Cal. Bus. & Prof. Code § 16600 (West 2005).
(69) *See*, Maxxim Med., Inc. v. Michelson, 51 F. Supp. 2d 773, 782 (S.D. Tex.). しかし、本件は、破棄された。*See*, 182 F. 3d 915 (5th Cir. 1999).
(70) Robinson v. Jardine Ins. Brokers Int'l Ltd., 856 F. Supp. 554, 558 (N.D. Cal. 1994).
(71) Loral Corp. v. Moyes, 219 Cal. Rptr. 836 (Ct. App. 1985). 本件では、とりわけ以前の被用者との雇用契約において、被用者は、介入あるいは奪取などの方法により、以前の使用者企業の事業妨害などをしない旨が定められていた。
(72) *Id*.
(73) 2 Altman, *Supra* note 11.
(74) Moyes, 219 Cal. Rptr. at 843.
(75) *Id*.
(76) Raimonde v.Van Vlerah, 325 N.E. 2d 544 (Ohio 1975).
(77) UZ Engineered Products Co. v. Midwest Motor Supply Co., Inc 770 N.E. 2d 1068, 1076 (Ohio Ct. App. 2001).
(78) *Id*.at 1068.
(79) *Id*.at 1074. とりわけ、本件引抜き禁止条項に関して、当該被用者は、雇用関係の終了後の二年間、原告のほかの被用者らを引抜き離職させない、ということに合意していた。
(80) *Id*.at 1083. *See*, Restatement (Second) of Torts § 766. 意図的な契約の妨害が不法行為を構成するには、次の要件が必要とされる。(1) 契約の存在、(2) 行為者が契約の存在を承知していること、(3) 行為者が意図的に契約に干渉すること、(4) 正当化される理由がないこと、(5) 損害の発生、である。
(81) *Id*. at 1080.
(82) *Id*. at 1081.
(83) *Id*. at 1073.
(84) Busch v. Premier Integrated Medical Associates., Ltd., No. 19364, 2003 WL 22060392 (Ohio Ct. App. Sept. 5, 2003).

(85) *Id.* at 6-7.
(86) Fla. Stat. § 542. 335 (2005).
(87) Balasco v. Gulf Auto Holding, Inc., 707 So. 2d 858 (Fla. Dist. Ct. App. 1998).
(88) *Id.* at 859.
(89) William G. Porter, II & Michael C. Griffaton, *Using Noncompete Agreements to Protect Legitimate Business Interests*, 69 Def. Couns. J. 194, 199 (2002).
(90) Anita Larson, Non-Solicitation, Non-Disclosure, and Confidentiality Agreements, Rough Notes Mag., July 3, 2003, http://www.roughnotes.com/rnmagazine/2003/july03/07p102.htm.
(91) Funkhouser, *supra* note 3.
(92) *Id.*
(93) Eric D. Hone, Should You Have Non-Compete Agreements?, Nev. Emp. L. Letter, May 2004, Westlaw 9 No. 8 SMNVEMPLL2.
(94) *See*, Simmons v. Miller, 544 S.E. 2d 666, 678 (Va. 2001).
(95) La. Rev. Stat. Ann § 23 : 921 (A) (1) (2005).
(96) Elizabeth E, *supra* notes 2, at 523.
(97) *Id.*
(98) Funkhouser, *supra* note 3.
(99) UZ Engineered Products Co. v. Midwest Motor Supply Co., Inc 770 N.E. 2d 1068, 1076 (Ohio Ct. App. 2001).
(100) Thomas D. Rees, Non-Solicitation Clauses in Employment Agreements, 2005 Pa. Bar Inst., Eleventh Annual Emp. L. Inst., http: //www.hsrs-law.com/pbi2005.asp.
(101) *See*, Bell Fuel Corp. v. Cattolico, 544 A. 2d 450, 458 (Pa. Super. Ct. 1988).
(102) Calhoun v. Everman, 242 S.W. 2d 100 (Ky. 1951).
(103) Funkhouser, *supra* note 3.
(104) *See*, Nat'l Risk Mgmt., Inc. v. Bramwell, 819 F. Supp. 417, 429 (E.D. Pa 1993). 本件判決によれば、雇用関係は、いず

れの当事者からでも自由に終了できるとしても、雇用の継続だけでは、競業禁止契約の約因として十分ではない、ということであった。

(105) Rees, *supra* note 100. 裁判所が約因として十分と判示するものとして、報酬の増額、利益の分配、解雇手当の増額、ストック・オプションなどが挙げられる。

(106) Porter & Griffaton, *supra* note 89, at 195.

(107) In re Verdi, 244 B.R. 314 (Bankr. E.D. Pa 2000).

(108) Larson, *supra* note 90.

(109) Porter, & Griffaton, *supra* note 89, at 198. *See,* Wis. Stat § 103. 465 (2005).

(110) *See,* Raimonde v. Van Vlerah, 325 N.E. 2d 544, at 547 (Ohio 1975).

(111) *See,* Shipley Co v. Clark, 728 F. Supp. 818, 826-27 (D. Mass. 1990). *See,* Raimonde, 325 N.E. 2d 547.

(112) Gerry Husch, The Truth About Non-Competes in Idaho, Idaho Emp. L. Letter, Dec. 2003, Westlaw 8 No. 9 SMIDEMPLL1.

(113) *Id.*

(114) Funkhouser, *supra* note 3.

(115) Husch, *supra* note 112.

(116) Porter, & Griffaton, *supra* note 89, at 198. *See,* Davey Tree Expert Co. v. Ackelbein, 25 S.W. 2d 62 (Ky. 1930).

(117) *Id. See,* Prof'l Investigations & cy, Inc. v. Kingsland, 591 N.E. 2d 1265, 1270 (Ohio Ct. App. 1990).

第五章

被用者の解雇と競業禁止条項の強制可能性

アメリカにおける判例法理の展開を中心に

一　はじめに

今日、わが国における使用者の解雇権は、労働基準法や労働契約法などの実定法規などによって、さまざまな制約を受けている。しかし、こうした使用者の解雇権に対する規制にもかかわらず、解雇理由があるか否かを問わず、突然に解雇されるならば、解雇された被用者は、失業の憂き目にあい、その生活を危機的状況にさらされる。それだけではなく、解雇によって、いやおうなく専門職業上のキャリア形成が毀損されるおそれがある。

このようにして、解雇された被用者は、実生活の面だけではなく、自己のキャリアの面でも大きな危機に直面するわけであるが、さらに、被用者の在職中に、雇用関係の終了後の競業避止ないし禁止（以下、競業禁止という）条項へ合意することを使用者から求められることによって、その立場はますます悪くなる。しかしながら、被用者が解雇された場合であっても、競業禁止の契約条項は法的拘束力をもち、裁判上も履行を強制することが可能であろうか。

アメリカ合衆国（以下、アメリカという）の証券大手のリーマン・ブラザースが二〇〇八年九月に経営破綻したことに端を発する世界的な景気後退を背景として、わが国でも雇用情勢が一段と悪化し、非正規社員だけではなく、正社員にも雇用調整の波が及んでおり、解雇された被用者によるトレード・シークレットなどの秘密情報の流出など、大量の人員削減にともなう人的リスクが今後、ますます大きくなる可能性がある。こうした状況のもとで、被用者が一方的に雇用関係を終了された場合の競業禁止条項の強制可能性をめぐって、わが国と密接なかかわりをもつアメリカにおける裁判例の立場や法理の展開を考察しておくことは、避けて通れない作業と思われる。このようなことから、以下、本章では、まず、アメリカにおける被用者解雇の場合の競業制限、多くの場合解雇後の競業禁止条項の強制可能性についての裁判所の取り扱いを検討することによって、わが国において現行法上、被用者解雇後における競業禁止条項の履行強制は可能か否かを検討する際の手がかりを得たいと考える。

二　被用者解雇の場合の競業禁止条項の強制可能性をめぐる裁判例

1　問題検討の背景

競業禁止条項は、企業にとって枢要な被用者が退職することにともなって生じる、トレード・シークレットなど、秘密情報流出の危険から事業を守るため、アメリカにおいても、使用者によって通常用いられる契約手法の一つである。競業禁止条項により、被用者は、雇用関係の終了後も、競業的立場にある別の使用者に雇い入れられること、あるいは以前の使用者と競業関係に立つ事業を自ら始めることを差し控えなければならない。しかしながら、競業禁止条項は、あからさまに被用者の転退職の自由に制限を課するものであるだけに、裁判所によって厳格に審査されるところである。(1)この競業禁止条項の有効性をめぐる判断基準は、アメリカの各州の裁判所ごとに異なるが、競業禁止条項はいずれにせよ、「合理性」の基準を満たすものでないならば、雇用関係の終了の状況にかかわらず、その履行を強制できない。したがって、すべての競業禁止条項は合理的なものでなければならず、その合理性は、諸般の事情から総合的に判断されるが、問題は、競業禁止条項は、被用者が雇用契約を終了されたときにも、その履行を強制することが妥当であるかどうかである。この点、アメリカの裁判例は、必ずしも一様ではない。(2)

2　裁判例からみた類型分け

被用者解雇の場合における競業禁止条項の強制可能性をめぐる事件について、裁判例は多岐にわたるが、裁判所の取り扱いを類型分けしてみると、次の三つの類型に大別できる。すなわち、第一に、使用者が何の理由もなく被用者を解雇する場合、競業禁止条項はそれ自体、当然に無効（invalid per se）であるとする類型である。(3)第二に、あまりにも使用者の利益の保護に傾きすぎ、被用者にきわめて酷な考え方であることはいうまでもないが、明確に使用者の利益保護を指向するもので、裁判所が競業禁止条項の強制可能性を判断する際に、一方的な契約終了を考慮できないという類型である。(4)第三に、これら両極に立つ裁判例に対して、被用者あるいは使用者のいずれかに有利となるように、それ自体、「当然に」というような法理をつくり出すのではなく、いわば中道の立場に立つ第三の類型がある。これらの類型に属する裁判例には、さまざまなバリエーションがあるが、むしろこの立場の裁判例は多い。すなわち、被用者解雇ということがあれば、その効果がどのようなものであれ、それだけで法的に、当然に無効とするのではなく、競業禁止条項の履行の強制可能性を判断するにあたっては、さらに「ほかの要素」が必要とされ、通常、例えば、当該使用者の行為の性質を検討する類型である。[5]

（1）当然無効の裁判例

すでに述べたような類型分けに即して、雇用契約の終了の場合の競業禁止条項の履行強制について、アメリカの裁判所の具体的な取り組み方をみると、まず第一に、ニューヨーク州の裁判所は、ほかに関係なく、被用者解雇という事実があれば、その効果がどのようなものかを問わずそれだけで無効であるとし、法的に拘束力がないとして、被用者保護の指向を鮮明に打ち出してきた。すなわち、同州の裁判所は、次の上訴審判決にみるように、何の理由もなく、雇用契約を終了された被用者は、法的に、競業禁止条項には拘束されないとする。例えば、同州の上訴審はポスト対メリルリンチ、ピアス・フェンナー・アンド・スミス社事件[6]において、メリルリンチ社から何の理由もなく、雇用契約を終了された被用者らに適用された競業禁止条項の裁判上の強制可能性を検討した。本件メリルリンチ社の企業退職年金プランには、被用者らが退職後に会社と競業関係に立つならば、退職年金給付を被用者に認めない「競業による失権（forfeiture for competition）」条項が置かれていた。[7] 本件上訴審裁判所は広く、問題の競業禁止条項は無効であって、当該被用者らの退職年金給付は奪われることはないとする。本件上訴審はこのように判断するにあたり、次のような理由を述べている。

すなわち、「使用者が、進んで競業しないことを約束する当事者を雇うということは、……（雇用関係）の重要な側面である。しかしながら、使用者が、何の理由もなく、雇用関係を終了させる場合、使用者が権利を補償なく奪うのと同様に、使用者の行為は必然的に、当該競業禁止条項をめぐる債権債務関係の相互性に違反する。[8]」

しかし、このようなポスト事件判決に示された考え方は、およそ何の理由もなく、被用者が雇用契約を終了されたような事件に限られる。このようにして、同州の裁判所は通常、何の理由もない一方的な雇用契約の終了事案に対しては、ポスト事件判決を適用し、競業禁止条項はそれ自体無効と判断してきた。(9) もちろん、こうした判決の考え方は、論理的帰結として、何らかの理由のともなう雇用契約の終了の場合には、妥当しないし、競業禁止条項がこうした法理に基づいて無効とされることはないと思われる。

(2)　解雇を考慮の要素としない裁判例

すでに述べたポスト事件判決のように、被用者保護を指向する裁判例の対極にある裁判例として、使用者の事業上の利益の保護を明確に指向する裁判例がある。こうした裁判例は必ずしも多くはないが、使用者による一方的な解雇であっても、競業禁止条項の強制可能性を判断するにあたって、考慮されるべき要素の一つでさえないとする。

例えば、トウェンティーフォア・コレクション社対ケラー事件(10)では、女性用の衣服販売店のバイヤーである、被告（元従業員）は、フロリダ州のデイド（Dade）、ブロワード（Broward）、パームビーチ（Palm Beach）郡に範囲が及ぶ二年間の競業禁止に署名した一八カ月目に、原告会社から解雇されたが、その一カ月後に、原告会社の主要な競業他社に就労した。そこで、原告会社は、被告が競業他社で働くことを阻止するために差止命令を請求したという事案である。(11) これに対して、第三地区控訴裁判所は、原告会社の差止命令を認容しない事実審裁判所の判決を覆し、競業禁止条項の時間的、場所的制限が合理的か否かを見定めるため、事件を下級審に差し戻したのである。(12) 本件控訴裁判所の判示によれば、事実審の裁判官は、救済を認めた場合に被告が受ける不利益と救済を否定した場合に原告が被る不利益を相互に比較検討したり、差止命令を発することによる酷な結果を回避する点で誤りがあったというのである。裁判所は、フロリダ州法を厳格に解釈することにより、一方的な解雇に直接的ではなく、間接的に触れ、競業禁止の履行を強制することが「不当な結果」をもたらすか否かについて考慮することを許さなかったのである。このようにして、フロリダ州においては、このケラー事件判決が示すように、特約が時間的、場所的に合理的な制限内にある限り、条項は有効とされる。[13]

(3) 中道の立場の裁判例

使用者による雇用契約の終了の場合における競業禁止条項の効力をめぐる事件においては、多様な考え方が混在しているが、すでに述べたように、被用者保護を指向し、ひいては職業選択の自由あるいは労働の移動の自由に配慮を示すニューヨーク州の裁判例や、使用者による解雇であっても、競業禁止条項の履行強制を判断するにあたって、考慮される要素ではないというフロリダ州の裁判例にもかかわらず、すぐ後にも述べるように、いわば中道の立場に立つのが、裁判例の多くの考え方である。もとより、同じく中道の裁判例といってもその内容は様々であるが、それらを類型分けすると、次の三つに分けて考えることができる。

①無効推定の類型

ペンシルベニア州の上位裁判所はアメリカ・インシュレーション社対プロブストン事件[14]において、雇用契約の終了事件に対して、競業禁止条項の履行強制に反対の推定を働かせる被用者保護の指向を明らかにした。

②不誠実性を考慮する類型

イリノイ州の第七巡回区裁判所はラオ対ラオ事件[15]において、同州法にとっては新しい問題を解釈する際に、何の理由もなく使用者の害意に基づいて解雇された被用者は、雇用契約上の競業禁止条項によって制限を受けない旨、判示した。また、マサチューセッツ州やテキサス州の次の二つの古い事件では、何の理由もなしに解雇された被用者に対する競業禁止条項の履行強制を認めないことについて、同じような判定基準を用いた。すなわち、エコノミー・グローサリー・ストアズ社対マックメナミー事件[16]とセキュリティ・サービス社対プリースト事件[17]の両方の事件においては、当該被用者を解雇する際に、当該使用者の行為が恣意的かつ不当なものであるならば、エクイティの原理から、制限的特約の履行強制は認められないとされた。[18]この点、とりわけ、後者のプリースト事件は、使用者は仕事上顧客とコンタクトをもったセールスマンを雇用し、顧客とのコンタクトが深まった数カ月後に解雇したという事案である。[19]使用者の恣意的な行為について、競業禁止条項の履行強制を求める一方で、被用者を解雇することは裁量権の不当な行使に相当することは明らかである。また、前者のマックメナミー事件では、被告はデパートメント・ストアのマネージャーであるが、同人にとって屈辱的な状況のなかで、契約を打ち切られることだけを予期して、働いていたという事案である。マサチューセッツ州の最高裁判所は、当該使用者の行為だけではなく、雇用継続に対する被用者の期待や、当該使用者はかつての世界大恐慌（the Great Depression）の最中に雇用関係を打ち切ったという事実を考慮に入れた。[20]つまり、裁判所の判決では、単に被用者または使用者の利益だけではなく、社会公共の利益に及ぼす影響が一定の役割を果たしてきたのである。

③衡平の比較類型

すでに述べたように、マックメナミー事件の判決においては、単に使用者の行為だけではなく、そのほかの諸々の要素が、解雇された被用者に対する競業禁止条項の履行強制の際に考慮されるべきであるとされた。例えば、サウス・ダコタ州、アイオワ州、ミズーリ州では、かつてのアメリカにおける大不況の時代に下された裁判例を範にとっている。

この点、例えば、サウス・ダコタ州の裁判所は、一方で、被用者の辞職や何らかの理由のともなう雇用契約の終了事件と、他方で、何の理由もない契約の終了事件とを明確に区別することにより、競業禁止条項を検討する際に、独自かつ柔軟な取り組みを行っている。すなわち、被用者が、任意に辞職するか、あるいは何らかの理由から解雇される場合、競業制限条項を規制する州法のもとで、裁判所は、当該競業制限条項が、制限の場所的範囲、制限の期間の両面から、合理的であるか否かだけを検討する。[21] しかし、被用者が自分自身に何の落ち度もなく解雇される場合、裁判所は、次のような事項を考慮することにより、当該合意が合理的であるか否かを慎重に検討する。すなわち、(1) 場所的範囲や期間など、制限の範囲、(2) 被用者の地位や職責など、当該事業や職業の性質、(3) 履行の強制が被用者に及ぼす影響、(4) 被用者が当該分野でその地位にとどまることによる社会公共の利益、である。[22] このようにして、事実審裁判所の裁判官は雇用契約の終了事件において、すでに述べたような諸要素を考慮し、「合理性」を判断するため、相対立する諸利益を比較衡量して、判断することが求められるのである。

三　裁判例の検討

以上のように、被用者の解雇の場合の競業禁止条項をめぐる裁判例といっても、その内容は様々であり、当然に無効とするものもあれば、解雇を考慮の要素としないものまである。まず第一に、前記ラオ事件判決は、使用者の行為が不誠実か否かを検討するほかの裁判例と同様に、契約終了について理由があるか否かを区別することで、当然無効の法理を形成することには問題があることを認めていたと思われる。もとより、何が解雇の理由にあたるのかを判断することはきわめて難しい。が、雇用契約からいって、解雇の理由として相当ないくつかの行為類型、例えば、殺人、放火、強盗などの重罪、詐欺、あるいは使用者の指揮命令違反などが、しばしば挙げられる。しかし、問題は、そうした雇用契約上の定めがない場合に、裁判所はどのように取り扱うべきであるのかである。また、解雇理由が明らかにされているとしても、裁判所は契約に定められた解雇理由に拘束されるべきかどうかである。この点について、契約上の明示規定は、考慮されるべきであるが、必ずしも絶対的に拘束されるべきものでもない。アメリカの裁判所は従来、弾力的な「合理性」というような基準に適合するように、競業禁止条項をめぐる訴訟において当該契約上の文言を修正してきたからである。この点、法的に、当然に無効の法理を適用する際に、何らかの指針を裁判所に示すため、コモン・ロー上、契約終了の「理由」を定める、次のような州がある。例えば、イリノイ州では、その「理由」について、「契約終了の正当理由としては、法と世論に基づいて承認される、重大な欠点として定義されてきた」[23]。また、ニュー・メキシコ州の裁判所はダンザー対プロフェッショナル・インシュラーズ社事件[24]において、契約の終了の理由は、「使用者の専恣」から守り、合法的な理由に対してだけ解雇は許される。すなわち、「当該被用者の資質やそれにかかわる理由、あるいは当該被用者の本来の職務を適切に遂行することができない」ことであるとされる[25]。例えば、被用者の詐欺、信任義務違反、会社の方針違反のような場合、解雇の正当な理由とすることは容易である。一方、経済的な理由による契約の終了、人員削減による解雇、人間関係での衝突による契約の終了は、必ずしも正当な理由による解雇と考えられるとは限らない[26]。使用者による解雇に理由があるか否かを検討する際に、最も慎重を要する事件は、被用者の職務遂行では不十分であると使用者が主張する場合である。すなわち、一方で、前記ラオ事件判決においては、不完全な職務遂行は、雇用契約を終了させる理由に相当し、こうした理由に基づく被用者の解雇は、その他の点では有効な競業禁止の義務から被用者を逃れさせるものではないとされた[27]。他方で、前記ブロブストン事件判決においては、この事件での反対意見にもみられるが、使用者の合法かつ合理的な指示を被用者が故意あるいは意図的に無視または信任義務違反にもあたらないような、被用者の職務遂行に基づく雇用契約の終了は、解雇の理由に相当するものではないという意味が暗黙のうちに含まれている。[28] 結局のところ、解雇に理由があるか否かをめぐって、単に「解雇」というレッテルを張るだけでは、問題が解決されるものではない。それは、裁判所が検討すべき一つの要素であることはいうまでもないが、こうした解雇の理由に基づいて原則を設けても、それが機能するとは限らないし、解雇された被用者の職務遂行やそれが解雇の正当な理由に相当するか否かについて、強制的な事実調査が求められるところである。第二に、前記フロリダ州の裁判所の取り組み方についていえば、不当に競争を制限するようにみられ、不当な結果をもたらすおそれがあり、被用者に競業禁止を強いる使用者の濫用的行為に司法上のチェックが働いていないきらいがある。これは、競業禁止条項の履行を強制すべきか否かを判断する際に、正義・衡平の観念を考慮する、事実審裁判所の裁量をすべて排除する同州法の副産物にほかならないが、同州の裁判所の判定基準は、一応要件を満たしているときでも、救済を与えるか否かは最終的に裁判所の裁量にかかるべきエクイティ上の救済方法（差止命令）とは相容れないものであって、例外的な取り組み方として捉えられるべきものであろう。第三に、被用者解雇における競業禁止条項の効力について、当然無効の法理を実際に適用することは、柔軟性を欠くようにもみえるが、他方、使用者の不誠実さを検討する裁判所の取り組み方も、これをとることができない。裁判所の不誠実性の判定基準は、当該被用者または社会公共の利益に及ぼす影響にかかわりなく、雇用契約の終了の効果を発生させる際の使用者の行為だけに焦点を当てるところに、問題がある。この点、前記ラオ事件は、使用者が被用者との雇用契約を終了させるために害意に基づいて、当該被用者がまさに働いて稼いでいた当該事業において公正な利益を得ることを妨げる、典型的な事案であるといえる。[29] もとより、使用者の害意あるいは不誠実さが、多くの雇用契約の終了の理由となるとは限らない。しかし、例えば、雇用契約の即時終了に近いような場合に、当該労働者に及ぼす影響、あるいは社会公共の利益のような、そのほかの要素が考慮されるべきか否かについては、定かではない。この点については、使用者の不誠実性をめぐる裁判例からは明らかではないが、判例法全体からみて、単に使用者の不誠実な態様にとどまらず、決定的な判定基準の一部をなすとは認められないとしても、裁判所は進んでそのほかの要素を考慮するとされる。例えば、前記マックメナミー事件判決においては、使用者の不誠実な態様の検討の一環として、使用者の行為あるいはその背景の動機よりも、そのほかの諸要素を検討すべきことが示唆された。(30) 第四に、衡平の比較を行う裁判所の取り組み方については、裁判所が正義・衡平の見地から、差止命令による救済の認否を判断する際に、労使両当事者の事情や社会公共の利益などさまざまな要素を比較考量することになる。そのうち、救済を認めた場合に被告が受ける不利益と救済を否定した場合に原告が被る不利益を相互に比較検討する考え方は、前記マックメナミー事件判決の論理の延長線上にあるといえる。そして、この衡平ないし不利益の比較衡量の判定基準は、前記ラオ事件判決の考え方の基本的な不備を補おうとするものである。すなわち、労使両当事者の不利益だけではなく、すべての関係する要素が、雇用契約の終了の事件における制限的特約とりわけ競業禁止特約の履行強制の判断を行う際に、正義・衡平の見地から、厳密に検討される。この点、裁判所が法的判断をする際に、結果の妥当性を求めて、労使の相異なる法的利益や法的価値の重要性、あるいはそれらへの影響の程度を柔軟に利益衡量をしてきた事例としては、ケリー事件判決(31)やダグラス事件判決(32)が挙げられる。個別の事件にはそれぞれ個性があるが、事実審裁判所の裁判官は、前述の利益あるいは不利益の比較衡量をはかる取り組み方によって、さまざまな要素を検討することが可能となる。労使両当事者の相異なる利益のうち、使用者側の諸利益との関連で、裁判所が考慮すると思われる要素としては、(1) 保護すべき利益の強さ、(2) 雇用契約の終了の理由、(3) 当該事業の性質、(4) より制限的でない引抜き禁止あるいは秘密保持特約による保護、(5) 使用者による当該解雇が誠実さを欠く形で行われたかどうか、が挙げられる。(33) 他方、競業制限の履行を強制することによって被用者が受ける不利益については、競業禁止条項の履行強制がもたらす結果が考慮される。すなわち、被用者の技能、在職期間、教育レベル、ほかの分野の仕事の経験などが裁判所によって考慮される。(34) また、そのほかの第二次的な要素として、雇用契約の条項やそのほかの職業などを交渉する被用者の機会などが、考慮される必要がありうる。(35)

また、以上のほかに、社会公共の利益が考慮される必要がある。この点、事実審裁判所の裁判官の判断に影響を与えるべき社会公共の利益としては、次の二つが挙げられる。第一に、解雇の際の経済情勢である。(36) 第二に、比較しうる専門職が当該被用者に取って代わることができるかどうかである。(37) すでに述べた衡平の比較によって、裁判所は、労使両当事者の事情や社会公共の利益などさまざまな要素を柔軟に比較衡量することになる。また、裁判所には、個々の事件に固有の要素を考慮する裁量権が与えられる。使用者による被用者解雇が競業禁止条項の効力とどのようにかかわるのかをめぐる労使紛争において、利益ないしは不利益の比較衡量の判定基準は、厳格な態度をとる当然に無効の法理や、使用者の行為における不誠実性の判定基準に対して、すべての関連する諸要素を裁判所が考慮することを認めるものである。(38)

四　おわりに

以上、裁判所が一方的な雇用契約の終了の場合の競業禁止条項に対する差止命令の認否を判断する際には、労使両当事者の事情や社会全体の利益など、さまざまな要素を総合的に比較衡量し、差止命令による救済を認めた場合に被用者が被る不利益とこれを否定した場合に使用者が被る不利益を相互に比較検討すべきである。単に被用者の解雇に理由があるか否かを区別する裁判例や、雇用契約の終了に至る使用者の行為だけに焦点を当てる裁判所の取り組み方は、柔軟性を欠くものであって、解雇された被用者のキャリア形成をめぐる紛争にいたずらに労使両当事者を巻き込むものにほかならない。

結局、使用者による雇用契約の終了の場合の競業禁止条項は、労使両当事者間の交渉力には大きな差があり、結果として、一方的に使用者に利益を与えるものであることから、本来的に不当なものであるといえよう。

最後に、ひるがえって、わが国における被用者解雇の場合の競業禁止条項の効力についてみると、被用者の解雇に対して、法律上、非常に厳しい制限が設けられているわが国においては、およそ何の理由もなく、恣意的で、不当に雇用契約を終了された被用者は、法的に競業禁止条項には拘束されないと解することが妥当であろう。

注

（1）*See*, Lois Galluzzo, *Grabbing When They Leave: Employers Who Fire, Then "Bargain" for Non-Compete Clauses*, 14, Digest 51（2006）ガルゾは、以前の使用者が競争制限期間に対して被用者に報酬の支払いを合意する場合を除いて、一方的な雇用契約の終了による競業禁止条項を法的に禁止すべきであると主張する。*Id.* at 52.

（2）*See*, Kenneth J. Vanko, *"You're Fire! And Don't Forget Your Non-Compete...": The Enforceability of Restrictive Covenants in Involuntary Discharge Cases*, 1 DePaul Bus. & Comm. L.J. 1, 1.

（3）注（6）以下。

（4）注（10）以下。

（5）注（14）以下。

（6）Post v. Merrill Lynch, Pierce, Fenner, & Smith, Inc., 397 N.E. 2d 358（N.Y. 1979）.

（7）*Id.* at 359.

（8）*Id.* at 360-61.

（9）SIFCO Indus., Inc. v. Advanced Plating Techs. Inc., 867 F. Supp. 155, 158-59（S.D.N.Y. 1994）.

（10）Twenty Four Collection, Inc. v. Keller, 389 So. 2d 1062（Fla. Dist.Ct. App. 1980）. *See*, Andrew J. Gallo, *Comment, A Uniform Rule for Enforcement of Non-Competition Contracts in Relation to Termination Cases*, 1 U. Pa. J. Lab. & Emp. L.

719 (Fall 1998).

(11) *Id.* at 1062.

(12) *Id.* at 1064.

(13) Keller, 389 So. 2d at 1063. Fla. Stat. Ann. 542. 12 (2) (West 1977). なお、Fla. Stat. Ann. 542.33 (2). (二〇〇二年に改正)。

(14) Insulation Corp. of America v. Brobston, 667 A. 2d 729, at 731 (Pa. Super. Ct. 1995). *See*, Kurt H. Decker, *Refining Pennsylvania's Standard for Invalidating a Non-Competition Restrictive Covenant When an Employee's Termination Is Unrelated to the Employer's Protectible Business Interest*, 104 Dick. L. Rev. 619 (Summer 2000).

(15) Rao v. Rao, 718 F. 2d 219 (7th Cir. 1983).

(16) Economy Grocery Stores Corp. v. McMenamy, 195 N.E. 747 (Mass. 1935).

(17) Security Services., Inc. v. Priest, 507 S.W. 2d 592 (Tex. Civ. App. 1974).

(18) McMenamy, 195 N.E. at 748; Priest, 507 S.W. 2d at 595.

(19) Priest, 507 S.W. 2d at 594.

(20) McMenamy, 195 N.E. at 748-49. また、Kroeger v. Stop & Shop Cos., Inc., 432 N.E. 2d 566, 572 (Mass. App. Ct. 1982). 本件では、マックメナミー事件が引用され、解雇が不公正であるならば、制限的特約は履行を強制されないとされた。

(21) McMenamy, 195 N.E. at 519. また、*See*, S.D. Codified Laws 53-9-11 (Michie 2002).

(22) Central Monitoring Serv., v. Zakinski, 553 N.W. 2d 513, 519 (S.D. 1996).

(23) Norman v. Bd. of Fire & Police Comm'rs of Zion, 614 N.E. 2d 499, 504 (Ill. App. Ct. 1993).

(24) Danzer v. Professional Insurors, Inc., 679 P. 2d 1276 (N.M. 1984).

(25) *Id*, at 1280-81.

(26) Brooks v. Bd. of Comm'rs of CHA, No. 97 C 5166, 1998 WL 214669 at 3 (N.D. Ill. Apr. 21, 1998). 本判決では、人員削減は、契約の終了の理由と基本的に異なるとされた。また、Franks v. Magnolia Hosp., 888 F. Supp. 1310, 1313-14 (N.D. Miss. 1995). 同旨。また、Insulation Corp. of Am. v. Brobston, 667 A. 2d 729, 735 n. 6 (Pa. Super. Ct. 1995). 本判決では、経済的な理由による解雇は、競業禁止を無効にするとされた。また、Custard Ins. Adjusters, Inc. v. Nardi, No. CV980061967S, 2000 WL 562318 at 15-16 (Conn. Super. Ct. Apr. 20, 2000). 本件では、以前の使用者と被用者は人間関

係で衝突したが、被用者は競業禁止に拘束されないとされた。

(27) Rao v. Rao, 718 F. 2d 219, 224 (7th Cir. 1983).

(28) Brobston, 667 A. 2d at 735, 739. もっとも、デル・ソール裁判官は反対意見を述べている。

(29) Rao, 718 F. 2d 219 at 221.

(30) Economy Grocery Stores Corp. v. McMenamy, 195 N.E. 747, at 748-49 (Mass. 1935).

(31) Ma & Pa, Inc. v. Kelly, 342 N.W. 2d 500, at 501-03 (Iowa 1984).

(32) Showe-Time Video Rentals, Inc. v. Douglas, 727 S.W. 2d 426 (Mo. Ct. App. 1987).

(33) Douglas, 727 S.W. 2d 426, at 434. Brobston, 667 A. 2d at 734-35. Rao v. Rao, 718 F. 2d 219, 223 (7th Cir. 1983).

(34) Ma & Pa, Inc. v. Kelly, 342 N.W. 2d 500, 502-03 (Iowa 1984). また、Philip G. Jonson & Co. v. Salmen, 317 N.W. 2d 900, 904 (Neb. 1982). また、Weseley Software Dev. v. Burdette, 977 F. Supp. 137, 141 (D. Conn. 1997).

(35) Kelly, 342 N.W. 2d at 502–03 (Iowa 1984).

(36) *Id.*

(37) Iredell Digestive Disease Clinic, P. A. v. Petrozza, 373 S.E. 2d 449, 455 (N.C. Ct. App. 1988), aff'd, 377 S.E. 2d 750 (N.C. 1989).

(38) *See*, Vanko, *supra* note 2, at 27.

第六章 企業の営業秘密の保護と競業禁止契約
アメリカにおける不可避的開示の法理をめぐって

一 はじめに

わが国の経済が機械などを用いて大量にモノを生産することから知識、情報を基盤とする経済に急速に向かうにつれて、専門分野に優れた能力を発揮する被用者は、その価値をますます高めるようになってきている。なかでも超小型電子技術（マイクロエレクトロニクス）、生命工学（バイオテクノロジー）や超々精密工学（ナノテクノロジー）などに代表され、ハイテク（high technology）と称される高度な先端技術が関係する産業分野においては、研究開発の成果をめぐって互いにしのぎをけずり合う企業間競争が激化するにしたがって、モノの製造についての技術的知識・情報のみならず、マーケットや顧客名簿などの営業知識・情報を身につけた被用者は、企業の擁する貴重な人的経営資源として、改めてその価値の重要性が認識されるところとなっている。(1)

高度情報化が加速する今日、使用者（企業）の技術上または業務上の知識・情報には何より大きな力が秘められている。また、そこには多大の経済的価値をともなうことが少なくないことから、被用者が企業在職中に仕事や経験の積み重ねによって身につけてきた最新の技術、知識、ノウ・ハウなどは、企業の将来的価値そのものを左右する競争力の源泉となっている。とりわけ、企業が保有する多様な知識・情報のなかでも、多額の資金と優秀な人材を投入することによって獲得された技術、知識・情報が、もし仮に特許申請されるならば、特許が取得される可能性のある革新的な「営業秘密（trade secret）」として認められるようなものである場合には、競争的立場にある他の企業との間の技術、知識・情報をめぐる熾烈な競争に打ち勝つための、きわめて強力な武器ともなり、それを保有する企業に多大の利益をもたらすものである。(2) こうして、「営業秘密」は、企業の競争力の源泉となりうるのみならず、競業企業に対して競争優位を獲得する要件にもなり、財産的に価値のある重要な知識・情報として、「秘密」のうちに管理されておくことが必要である。逆にいえば、こうした内容をもつ「営業秘密」の「秘密性」の管理の失敗は、企業の存続そのものを危うくしかねない。

しかしながら、一方で、近年、経済・社会の情報化や人材の流動化が進行するなかで、企業在職中に業務上の必要から営業上の秘密を取り扱う地位に身を置いて働くことにともなって、財産的価値のある「営業秘密」を知りうるところとなった被用者が、職業上のキャリアの形成とその向上をはかるためなど、以前に働いていた使用者（企業）と競争的立場にある他の企業に転職したり、以前の使用者（企業）と競争関係に立つ事業を自ら始める機会が増えるにしたがって、企業の「営業秘密」が社外に流出するという事態が生じる可能性が避けられなくなってきた。(3) こうした「営業秘密」は、知識・情報という目に見えない形で企業が保有する知的財産にほかならず、それが「秘密」とされているからこそ、財産的な価値が認められるものであって、もし仮にそれが企業外に持ち出され、公然と知られるようになるならば、もはや「営業秘密」でも何でもなくなってしまう性質のものである。それゆえ、企業の技術力や営業力を支え、企業の成長、発展に不可欠のものと考えられる、貴重な「営業秘密」が、被用者の転職や起業にともなって、社外に流出

することが現実のものになってきた以上、何らかの対応措置が講じられる必要がある。(4)

こうして、企業が保有する最も価値のある資産の一つとして、「営業秘密」を守るために、「営業秘密」に対するリスク管理の取り組みの一環として、被用者が企業に在職中に身につけた専門的な知識、技能、ノウ・ハウなどが、第三者に開示、使用などされることを防止し、被用者が雇用関係終了後も、以前の使用者（企業）と競争関係に入ったり、自ら事業を立ち上げることを制限するために、被用者在職中または退職時などに、雇用契約にともなって、一つには、被用者が以前の使用者（企業）と競争関係に入ることを制限することに合意する競業避止契約、二つには、被用者が以前の使用者（企業）の秘密情報の開示を禁止することに合意する秘密保持契約を、特別に取り交わすという契約上の手法（または就業規則上の規定）を通じて、使用者（企業）は自社の防衛をはかるようになってきた。こうして、被用者が雇用契約関係にある間に労使間で特別の契約を締結することによって、専門的分野に優れた能力を発揮する有能な被用者は、雇用関係の終了後も、以前の使用者（企業）と競業関係に入らないという競業避止義務、または以前の使用者（企業）の事業上の秘密情報を第三者に漏らさないという秘密保持義務を負わされる。(5)

ところで、使用者（企業）が「営業秘密」を守るために、雇用契約関係に基づいて労使の間で特別に契約を取り交わすことができるならば、こうした契約は、競業制限や秘密保持という視点から「営業秘密」保護のために一定の役割を果たすことが期待できる。が、問題となるのは、諸々の事情から、「営業秘密」について明確に競業避止義務や秘密保持義務を負わせる合意形成が使用者（企業）と被用者との間で整わなかったとき、使用者（企業）を退職した被用者は、以前の使用者（企業）に対して、雇用関係の終了後には競業避止義務、または秘密保持義務をいっさい負わず、したがって競業の制限を受けないものか否かである。言い換えれば、労使の間で契約がない場合、使用者（企業）は、契約に基づいて「営業秘密」の使用や開示の禁止義務を負わせることができるにもかかわらず、そうした措置をとる努力を怠っていたのであるから法的救済が認められなくともやむを得ないと考えるのかである。(6)

この点について、「営業秘密」の保護は、人材の移動、雇用の流動化が加速する今日、大手企業であるか、中小企業であるかを問わず、企業経営上の大きな課題となっているところ、例えば、アメリカの連邦控訴裁判所においては、退職被用者による企業の「営業秘密」であるトレード・シークレットの使用、開示を禁止する差止命令だけでは、不正目的使用（misappropriation）を正すために十分ではないとされる場合、たとえ使用者（企業）と被用者との間で競業禁止契約が取り交わされていない場合であっても、退職被用者が以前の使用者（企業）のトレード・シークレットを開示しないで職務を果たすことができないという前提に基づいて、退職被用者の競業行為をまったく阻止する差止命令を認め、その結果として、使用者（企業）の営業上の利益を擁護してきた経緯がある。(7) その際に注目されるのは、退職被用者に対する競業禁止の差止命令の請求を認めるのに際して、裁判所は、トレード・シークレットの不正目的使用の一つのバリエーションとして、「不可避的開示（inevitable disclosure）」という概念を編み出し、この「不可避的開示」という特別の法理は、近年とくに関心を集めるところとなってきた。(8) しかしながら、司法上形成されてきた「不可避的開示」の法理をめぐっては、トレード・シークレットの「不可避的開示」というような曖昧な概念を判決のよりどころとして、被用者の転職や再就職が制限されたり、競争の制限がもたらされてもよいものかどうか。言い換えれば、この法理が曖昧なために、被用者の正当な転職行為までが差止訴訟の対象となるおそれはないか、とくに退職する被用者の職業選択の自由（転職・再就職の自由）との関係で問題を生じる。また、どのような要件が満たされるならば、同法理が適用されて、退職被用者の競業行為の差止めが認められるのかについては、労使の利害が鋭く対立する深刻な問題をはらんでいる。(9)

もとより、「営業秘密」をトレード・シークレット法で直接的に保護するアメリカと、不正競争行為という不法行為の特別の行為態様を規制することにより、「営業秘密」を保護するわが国とでは、「営業秘密」の保護法の立法化の背景とその経緯には違いがある。が、しかし、わが国の不正競争防止法における「営業秘密」保護の規定は、アメリカにおける統一トレード・シークレット法の枠組みと内容におおむねそっていることを考えるならば、被用者の職業選択の自由との関連において、企業における「営業秘密」の保護と競業避止（禁止）契約との関係について考察する際に、競業禁止契約という契約的手法を用いることによるトレード・シークレットの保護のあり方について豊富な裁判例を積み重ねてきたアメリカ法との比較においてその動向を把握しておくことは不可欠な作業であると思われる。(10)

そこで本章では、わが国における競業避止契約を通じての「営業秘密」保護のあり方についての研究の一環として、とりわけ使用者（企業）と被用者との間で競業禁止契約がない場合に、「不可避的開示」の法理に基づいて被用者の競業行為を差止めることができるか否か、また、その要件などについて、まず最初に、「不可避的開示」の法理との関連で、アメリカにおけるトレード・シークレット法の保護規定と若干の裁判例について概観するものである。次いで、「不可避的開示」の法理をめぐる代表的な裁判例とその他の関連する裁判例を取り上げ、退職する被用者にとって基本的な職業選択の自由（転職・再就職の自由）との関連で、これらの判決に検討を加えていきたい。

二　トレード・シークレット法と不可避的開示の法理

1　人的経営資源の重要性と人材の流動化

アメリカの経済がわが国と同じように、製造業を基盤とする経済から知識、情報を基盤とする経済へとその軸足を移していくにつれて、人を組織（企業）の資源とみる見方として、企業の擁する人的経営資源は、企業が行う事業が成功を収めるために、ますます重要になってきた。すなわち、多くの会社にとっての企業価値としては、はっきりと把握できる有形の財産より、むしろ被用者がもつ知識、経験、アイディア、創造性などのような手に触れることができない無形の財産に注目が集まるようになってきた。すなわち、企業にとって最も重要な競争優位性を生み出すのは、形のある機械や設備・施設などではなく、企業で働く生身の人間である被用者にほかならない。[11] このことは、情報技術（ＩＴ）やバイオなど、ハイテク産業においてはなおさらのことであり、技術的知識や情報は、それらを創造的に活用し、向上させていくことによって、技術革新（イノベーション）の基礎が形成され、ひいては市場における企業の競争力を増強することができる。それゆえ、ハイテク企業にとっては、専門分野に優れた能力を発揮する優秀な人材をいかにして獲得し、またいかにすればそうした人材を引き止めておくことができるかが、企業の存立に決定的に影響を与える喫緊の課題となっている。[12]

ところで、近年、アメリカ経済がすでに述べたように変化するにしたがって、伝統的な使用者（企業）と被用者との間の雇用関係も変化してきた。すなわち、二〇世紀の半ばごろには、被用者はたいてい、単一の使用者（企業）のもとで生涯キャリアを形成することが期待された。つまり、使用者（企業）は、主に大企業で働く被用者を対象として、外部労働市場ではなく内部労働市場を構築し、長期（終身）雇用を奨励するという意図を託された諸種の利益を与えてきた。こうしたこれまでの雇用関係は、労使の期待を反映した長期雇用の暗黙の「心理的契約（psychological contract）」の形成と言い表すことができる。[13] すなわち、ここに心理的契約とは、労使両当事者の将来の行動についての約束に基づいた任意の契約をいう。この契約は、個人が適切な義務であると認識しているが、正式な手続きや書類によって拘束されない点で法的契約とは異なる。この心理的契約には、企業組織が長年実施してきた慣行によって形成された被用者の期待が多分に組み込まれている。しかしながら、伝統的な使用者（企業）と被用者との雇用関係は大きく崩れ、長期雇用への期待は薄らぐに至った。その結果として、被用者にとっての労働市場が企業内に持ち込まれることになり、被用者は、自己のキャリアをマネジメントし、自己のスキルや潜在能力を開発することが期待され、使用者（企業）ではな

く、自己のキャリアにコミットメントすることが求められる。(14)

一方、アメリカの経済の変化により、雇用の流動性もまた増加している。(15) また、こうした雇用の流動化は、長期雇用の促進という意図を託された使用者（企業組織）に対する期待の低下をもたらすのみならず、絶えず変化してやまない職場環境に対して、被用者自身がより市場に適応していくために、自らの知識、技能、経験を再構築すべく、被用者のキャリア形成を支援するキャリア・アドバイスなどによっても促進される。(16) つまり、企業で働く被用者が所属する組織（会社）が被用者のキャリアをマネジメントするのではなく、被用者一人ひとりが主体的に自分自身の職業生活をマネジメントすることがますます重要となっている。とりわけ、アメリカにおける技術の一大集積地とされるシリコン・ヴァレー（Silicon Valley）などのハイテク産業における被用者の移動は別段めずらしいことではなく、普通のことになった。(17) 今をときめくヤフーやグーグルなどもここから始まったが、情報サービス業の分野で頭角を現してきたいわゆるドットコム（dotcom）企業での人員整理は日常化している。一九九〇年代の好況期に比べて少し勢いは衰えたとはいえ、ハイテク産業では雇用の創出が繰り返される一方で、雇用調整も頻繁に行われる。経済のグローバル化と情報技術（IT）化によって、企業間競争が激化の一途をたどるにしたがって、専門分野に優れた能力を発揮する人材に対する需要の高まりは、被用者の転職や転社をさらに助長していくものと思われる。技術や知識は会社で働いている被用者によって担われ、その者自身の身についているものであるから、こうしたハイテク産業で働く被用者がもっている長年の知識、技術、経験は被用者の転職や転社とともに企業間を移動するものである結果、例えば、ある製品のライフ・サイクルに縛られることなく、さらにイノベーションが促進される。激しい企業間競争に打ち勝つためには、「改革」「革新」を不断に繰り返していく努力を続ける以外に方法はない。

しかし、急速な雇用の流動化によって人材の交流が活発化し、技術や知識の移転が容易になり、当該産業界全体を潤す一方で、個別企業の経営に一歩でも踏み込んでみると、使用者（企業）の必要とする知識やスキルを身につけた被用者をいかにして自社に引き止めるのかとともに、最新の知識や技術の社外流出という事態の発生をいかに防止するのかということが企業に問いかけられ、経営上の課題になっている。[18] 商品市場の変化、技術の需要の変化などに対する企業の柔軟な対応の必要性は、従来の長期雇用の明示または黙示の合意の実現を危うくする一方で、被用者が企業組織への強い帰属意識ないしは企業忠誠心を持ち続けることは期待薄であるから、使用者（企業）は、被用者が競業他社へ最新の技術や知識をもって転職することを防止するために、法的対応措置にますます頼らざるを得なくなる。トレード・シークレットが、競業他社に被用者が転職することによって、使用、開示される情報とならないのは、使用者（企業）と被用者との間で競業禁止契約、秘密保持契約が取り交わされ、被用者に雇用関係終了後も競業避止義務、秘密保持義務を負わせるからにほかならない。しかし、近年、こうした雇用関係が終了した後の競業禁止契約などをめぐっては、訴訟が増加する傾向にある。[19]

2　トレード・シークレットの保護と競業禁止契約の役割

雇用関係終了後の被用者の競業を制限する法は、契約法、トレード・シークレット法、労働法などにまたがる複合的な性質をもっている。[20] 被用者が以前に働いていた企業を退職し、競業他社で就労または競業企業を自ら立ち上げるときには、被用者の創出した知識やノウ・ハウはいったい誰のものか、すなわち、会社のものであるのか、それとも被用者個人のものであるのか、それらの帰属についてすでに争いがある。この点、トレード・シークレット法は、トレード・シークレットのいわゆる帰属問題について、何ら具体的な定めを置いていない。それぞれのトレード・シークレットごとにいったい誰のものかその帰属が判断されることになるが、一つは特許法など、知的財産法の考え方にそって判断がなされることになろう。いずれにせよ、被用者が転職または事業を立ち上げるときに紛争が生じるが、その訴訟の多くは差止命令による救済に関係している。すなわち、被用者が競業禁止契約または秘密保持契約に違反して、新しい使用者（企業）にトレード・シークレットを開示することが許されるならば、およそ回復しがたい損害を被ることを主張して、以前の使用者（企業）は、被用者が新しい使用者（企業）に就労するか、または競業他社を立ち上げることを阻止することを求めて、差止命令による救済の訴えを起こすことになる。その際に、法律上の問題として、伝統的なコモン・ロー[21]と制定法に基づいて争われることになる。まず、コモン・ロー上は、被用者と使用者（企業）との間に合意があることを前提として、被用者が特定の情報、一般的にトレード・シークレットを開示しないことを内容とする秘密保持の合意、または被用者が以前の使用者（企業）と競業関係に立たないことを内容とする競業禁止の合意の履行強制を求める訴えを起こすことになる。[22]また、その他に、コモン・ロー上、雇用関係に内在する忠実義務違反を理由として訴えを起こすことができる。

一方、制定法上の問題として、使用者は、被用者がトレード・シークレット、すなわち、それを保有する企業に競争優位の立場に立つことを可能にする秘密の情報を、不正な目的で使用（misappropriation）したという訴えを提起できる。[23]とりわけハイテク産業が関係するトレード・シークレットをめぐる事件の多くには、技術上の知識、情報が含まれている。トレード・シークレット法は、連邦制をとるこの国においては州によっていくらかその内容は異なるが、使用者（企業）にはトレード・シークレットについての訴訟において、信頼・信任の違反または不正な手段によって、被用者が当該トレード・シークレットを取得、使用、開示したという立証が求められる。こうして、トレード・シークレット法は、被用者の転職や競業行為を不当に制限することなく、使用者（企業）が「研究開発投資」によって利益を得ることを可能にするものにほかならない。[24]

3　トレード・シークレット法の概観

トレード・シークレットは今日、会社が保有する最も価値のある資産の一つとされ、トレード・シークレット法は、知的財産を保護するためにますます重要になってきた。もともと、トレード・シークレットはアメリカにおいては、州レベルでのコモン・ローのもとで、主に「財産（property）」概念との関連で捉えられてきた。しかし、こうした考え方は、二〇世紀の初頭に法的見方・考え方に変化が起こるにしたがって、次第に支持を失い始め、伝統的な財産法にその保護の法的根拠を置くのではなく、トレード・シークレットそれ自体の保護を正当化する多くの政策論議が戦わされてきた。(25)

こうしたトレード・シークレットの法的保護の背景にある立法政策をめぐる議論のなかでも、主要な論議の一つとして、人間の創造的活動に対する内発的なインセンティブに重きを置く考え方が主張されている。すなわち、ある人のモノの創造的活動が他者の模倣から守られないとするならば、およそモノの創造者は創造的活動へのインセンティブをそがれてしまいかねないというものである。すなわち、ある人の創造的活動がひとたび、公にされるならば、他者はそれを低コストで模倣することが可能となるわけであって、もし仮に模倣者の方が創造者よりコストが少なくてすむならば、模倣者は創造者より創造のために低コストの負担を負うにすぎない。こうして、模倣者は、創造者が必要とした時間と研究開発にかかる投資費用を免れながら、使用が可能となる。モノの創造へのインセンティブをベースにする考え方によれば、トレード・シークレット法は、創造者ならびに創造自体を保護する手段の一つということになる。(26)

こうした人間の創造的活動へのインセンティブを重視する議論は、知的財産権一般に共通のものであって、統一トレード・シークレット法は、モノの創造にインセンティブを与えるという意図を託された統一法を成文化することによって、すでに述べた政策目標の達成を促進するためにに制定されたものにほかならない。

ところで、アメリカにおいては、もともと各州レベルでトレード・シークレットが保護され、トレード・シークレットの保護の形態は、州ごとに異なっている。また、各州はそれぞれ、トレード・シークレットの定義づけや法原則を定めてきた。しかし、各州の保護のあり方に違いがあると種々の不都合が生じる結果、統一州法委員会全国会議（National Conference of Commissioners on Uniform State Laws）の承認を受けて一九七九年に、統一トレード・シークレット法（Uniform Trade Secret Act: UTSA）が制定された。が、同法は、コモン・ローによるトレード・シークレット保護の基本原則を法制化したものにほかならない。そして、統一法の制定には次の三つの理由があるとされる。すなわち、(1)技術への投資の実質的保護、(2)トレード・シークレットについて裁判例自体が報告されていない州が若干あったこと、(3)トレード・シークレットの保護をめぐる関心の高まりにともなって、トレード・シークレット法を解釈する際の諸州間での違いを排除すること、である。統一法は、その後、一九八五年に一部改正されたが、統一法に準拠して四四の州とワシントン特別区で全部または一部の採用をみた結果、トレード・シークレットの定義、そのための要件などについて諸州間に大きな違いはない。(27)

トレード・シークレットの法的保護については、統一トレード・シークレット法の制定に先立って、一九三七年にコモン・ロー上の原則を再構成し条文の形にまとめてアメリカ法律協会（American Law Institute: ALI）から公刊された不法行為法リステイトメント（Restatement of Torts）（第一版）においてすでに、トレード・シークレット法のひな形が定められていた。そして、トレード・シークレットについて一般に認められたコモン・ロー上の定義は、リステイトメントにおいて次のように説明されている。すなわち、このリステイトメントはその第七五七条（b. Definition of trade secret）において、トレード・シークレットとは、「製法（formula）様式（pattern）、考案（device）、編集（compilation）などの情報であって、それを知らないまたは使用しない競業者に対して競争優位を保つ機会を与えるものである。それは、化合物の処方、製造行程、処理または保存の方法、機械またはその他の装置の様式、顧客名簿でも

よい」とされる。(28)

こうして、およそトレード・シークレットとは何かについて、諸州の間の法の発達の不均衡と混乱を避けるために一九七九年に制定され、大多数の州において採択されてきた統一トレード・シークレット法はその第一条(4)において、トレード・シークレットについて次のように定義している。

すなわち、「トレード・シークレット（trade secret）とは、製法（formula）、様式（pattern）、編集（compilation）、プログラム（program）、考案（device）、方法（method）、技術（technique）またはプロセスなどの情報」とされている。

以上のように、不法行為法リステイトメントと統一トレード・シークレット法のトレード・シークレットについての定義をめぐっては、表面的にはよく似ているようにみえる。両者は、トレード・シークレットであるためには、①一般的に知られておらず、かつ正当な手段によって容易に確かめることができないことから、現実的または潜在的に独自の経済的価値を有するものであり、②その秘密性を維持するために、当該状況のもとで合理的な努力の対象となっているもの、であることを要求している。(29)これを要するに、トレード・シークレットとして保護されるためには、①秘密性、②新規性、③経済的な価値、という三つの要件を備えていなければならない。しかしながら、両者の定義づけには、基本的な違いが含まれている。すなわち、不法行為法リステイトメントの定義によれば、トレード・シークレットは、それを保有する者の事業活動において実際に利用されていなければならない。また、散発的で短命なデーターは、リステイトメント上のトレード・シークレットの定義からは除外される。逆に、統一トレード・シークレット法は、トレード・シークレットとして、実際または潜在的な経済的価値をもっていることが必要とされるにすぎず、トレード・シークレットとして実際に使用されていることは、法律上必要とされていない。したがって、散発的で短命なデーターは、統一法のもとでのトレード・シークレットの保護の対象になりうる。(30)

こうして、ある特定の知識・情報がトレード・シークレットに該当するか否かを判断する際に、次のような六つの要因が裁判所によって検討される。すなわち、①当該知識・情報が原告企業以外の者に知られている程度、②当該知識・情報が原告企業の被用者およびその企業の関係者に知られている程度、③当該知識・情報の秘密性を保持するため原告によってとられている措置の程度、④原告とその競業他社の双方にとっての当該知識・情報の価値、⑤当該知識・情報を発展させるために原告によって費やされた時間、努力、金額、⑥競業他社が当該知識・情報を獲得または発展させる難易度、である。(31) これらの諸要因は、保護が求められる知識・情報の性質を見定めるために検討される。それに基づいて、裁判所は、果たして、当該知識・情報が保護されるべきトレード・シークレットに該当するかどうかを決めることになる。

いずれにせよ、トレード・シークレットを保有する使用者（企業）が、価値のある知識・情報を守ろうとするときに、それを保護することによる利益がもたらされるものである。すなわち、トレード・シークレットを保有する使用者（企業）は、被用者がそれを開示することを阻止しうる。トレード・シークレットを保有する使用者（企業）は、普通、トレード・シークレットの秘密性を守るために、競業禁止契約または秘密保持契約という契約的手法を用いることにより、被用者の秘密開示を阻止することができる。

三　トレード・シークレットの不正目的使用とその救済

1　トレード・シークレットの使用、開示

トレード・シークレットを保有する使用者（企業）は、他者が自社のトレード・シークレットを不正目的で使用などすることを阻止する権利をもっている。もとより、他者によるトレード・シークレットの使用行為がすべて不正目的使用を構成することを意味するものではない。が、不正な手段（improper means）または秘密保持義務の違反（breach of duty of confidentiality）によって、トレード・シークレットを取得、開示、使用する行為は、不正目的使用を構成する。この点、トレード・シークレット法は第一条(2)において、トレード・シークレットに対する「不正目的使用」として、次のような行為を挙げている。すなわち、(i)そのトレード・シークレットが不正な手段によって取得されたことを知っている者または知り得べき者が、他者のトレード・シークレットを取得すること。(ii)次に掲げる者が、明示または黙示の同意なく、他者のトレード・シークレットを開示または使用すること。すなわち、(A)当該トレード・シークレットを取得するために、不正な手段を使用した者、(B)当該トレード・シークレットを開示または使用する際に、そのトレード・シークレットが次に掲げるもの（省略）であることを知っていたかまたは知り得た者、(C)自己の地位に実質的な変化が生じる前に、当該情報がトレード・シークレットであり、偶然にまたは誤って取得されたものであることを知っていたかまたは知り得た者、である。(32)

そして、同法第一条(2)の(i)に規定する不正な手段とは、例えば、賄賂など、商業道徳上の合理的な基準を満たさな

い行為をいう。この(i)の規定が、不正な手段による不正目的使用であるのに対して、次に、秘密保持義務（duty of confidentiality）は、通常、契約関係から生じる。例えば、トレード・シークレットを保有する使用者（企業）は、秘密保持契約について被用者に署名させることがある。[33]また、両当事者間の長期にわたる関係から、秘密保持義務が認められることがある。[34]そして、この秘密保持義務の存否は、「通常人の基準（reasonable person standard）」[35]にしたがって判断される。もし仮に通常人が秘密保持義務があることを知ることができるならば、秘密保持義務が存在することになる。

こうして、トレード・シークレットに対する不正目的使用が生じるときには、それを保有する使用者（企業）には、いくつかの救済方法が認められる。もし仮に明示の秘密保持契約または競業禁止契約があるならば、トレード・シークレットを保有する使用者（企業）は、契約違反の訴えを起こすことができる。また、こうした明示の契約の存在にもかかわらず、トレード・シークレットを保有する使用者（企業）は州法のもとで、トレード・シークレットに対する不正目的使用に対して、訴えを提起できる。[36]トレード・シークレットに対する不正目的使用の訴えに対して、それを保有する使用者（企業）には、損害賠償請求またはトレード・シークレットの使用または開示行為に差止請求（injunction）の救済が認められうる。また、使用者（企業）は、本案の審理を行って最終的判決が出される前に、現状維持のため仮の処分として行為の差止めを命じる暫定的差止命令（preliminary injunction）を求めることができるが、裁判所は、こうした救済をまれに認めるにすぎない。[37]

2　トレード・シークレットの不可避的開示の法理

使用者（企業）は、トレード・シークレットの社外流出の危険から自社を守り、企業の秘密情報が開示されることを防止するために、秘密保持契約や競業禁止契約を用いるが、こうした競業禁止契約などがない場合でも、トレード・シークレットに対する現実のまたは差し迫った不正目的使用がある場合には、トレード・シークレット法が被用者の行動を制限するために適用されてきた。それどころか、アメリカの裁判所は、現実の不正目的使用がない場合にも、衡平法上のいわば道具概念として、「不可避的開示」の法理を援用することによって、退職被用者の競業行為に対して差止命令を認めてきた。[38]この「不可避的開示」の法理の立法上の根拠として、統一トレード・シークレット法はその第二条(a)（差止めによる救済）において、「現実のまたは差し迫った不正目的使用は差し止めることができる。[39]」と規定しているからである。こうして、裁判所は、「不可避的開示」の法理を適用する際に、制定法上の根拠として、差し迫った不正目的使用、つまり、使用によって営業上の利益が侵害されるおそれがある場合に、差止命令による救済を定める統一トレード・シークレット法上の規定を、しばしば引き合いに出してきたのである。

したがって、この「不可避的開示」の法理に基づいて、もし仮にトレード・シークレットの知識・情報を身につけた被用者が競業企業に就労するならば、おそらく使用者（企業）のトレード・シークレットを不可避的に開示または使用せざるを得ないであろう、と使用者（企業）によって主張される。[40]この「不可避的開示」の法理は当初、技術畑で働く被用者らに適用されたが、財務情報から製造、生産、マーケティング戦略の情報まで、トレード・シークレットの知識、情報を身につけた被用者に対しても、同法理の適用は拡大されてきた。[41]しかし、「不可避的開示」の法理は、以前の使用者（企業）のトレード・シークレットを使用または開示することを禁止するものであるが、被用者は、就労経験を通じて獲得された技術または一般的知識までも使用することを妨げられるものではない。[42]

当然のことながら、アメリカの諸州では、常に一貫して「不可避的開示」の法理が強制的に適用されてきたわけではないし、同法理の適用のために一定の基準を発展させてきたわけではない。[43]すなわち、同法理を明確に認める裁判例[44]がある一方で、同法理を修正したうえで制限的に適用する裁判例[45]がある。また、同法理をまったく認めない裁判例[46]もあ

ては、裁判所の態度は分かれており、必ずしも一様ではない。

この点、考え方として、一方で、「不可避的開示」の法理を支持する考え方によれば、例えば、雇用を禁止する暫定的差止めは、次の事項が証明された場合に発せられるべきであるとする。すなわち、①以前の使用者（企業）と新しい使用者（企業）は競業関係にあること、②新しく就いた地位にともなって負う被用者の職責と以前に就いていた地位にともなって負う職責とが重なり合う結果、被用者は、新しい地位に就くことで以前の使用者のトレード・シークレットを「不可避的に」（inevitably）使用または開示せざるを得ないこと、③新しい使用者は、不正目的使用の発生を未然に防止するために十分に明確な措置をとらなかったこと、である。[47]しかしながら、以前の使用者（企業）のトレード・シークレットについて知識をもっている被用者が、以前の使用者（企業）の競合他社で同じかまたは実質的に類似した地位に就くことが直ちに、開示を不可避にするものではない。[48]例えば、新しい使用者（企業）が代替的技術またはプロセスをすでに使用していることから、被用者が以前の使用者（企業）のトレード・シークレットを使用する必要性がない場合には、トレード・シークレットについていかなる実質的開示のリスクもともなうものではない、といえる。ところが、一方で、新しい使用者（企業）が、生産方法、または生産そのものを知らない製品を販売することを可能にするトレード・シークレットを以前の使用者（企業）がもっている場合や、代替的技術を第三者から得ることができない場合には、秘密の開示が不可避的でありうる。[49]

他方で、「不可避的開示」の法理に反対の考え方として、この法理は、被用者から生計の道を奪い、その生存を脅かすのみならず、被用者の職業選択の自由ないし転職の自由を制限するものであって公序良俗に反するものとされる。また、もともとアメリカの経済は自由競争の原理に大きく依存しており、それには、ある程度被用者の流動性が担保されていなくてはならない。企業のトレード・シークレットを保護するために、「不可避的開示」の法理を援用するまでもなく、企業が、専門分野に優れた能力を発揮する被用者に依存するより、企業に対する帰属意識または忠誠心の高い被用者を雇い入れることに力を入れることが考えられるが、かくては知的財産法の存在意義、すなわちイノベーションの促進という目的にそぐわない結果になりかねない。(50)

したがって、「不可避的開示」の法理を適用する際には、裁判所は、被用者が自ら選択する企業で働く被用者側の利益と、トレード・シークレットを保護することによる使用者（企業）側の利益のバランスをとらなければならない。注意すべきことは、ほとんどの州でトレード・シークレット法の制定をみていることからも裏付けられるように、「不可避的開示」の法理をよりどころとして、使用者（企業）のトレード・シークレットの保護にともなう独占的利益を優先するあまり、被用者の利益が蔑ろにされるのみならず、公正な競争が阻害されるおそれがあるという点である。

こうして、以下にみるペプシコ社事件判決やその他の事件判決をめぐる議論からも明らかなように、アメリカの裁判所は、トレード・シークレットの「不可避的開示」という法理と取り組んできたのである。

四　不可避的開示の法理に関する裁判例

アメリカにおいては、経済のグローバル化や技術の急速な進歩、さらに雇用の流動性が増すことなどによって、使用者（企業）のトレード・シークレットをはじめとする秘密情報の保護に対する関心が高まってきた。こうした背景から、使用者（企業）のトレード・シークレット保護の新たな手段として不可避的開示の法理があらわれてきたことはすでにみてきたとおりである。トレード・シークレットは、司法上も保護が与えられてきた重要な財産権の一種であることはいうまでもないが、不可避的開示の法理は、被用者が将来、雇用されている最中に、トレード・シークレットを必然的かつ不可避的に用いざるを得ないということであるならば、被用者の将来の就労自体を制限ないし禁止するものにほかならない。不可避的開示の法理そのものが直接裁判所の問題となり、議論の対象となるようになったのはそれほど古いことではないが、近年この法理を適用する裁判例が増えてきた。とりわけ、先に述べたアメリカの第七巡回区控訴裁判所により展開されたペプシコ社事件判決は、いくつかの州におけるトレード・シークレットをめぐる事件において同法理が一般化される契機となった。そして、一九九五年のこの判決以降、同法理は、多くの州において明白に採用されてきたところである。こうして同法理は、労使双方が訴訟において主張しなければならない新たな要因となってきた。しかしながら、同法理は法制化されたものではないばかりか、その一般的な定義づけや、内容も、それを論じる者によって一様でないほか、果たして、この法理は、どのような場合に適用されるべきであるのかについても明確になっていない。

不可避的開示の法理は、これまでアメリカにおける雇用と知的財産の両方の法分野に重大な影響を与えてきた。すなわち、一方で、雇用の自由ないし雇用の流動性の保障の要請からは、使用者よりも被用者の権利の擁護に傾きがちである。他方、知的財産法のもとでは、トレード・シークレットは保護される価値のあるものであるから、使用者（企業）の知的財産権は雇用の自由ないし雇用の流動性の保障の要請と相対立せざるを得ない。その結果として、雇用の自由とトレード・シークレットの保護は拮抗関係にあるが、不可避的開示の法理それ自体は、トレード・シークレット保護に与するものであって、使用者（企業）に有利に働く傾向がある。とりわけ、同法理は、使用者と被用者との間で競業禁止や秘密保持義務について明示的な合意が成立していない場合に、その代替機能を果たしうるものである。

そこで、以下、主として、使用者（企業）と被用者との間で競業禁止契約の成立をみていない場合に、不可避的開示の法理は、どのようにして、差止めを命じることを正当化する根拠法理として裁判例を通じて形成、発展していったのかについて、同法理に関する代表的裁判例である第七巡回区控訴裁判所ペプシコ社事件判決を中心として、この法理に対する裁判所の具体的かつ実践的な取り組みについて考察していきたい。

1　ペプシコ社事件判決以前

近年のアメリカの裁判所は、「不可避的開示の法理」というべきものを形成、発展させてきた。その発端は、一九一九年のイーストマン・コダック社対パワー・フィルム社事件であった。[51] 本件は、フィルム製造事業を新たに立ち上げる被告パワー・フィルム社（Power Film Products, Inc. 以下、パワー社という）が、原告イーストマン・コダック社（Eastman Kodak Co. 以下、コダック社という）の被告（被用者）に転職を勧誘したことに端を発した事案である。[52] 被告は、コダック社で約一〇年間雇用され、フィルムの製造工程について難解な知識を習得しており、雇用されて四年経過後に、秘密保持契約と競業禁止契約の両方に署名していたところ、[53] パワー社が被告に転職を勧誘するに及んで、コダック社は、被告がパワー社の事業に新たに加わることを禁止する暫定的差止命令（interlocutory injunction）により、とくに競業禁止契約の履行強制を求めたものである。[54] コダック社と被告との間に秘密保持契約が成立しているにもかかわらず、コダック社は、もし被告の就労が認められるならば、将来、被告が競業他社において職務を遂行する過程で、コダック社のトレード・シークレットを必然的かつ不可避的に開示することにならざるを得ないであろう、と主張した。[55]

コダック社は、同社のトレード・シークレットについて現実の不正目的使用を立証したわけではなかったが、本件裁判所は、競業禁止契約と秘密保持契約を踏まえて、被告が競業他社で就労を始めることを許すことは、コダック社のトレード・シークレットを開示し、同社に回復不可能な損害を与える結果とならざるを得ないということを認めた。[56] そして、本件控訴審において裁判所は、被告会社の職業訓練に沿った職務の遂行過程であれ、ある程度の知識・情報を与えることにならざるを得ないとした。

コダック社事件は、競業禁止契約の履行強制に不可避的開示の法理を適用することをめぐって、一つの判断枠組を示した最初の事例とされるが、この事件判決に次いで、アメリカにおける不可避的開示の法理形成の上で顕著な発展を示す裁判例としては、一九六三年に判決されたＢ・Ｆ・グッドリッチ社対ボルゲミュース事件[57]が挙げられる。そして、本件は、競業禁止契約が存在しないにもかかわらず、差止命令が認められた最初の事例であるとされる。本件被告（被用者）は、原告会社に雇用され、与圧宇宙服（full-pressure space suit）の技術開発に従事していたが、Ｂ・Ｆ・グッドリッチ社の競争相手である圧力・宇宙装置の製造会社であり、同社より約一四年遅れてこの業界に参入し、アメリカ航空宇宙局（National Aeronautics and Space Administration: NASA）から宇宙服の開発を委託されていた、インターナショナル・ラテックス社（International Latex Corp）から報酬の増額を伴う会社での高い地位を提示された後に、同社を退職しようとしていた。そして、もし被告が競業他社で就労することが認められるならば、原告会社はトレード・シークレットが開示されることにより、回復不可能な損害を被ることになるであろうということから、競業禁止契約がないにもかかわらず、被告に対して完全な事実審理に基づいて、訴訟の最終的解決を図ろうとする本案的差止命令（permanent injunction）が求められたものである[58]。これに対して、当初、原告会社の差止めの訴えは、競業禁止契約がないという理由で、第一審裁判所においては退けられた。しかし、本件控訴裁判所は、「実質的な開示のおそれ（substantial threat of disclosure）」がある旨を認定した後に、差止めが命じられるにあたり、被用者が競業他社で就労することを制限するために、使用者と被用者間の合意は別に法的に求められてはいない旨述べて、差止命令を認容した。その理由は、たとえ実際の情報開示がなくても、現実かつ実際に情報開示のおそれがあるとみられるときには、衡平法上の救済が与えられるとした[59]。

Ｂ・Ｆ・グッドリッチ社事件では、競業禁止契約がない場合でも、差止命令が認容されたが、この事件判決に次いで、不可避的開示という言葉を実際に裁判所が用いたのは、一九六四年のイー・アイ・デュポン・ド・ヌムール社対アメリカン・ポタッシュ・アンド・ケミカル社事件が始めてであるとされる。[60] 本件原告のイー・アイ・デュポン・ド・ヌムール（以下、デュポン社という）は特別の「塩素方式（chloride process）」により顔料の製造に成功した唯一の会社であり、本件被告は同社に一〇年以上雇われて、この方法による塩素化合物の顔料の製造工程の研究開発に従事してきた。[61] 同社の製造工程を解読しようとして、アメリカン・ポタッシュ・アンド・ケミカル社（以下、ポタッシュ社という）は、デュポン社の特許を使用するライセンスの買い取りを提案した。デュポン社は、ライセンスは許諾したが、塩素化合物の実際の製造工程については、いかなる「ノウ・ハウ（know how）」もポタッシュ社には認めることはなかった。塩素化合物の実際の製造工程の解明が暗礁に乗り上げるに至って、ポタッシュ社はカリフォルニア州の新設工場向けに要員の求人を開始した。ポタッシュ社の工場での新たなポストに対して、その求人に応じた一人が本件被告の被用者であり、デュポン社に雇用されている間に競業禁止契約に署名した事実はないにもかかわらず、デュポン社を退職したことから直ちに、[62] デュポン社は被告被用者によるトレード・シークレットの使用または開示を阻止する本件訴訟を提起した。[63] これに対して、暫定的差止めが命じられたことから、被告らは、本件には訴えの利益を欠くことを理由に、正式事実審理を経ないでなされる法律問題だけの略式判決（summary judgment）を申立てたものである。原告は、被告がポタッシュ社に転職することによる不可避的開示のリスクは、暫定的差止命令による救済を正当化するものである、と主張した。また、原告によれば、被告は雇用関係から生じる信任義務を負っており、差止命令は正当化されるということであった。しかし、本件裁判所は、この申立てを棄却した。なぜならば、被告の使用者に対する信任義務違反について差し迫ったおそれの認定が正当化されうる事実の問題があったからである。[64] 裁判所は被告の信任義務違反に基づいて判決が下される際に、情報開示のおそれがあるか否かを判断するにあたり、不可避も同然であるかどうか、情報開示の危険や可能性を超えて蓋然性（probability）ないしは確実性の程度は考慮される要因である旨判示した。本件デュポン社事件で注目すべきは、以前の被用者が、在職していたがゆえに特定のトレード・シークレットを身につけ、当該被用者の転職にともなって、以前の使用者（企業）のトレード・シークレットが必然的に開示されるようなときには、衡平法上の救済、すなわち、被用者が就労することを禁止する差止命令が裁判所により認容されたということである。このようにして、本件裁判所は被告の申立てを棄却する一方で、トレード・シークレットの不可避的開示は差止めによる救済の根拠となりうることを認めて、Ｂ・Ｆ・グッドリッチ社事件判決で示された法理を拡大解釈した。(65)

2　ペプシコ社対レドモンド事件

すでに述べたように、近年、不可避的開示の法理がトレード・シークレットの保護の手段として盛んに用いられるようになったのは、一九九五年のペプシコ社対レドモンド事件における第七巡回区控訴裁判所判決(66)によるところが大きい。すなわち、裁判所はペプシコ社事件において、競業禁止契約がないにもかかわらず、以前の被用者が直接競業他社に就労することを禁止する独立した手段として不可避的開示の法理を適用し、トレード・シークレットの不正目的使用に対して、差止めによる救済を図るための正当な根拠として、不可避的開示の法理を確認した。こうして、不可避的開示の法理の適用について明確な立場を示し、その後の同種の事件に対して指導的な役割を果たした裁判例は、ペプシコ社事件判決であるにほかならない。本件事案の概要は次のようであった。

(1)　事件の概要

ペプシコ社事件は、原告ペプシコ社（PepsiCo, Inc. 以下、ペプシコ社という）の以前の被用者（被告）が、競業他社である被告クエーカー・オーツ社（Quaker Oats Company. 以下、クエーカー社という）へ転職することにより、ペプシコ社に在職中に取得したトレード・シークレットや秘密情報を開示することを禁止するために、被告被用者とクエーカー社に対して暫定的差止命令（preliminary injunction）を裁判所に申し立てた事案である。(67) 本件事案の背景には、ペプシコ社とクエーカー社との間のとくに新世代の飲み物である「スポーツ・ドリンク（sports drink）」をめぐって、清涼飲料水業界の熾烈な競争がある。暫定的差止命令を得るためには、差止めを求める当事者はトレード・シークレットのみならず、現実のまたは差し迫った不正目的使用があることを立証しなければならないところ、本件第一審の地方裁判所は差止命令を認容し、これに対して被告が控訴したものである。被告の控訴理由は、現実のまたは差し迫った不正目的使用は存在しないということであり、トレード・シークレットの存在自体は別に争わなかった。ペプシコ社事件について、まず、結論から先に言うと、本件地方裁判所は差止命令を認容し、第七巡回区控訴裁判所も原審判断を正当とした。(68)

本件で問題となったのは、ペプシコ社の生産ラインで製造される、スポーツ・ドリンクの「オール・スポーツ（All Sport）」という製品についてであり、その製品は、市場において圧倒的にブランド力を誇るクエーカー社のスポーツ・ドリンクの「ゲータレード（Gatorade）」と競合する製品であり、ペプシコ社がリプトン社（Thomas J. Lipton Company）やオーシャン・スプレイ・クランベリーズ社（Ocean Spray Cranberries, Inc）とジョイント・ベンチャーの形で行う事業であった。(69)

被告は、ペプシコ社に一九八四年から一九九四年まで被用者として在職し、北米地区で働いていたが、その間に、一九九三年には北カリフォルニア・ビジネス・ユニットのジェネラル・マネージャーとなり、その一年後には、カリフォルニア州全体をカヴァーするビジネス・ユニットのジェネラル・マネージャーに昇進していた。そして、被告は、北米ペプシコーラにおいて高い地位に就き、ペプシコ社の内部情報やトレード・シークレットにアクセスできる立場にあった。ペプシコ社におけるその他の管理職の地位にある被用者と同様に、被告は、ペプシコ社との秘密保持契約書（confidentiality agreement）には署名したが、競業禁止契約書（non-compete agreement）には署名していなかった。

ところで、一九九四年の早くから、ペプシコ社の元社長が被告に接近してきて、ゲータレードの屋内販売のバイス・プレジデントとしてクエーカー社への転職の誘いをかけてきた。被告はその際直ちに、転職の勧誘には乗らなかったが、金銭の増額交渉は続けており、この間、クエーカー社との交渉を会社には内密にしておいた。そして、同年の一一月に、被告は、今度はゲータレードのフィールド・オペレーションのバイス・プレジデントのポストというクエーカー社側の再度の誘いに対して、これを受諾するに至った。ところが、その当日には、被告は、チーフ・オペレーティング・オフィサーとなるようにクエーカー社から誘いを受けたが、その際には誘いを受諾しなかった旨を北米ペプシコーラにおける人事担当のシニア・バイス・プレジデントに告げた。しかし、その一方で、被告は、ゲータレードのチーフ・オペレーティング・オフィサーの誘いを受けていることや、新たなポストの受け入れに思案していることを、何人かの同僚に偽って伝えた。(70) しかし、後にも述べるように、これらの偽りは裁判所にとっては、被告の側で率直さに欠けることを証明するのに重要であることは明らかであった。また、被告の行動に照らして、ペプシコ社のトレード・シークレットを漏らさないという被告の約束は、裁判所にとっては、容易に信じがたいものであった。(71)

また、一方で、被告は、誘いを受けた二日後に、クエーカー社からの誘いを受け入れ、退社するつもりである旨をペプシコ社に告げた。これに対して、ペプシコ社はその後、先に述べたように被告を訴えたわけである。ペプシコ社は本件第一審地方裁判所の審理において、被告がクエーカー社に就労中に開示すると思われる多くのトレード・シークレットと秘密情報についての証拠を提出した。(72)

すなわち、まず第一に、ペプシコ社は、会社の競争プラン、財務目標を含む毎年改訂される「戦略プラン（Strategic Plan）」と、向こう三年間にわたる製造、生産、マーケティング、パッケージ、配送のための戦略の重要性を明らかにした。もし競業他社が手に入れるならば、競業他社が次の事業展開を予測するのを許すような、高度な秘密と考えられる戦略プランを、ペプシコ社は、被告と同じような地位にあるマネージャーの助力を得ることによって、策定するであろう、ということであった。また、被告は、退職する前に、戦略プランの最新版を配布した会議に参加しており、ペプシコ社は、その会議で、リプトン社やオール・スポーツの生産ラインの将来計画についての（例えば、香りづけやパッケージ・サイズを含めた）マーケティング戦略の情報を明らかにしていた。第二に、ペプシコ社によれば、同社の年次営業計画（Annual Operating Plan）はトレード・シークレットの一つであるということであった。同年次営業計画では、ペプシコ社が当該年度の全米レベルで計画実施を行う予定の戦術が示され、財務目標やマーケティング・プラン、成長予測、当該年度の営業の変更が含まれていた。また、同年次営業計画には、どのようにして製品の価格をつけるか、すなわち価格構成（pricing architecture）について重要かつ変動しやすい情報が含まれており、それには、全米での価格設定やターゲットとなるマーケットのための特別の価格プランの双方がカヴァーされていた。すなわち、ある会社の価格構成についての情報は、どのような競業他社がそうした情報を取得したとしても、それを設定した会社の価格動向を予測し、何度も繰り返して安値をつけることを可能にするものである。そして、ペプシコ社は、被告が退職する前に会社で就いていたポストは、カリフォルニア州全体の市場の価格構成の方針を実施に移す責任を必然的にともなうことを立証した。(73)

さらに、ペプシコ社は、同社の特定のマーケットの取り組みプランについて被告が詳細な知識・情報を得ていたことを立証した。これらのプランには、同社が広告に特別資金を振り向けることを計画している市場が示されていた。そして、同社は、被告がこれらのプランの内容を承知していたことを証言により立証することができた。また、同社は、小売店から在庫スペースの追加を交渉する余地を同社に示す販売と配送システムの改善についても被告が知っていたという証拠を提出した。こうしたペプシコ社のトレード・シークレットについて、被告が身につけている知識・情報を立証した後に、同社は、被告がクエーカー社での新しいポストへ就任するならば、その知識・情報を開示せざるを得ないであろう、と主張した。すなわち、被告は新たな雇用の過程において、ゲータレードやスナップルの価格、コスト、マージン、配送システム、製品、パッケージ、マーケティングについて実質的に情報をインプットすることにより、ペプシコ社との市場競争においてクエーカー社には不当な利益がもたらされうるということであった。(74)

これに対して、被告クエーカー社は、被告の新しい職務はペプシコ社での同人のそれとは実質的に異なっている、と反論した。また、同社は、被告が署名した同社との秘密保持契約書を示した。そして、同社は、被告の職務は会社組織に組み込まれ、ゲータレードやスナップルの配送を管理し、それらの製品の広告宣伝や販売促進を行うことである、と主張した。被告らの主張によれば、被告は既存の計画ですでに定められた方法で職務を遂行し、ペプシコ社のような垂直的に統合されたシステムについての何か特別の知識は、独立の配送業者を用いるクエーカー社には利益をもたらすものではないということであった。また、クエーカー社は、被告がペプシコ社との間で署名した秘密保持契約やクエーカー社の倫理要綱は両方とも、被告がペプシコ社のトレード・シークレットを開示することを妨げるものである、と主張した。(75)

そして、被告自身は、暫定的差止命令の審理の際に、もし仮に、そうした開示を誘発する事態に遭遇したとしても、ペプシコ社のトレード・シークレットを使用または開示しないつもりであることを約束した。しかしながら、裁判所の指摘によれば、被告の反駁について実質的内容を検討するまでもなく、被告のペプシコ社退職に至る諸事情や、同人の新しい職責についての相対立する証言に照らして、被告の約束は、何ら安心を与えるようなものではなかったのである。(76)

(2) 判決要旨

裁判所は、本件問題について、(トレード・シークレットの)「現実のまたは差し迫った」、すなわち、「不可避的かつ直接的な使用について高度な蓋然性(probability)がある場合」、「不正目的使用は差止めることができる」、と定めるイリノイ州のトレード・シークレット法[77]を適用した。そして、原告は、被告の新たな就労は不可避的に原告のトレード・シークレットに依存せざるを得なくさせる旨を立証することによって、トレード・シークレットの不正目的使用の主張を証明しうるとした。そのうえで、被用者らが自分たちのスキルをどこか他に持ち出そうとしている旨、原告側において、それ以上主張しなかったがゆえに差止めが命じられなかった以前の裁判例と本件を区別して、本件裁判所は、ペプシコ社は被告が同社のトレード・シークレットを開示する見込みが大であること(likelihood)についての多くの証拠を示すことにより、それ以上のことを行った、と認定した。[78]

しかしながら、ペプシコ社事件判決の述べる不正目的使用の危険というのは、クエーカー社がペプシコ社のアイディアに基づいてマーケティングまたは配送システムを構築するために、同社の秘密を使用するおそれがあるということではなく、むしろクエーカー社は、ペプシコ社の配送やマーケティング戦略に先手を打つことにより、同社に不当な利益を与えるペプシコ社のプランの使用を可能にする、というものであった。[79] そして、被告は、ペプシコ社在職中に獲得した知識に依存せざるを得ないということの証明や、同社のトレード・シークレットを開示しないという被告の誓約は信頼性に欠けるということに基づいて、第七巡回区控訴裁判所は、原告会社は差止めを命じるため、請求の実質的内容についてほぼ確実に証明した旨判断して、本件第一審裁判所の結論は正当としたわけである。[80]

(3) 判決の検討

ペプシコ社事件判決においては、「不可避的開示」の法理の適用のために考慮されるべき三つの要因が明らかにされた。まず第一に、トレード・シークレットの存在と以前の被用者がトレード・シークレットについての知識・情報を身につけているか否かである。第二に、以前の会社での退職被用者のポストと競業他社で就任する新しいポストとの間の類似性の度合いが強いか否かである。この点、被用者の競業他社での就労を阻止する差止命令が正当化されるためには、職務内容書が類似しているだけでは十分ではなく、トレード・シークレットの不正目的使用の現実のまたはそのおそれと密接に結びついたトレード・シークレットの存在を証明しなければならない。(81) この点、被告は、ペプシコ社のトレード・シークレットの使用の意図を否定したにもかかわらず、同社のトレード・シークレットについての知識・情報に依存して、将来、新しい使用者のために意思決定を行わざるを得ないという第一審の認定に基づいて、本件控訴裁判所は、「不可避的開示」の法理を適用したのである。第三に、裁判所は、被告側が誠実さにおいて欠けることを述べ、差止めが命じられない場合には、ペプシコ社が回復不可能な損害を被るとしたのである。その理由は、被告は同社との間の秘密保持契約書に署名をしたにもかかわらず、秘密保持の合意が遵守されるかどうか信頼できそうにないということであった。(82)

すでにみてきたように、アメリカの第七巡回区控訴裁判所のペプシコ社事件判決は次の二つの点に特徴がある。すなわち、まず第一に、本件裁判所は、単に会社幹部が会社のトレード・シークレットを開示することを禁止する代わりに、この幹部が、一定期間、競業他社のポストに就任することを阻止する差止命令を認めたことである。第二に、従来、アメリカの裁判所は、被用者が働くことをまったく妨げることや、労使両当事者間に競業禁止契約がない場合に、競業禁止契約などを創出することには消極的な態度を示してきたにもかかわらず、本件裁判所は、差止命令を認容することにより、以前の使用者の訴訟提起を助長したことである。[83] しかし、不可避的開示の法理は、基本的に、被用者の職業選択の自由（転職の自由）を侵害する結果を招きかねないものであって、同法理が広範に適用されるならば、使用者は事実上、明示的な競業禁止契約を得たのも同然である。また、同法理は、雇用の流動性をおびやかすものである。[84] したがって、不可避的開示の法理は、被用者の職業選択の自由や人材の流動性の視点から制限的に解釈されなければならないであろう。

確かに、ペプシコ社事件判決は、アメリカのトレード・シークレット法について、不可避的開示の法理形成上、画期的な判決であるといえる。しかし、ペプシコ社事件判決は、少なくとも法理上は、次の三つの課題を浮かび上がらせた。すなわち、まず第一に、不可避的開示の概念とトレード・シークレットなどの情報の差し迫った不正目的使用との関係、つまり、不可避的開示という概念は、情報の不正目的使用とはまったく別の概念であるか否かである。第二に、不可避的開示は、差止命令との関係で、競業禁止契約とは別個、独立の手段であるか否かである。第三に、トレード・シークレットの秘密性を維持するため、退職被用者の誠実さを証明した場合でも、裁判所は差止めを命じることができるか否か、である（なお、第二の問題については後に、当事者間に競業禁止契約がない場合の不可避的開示の法理の適用の問題として、五節のところで改めて述べることとして、ここでは、第一と第三の問題について考察しておきたい）。

まず、第一の不可避的開示と差し迫った不正目的使用との関係について、統一トレード・シークレット法によって禁止されているように、裁判所は、退職被用者によるトレード・シークレットの差し迫った不正目的使用があるか否かを評定する際に、例えば、情報開示の蓋然性を考慮しなければならない。トレード・シークレットの開示の蓋然性が確かであるならば、競業行為に対して差止めを命じることは正当化される。[85] しかしながら、当該トレード・シークレットの開示が禁止されるべき限度ないし程度について境界を見定めることはきわめて困難であり、あるいは不可能な場合すらあろう。そのために裁判所がこの点について不明確な判定を行う危険性を排除できない。この点、単にトレード・

シークレットに対する不正目的使用の「見込み（likelihood）」「可能性（possibility）」「疑い（suspicion）」にすぎないような場合には、当該退職被用者に対する保護はかなり薄いものになり、被用者の競業行為に対して差止めを命じることは認められない。この点、不可避的開示の法理は、真に開示が不可避である場合にだけ、その適用が限定されるべきであろう。とはいえ、不可避性を証明するために要求される蓋然性の程度ないしその度合いについては、不可避性について統一された定義づけがないことから、裁判所によってそのとらえ方はまちまちである。すなわち、一方で、不可避的開示について高度の蓋然性を要求する裁判例がある。(86) しかし、そうした裁判例であっても、競業他社から転職の誘いを受けた以前の被用者（被告）が、トレード・シークレットの情報を身につけているということだけであって、何かそれ以上のものがなければ、不可避的開示の法理の適用は正当化されないとする裁判例がある。(87) したがって、原告としては、情報の開示が真に不可避であることを証明しなければならない。(88) しかし、他方で、情報開示の不可避性を認定するには、開示の実質的可能性を必要とするにすぎないとする裁判例がある。(89) さらに、情報の開示が不可避か否かを判断する際に、色々と異なった要因を考慮することが求められる。(90) すなわち、①リスクにさらされるトレード・シークレットの性質、②新しい使用者が競業他社であるか否か、③退職被用者の新たな職務内容とか、退職被用者の率直さ、④秘密保持契約または競業禁止契約の有無、⑤他者のトレード・シークレットの意図的な開示を防止するため新しい使用者によってとられる措置などが、考慮要因として挙げられる。(91)

第三の退職被用者には誠実であることが求められるか否かについて、第七巡回区控訴裁判所ペプシコ社事件判決の見解の理解は裁判所によって異なっている。すなわち、一方で、不可避的開示の一要件として、不誠実さを捉える裁判例がある。他方で、競業行為に対して差止めを命じる際の一要因として不誠実さを考慮するにすぎない裁判例がある。(92) この点、不誠実さは、不可避的開示の法理の適用に必要な要件であるのか、それとも差止命令による救済を認める諸要因の一つにすぎないのかどうかについては、前述のペプシコ社事件判決からは明らかではない。(93) この点、むしろ情報の開示が真に不可避の段階に至っているといえる場合には、かえって被用者の誠実さ（善意）は関係ないとするのが多くの裁判例の立場であるとされる。(94)

3　ペプシコ社事件判決以後の不可避的開示の法理の展開

一九九五年のペプシコ社事件判決以降、不可避的開示の法理は、いくつかの理由から用いられることが多くなってきた。その理由の一つとして、統一トレード・シークレット法の採択にともなって、トレード・シークレットの定義が拡大され、トレード・シークレットに対する不正目的使用のおそれに対しても差止命令が認められる結果、トレード・シークレット法が適用される範囲が拡大され、現実の不正目的使用の証明がない場合でも、救済が認められるようになったことが挙げられる。(95)その背景として、情報技術（ＩＴ）の飛躍的発展によるアメリカにおける経済ないし事業経営の性質の大きな変化がある。

しかしながら、ペプシコ社事件判決以降も、アメリカにおいて不可避的開示の法理をめぐっては、論争が絶えない。すなわち、すべての裁判所が、衡平法上の正当な救済手段として、同法理を認めているわけではない。(96)また、不可避的開示という概念を認める裁判例のなかにも、同法理が適用されるために、どのような要素がなければならないのかをめぐって見解は統一されていない。この点、情報開示の不可避性にだけ焦点を当てる裁判例がある一方で、被告側の不誠実や率直さを欠くこと、またはトレード・シークレット保有者に回復不可能な損害を与えることの証明のような要因を考慮する裁判例がある。(97)いずれにせよ、不可避的開示の法理を適用することは、商業道徳やイノベーションの促進という社会公共の利益の保護に資する一方で、アメリカの裁判所によって伝統的に支持され、また保護されてきた被用者の職業選択の自由（転職の自由）や流動性という政策を損ねるおそれがある。(98)

五　競業禁止契約がない場合の不可避的開示の法理の適用

以上のような不可避的開示の法理は、被用者の権利と使用者のトレード・シークレットの保護との間でバランスをとるという難しい問題をはらんでいる。すなわち、被用者には、自己の選択する職場で身につけた知識、技能、経験などを実践することによって、自己のキャリアを形成、維持、向上させる権利が支持される一方で、使用者（企業）には、トレード・シークレットの不正目的使用からの保護が認められなければならない。とりわけ、どのような理由があるにせよ、被用者が競業禁止契約に署名をしなかった場合に、トレード・シークレットの不可避的開示の法理を適用することは、バランスをとることに一層の困難がともなう。(99) この点、差し迫った不正目的使用の証拠があれば、被用者が選択する使用者に就労することを禁止するために不可避的開示の法理を用いることができるかどうかである。換言すれば、不可避的開示と差止命令との関係について、不可避的開示は差止めを命じることについて、競業禁止契約とはまったく別個、独立の手段であるのかどうかである。

ところで、国家社会の公共の利益の問題として、アメリカの労働者が職業を変える権利は、従来から是認されてきたところである。もとより、自己の被用者に内密に価値のある知識・情報を知らせた使用者は競業他社に秘密情報を使うことに対して保護されてしかるべきであるが、使用者の最も価値のある秘密を身につけた被用者は専門分野に優れた能力を発揮するのに適してもいる。この点、公益性の観点からは、社会の流動化にともなって、仕事から仕事へ、人材が移動することに関心がもたれる。すなわち、専門分野に優れた能力を身につけた被用者には、職場から職場へ、また企業から企業へ、さらに、産業構造のなかで、転職や昇進へ向けて移動するため、流動性が必要ともされる。専門分野に優れた能力を発揮する被用者には、転職にともなって、自ら獲得した知識、技能、経験などを発揮する正当な機会が与えられなければならない。[100]

こうして、被用者には、専門分野に優れた能力を発揮し、自己のキャリアの形成、維持、向上が認められなければならない一方で、価値のある情報を内密に被用者に開示した使用者には、被用者が転職する場合、競業他社に自らのトレード・シークレットを使用または開示することから保護されることにより、企業のイノベーションや発明が促進されなければならない。しかしながら、トレード・シークレットに対する使用者の権利は、被用者の権利の犠牲のうえに立って、是認されるべきではないことはいうまでもない。[101]

競業禁止契約が締結されていない場合でも、不可避的開示の法理を適用することは、競業制限の合意を得ることができない使用者に利益をもたらすものであって、被用者の流動性を阻害するものにほかならない。この点、トレード・シークレット法は、特許を受けない製品の製造や販売の自由かつオープンな競争を維持する一方で、商業上の道徳基準を保護し、発明やイノベーションを奨励するものであり、使用者のトレード・シークレットの保護を求める、その同じ法が、退職労働者が生計を営むことを妨げるものであってはならない。[102]

アメリカの裁判所は従来から、いわば事後的に（ex post facto）競業禁止契約を得させるような、トレード・シークレットに対する不正目的使用の主張を使用者に認めることには消極的であった。この点、先に述べたペプシコ社事件判決は、トレード・シークレットに依存せざるを得なくなるであろうという意味の不可避性の問題と、不可避的開示の法理を結びつけて考えることによって、雇用関係終了後に、被用者が以前の使用者と競業しないことを合意する競業禁止契約が締結されていない労使関係においても、トレード・シークレットに対する不正目的使用および不可避的開示の法理を適用したことに、大きな特徴が認められる。[103]

ペプシコ社事件判決以降、トレード・シークレットの不可避的開示の法理について多くの見解が公表されてきた。[104] しかし、その一般的な結論としては、不可避的開示の法理が広範に適用されるならば、司法上競業禁止契約を設けたのと同じ結果になりうるということであった。[105] さらに、もし裁判所が、トレード・シークレットに対する不正目的使用事件へ何の制約もなく、安易に不可避的開示の法理を適用するならば、多くの産業において経済成長のもととなる被用者の移動や一般的知識・情報の広がりが阻害され、それらが萎縮する結果になると思われる。これらの諸要因は、多くの産業が効率よく経済的に機能するためには、大きな比重を占めている。このようにして、裁判所は、競業禁止契約が結ばれていない事例に対して、トレード・シークレットの不可避的開示の法理を適用する場合、被用者に禁止を命じる前に、単に不正目的使用が避けられないだけではなく、実際にそのおそれがあると判断してきたわけである。[106]

この点、前述したペプシコ社事件判決においても、同社が保護することを求めた情報にはトレード・シークレットが含まれていたか否かを判断した後に、裁判所は、退職するに至った被告の行為を議論するに及んだことが想起される。すなわち、クエーカー社でのポストを受け入れた後に、被告は、ペプシコ社のマネージャーやその他の同僚に、誘いを受諾をしなかった旨を知らせた。さらに、被告は、クエーカー社での新しい職責について、証言のなかで明確に述べなかった。これらの諸要因に照らして、被告が約束したように、たとえペプシコ社のトレード・シークレットを開示しないとしても、被告の行動およびクエーカー社のリクルーターに対する行動は、ペプシコ社を安心させるものではなかった旨、裁判所は述べた。したがって、厳密にいえば、裁判所は同事件において、純粋に不可避的開示の法理を適用したというより、むしろトレード・シークレットの不正目的使用が生じる徴候を捉えて、それらを判決のよりどころとしたといえる。それゆえに、ペプシコ社事件判決それ自体は、競業禁止契約がない場合に差止めが命じられるためには、単に開示が不可避であること以上のものが必要であることを示したわけである。[107]

以上のように、ペプシコ社事件判決は、不可避的開示の法理は差止めを命じる独立した手段である旨判示したが、[108] ペプシコ社事件判決に沿ったとらえ方をする裁判例として、例えば、メルク社対リョン事件判決やダブルクリック社対へンダーソン事件判決[109]が挙げられる。この二つの事件とも、競業禁止契約がない場合に差止命令は認められるか否かに関係しているが、裁判所はトレード・シークレットの不可避的開示の法理の拡大適用には慎重な立場を堅持した点が、注目される。[110]

すなわち、まず第一に、メルク社事件においては、原告会社には暫定的差止めが命じられる権利がある旨判示されたが、裁判所は、人が生計を営むことを妨げる差止命令を認めることには消極的であると述べることにより、その判決に制限を設けた。さらに、裁判所の指摘によれば、競業的な就労を一緒に阻止する幅広い差止命令を認めるためには、裁判所（ノース・カロライナ州）に対しては、より狭く限定された救済は、被用者の以前と現在のポストの類似性の程度や、当該情報の価値に基づくものである一方で、不誠実、または取引の不当性、競争相手がそれ相応の知識や実績をもっていないという証明が求められるとした。[111]

こうした原則的考えを本件メルク社事件の事案にあてはめて、被告が競業他社へ行く予定であるかどうか、原告会社から当初尋ねられたときに、被告は製薬業界以外で、二、三の転職の機会を考えていると応答したことが重要である、と認定された。また、その二、三週間後に、同じ問題に対して、被告は同じ返答をした。その結果、同人は原告会社に対して虚偽を述べたように思われる。なぜならば、もし被告が退職し、競業他社に就労するならば、被告が受け取る資格がなかったはずの大きな利益を一括して得ようとしていたからである。[112]

このような事案に対して、裁判所は、必ずしも被告が競業他社に就労することを完全に阻止するものではなく、狭く限定された差止めを命じた。つまり、その差止命令によって、被告は、一、二年の間、一つの製品について限られた範囲で働くことが阻止されたにすぎない。[113] こうして、本件裁判所は、いかにも不可避的開示の法理を判決のよりどころとしたようにみられるが、実際のところは、情報を開示しないという被告の約束が誠実さに欠けるがゆえに、不正目的使用のおそれに基づいて、差止命令が認容されたものであるにほかならない。

また、第二に、ダブルクリック社事件は、二人の被用者が競業他社を立ち上げるために以前の使用者のトレード・シークレットの不正目的使用に対して訴えられた事案である。裁判所は本件において、不誠実さの徴候について触れている。本件二人の被告のうちの一人だけが競業禁止契約に署名していたにすぎないが、裁判所の見解では、それらはとくに区別されなかった。本件被告らは、原告会社のトレード・シークレットのいくつかをすでに不正目的使用し、将来的にも積極的にそうするように思われた。これに対して、本件裁判所によれば、二人の被告の内の一人のコンピューター上でみつけられた記録には、原告会社のマージンについての議論が含まれている、ということであった。また、同被告のコンピューターには、同社のマージンは高すぎることを原告会社の最大の顧客に告げる案が含まれ、被告らは、少なくとも、以前の使用者に対して競争するような情報を用いることを意図していたことが示されていた。また、裁判所は本件判決において、単にトレード・シークレットの不可避的開示の法理だけをよりどころとするのではなく、被告らが一定の期間、原告会社と競業することを阻止する差止命令を認めるため、不正目的使用のおそれがあるとしたのである。[114]

以上、ペプシコ社事件判決のみならず、前述の二つの事件判決からも明らかなように、競業禁止契約がない場合、裁判所は、不可避的同示の法理だけに基づいて差止命令を認めることには消極的であった。むしろ、裁判所は、トレード・シークレットに対する不正目的使用が単に「不可避的」であるということだけではなく、それ以上のものをあらわす、例えば、①ポストの類似性、②現在の使用者（企業）と以前の使用者（企業）との間の競業関係、③使用者の開示に対する積極性などのような証拠を求めたといえる。その際に裁判所は、同法理の適用の拡大に対する批判に配慮して、専門的職業を選択する被用者の権利とトレード・シークレットを含む知的財産権を保護する使用者の権利との間で鋭意バランスをとってきたといえる。[115] もとより、不可避的開示の法理が被用者の職業選択の自由（転職の自由）に反する場合にはその適用を制限することに躊躇してはならないが、その判断が恣意にわたらないようにするため、どのような事情を考慮すべきかについてさらに具体的な指針の策定が必要とされる。

六　おわりに

以上、広く知られているように、不可避的開示の法理は、トレード・シークレットの差し迫った開示ないしはそのおそれに対して、アメリカの統一トレード・シークレット法の救済規定に、その法的根拠を置いている。しかし、同法理の形成と発展は、決して平坦な道を歩んできたものではなかったことはすでにみてきたとおりである。不可避的開示の法理は、被用者の職業選択の自由（転職の自由）や雇用の流動性への関心からトレード・シークレットの保護へと関心のありかが移り変わってきたようにもみえる。しかしながら、アメリカの裁判所は、トレード・シークレットの保護へ重点を完全に移したわけではなく、同法理がより明確になり、それが適用される要件がさらに厳密に検討されるのでなければ、濫訴の危険をともなうものである。その結果として、使用者（企業）のトレード・シークレット保護に名を借りて、専門分野に優れた能力を発揮する被用者のキャリアの形成、維持、向上の機会が奪われかねない。

確かに、使用者（企業）のトレード・シークレットの保護が求められる一方で、被用者には自己のスキル、知識などを用いて生計を営む権利が認められなければならない。この点、不可避的開示の法理には、被用者の退職の自由に制限を加えることによって転職を躊躇させる側面がある。それのみならず、同法理が形式的、一律に安易に適用されるならば、通常、競業禁止契約または秘密保持契約が履行強制されるためには、一般に、期間、場所、職業などについて一定の条件を満たさなければならないにもかかわらず、これまでのように、使用者（企業）が競業禁止契約または秘密保持契約などの契約措置をとることなく、結果として、そのトレード・シークレットが保護されることになる。すなわち、不可避的開示の法理は、とくに、競業禁止契約がない場合に、それの代替機能を果たすものである。このようにして、同法理は、トレード・シークレット保護の措置を怠っていた使用者（企業）に、頼みの綱を与えるものにほかならず、怠慢な使用者はかえって不可避的開示の法理によって安全弁を得るに等しい。これは、トレード・シークレットを保護するために事前に契約措置をとらなかった不備を糊塗するものであって、専門分野に優れた能力を発揮する被用者の転職やキャリアの形成、維持、向上に支障をきたすことになりかねない。

このようにみてくると、不可避的開示の法理の適用をいかに合理的な範囲内に抑制すべきかという問題が生じるが、同法理は、ごくまれな事例にその適用を限定すべきであろう。同法理は、使用者（企業）が特定のトレード・シークレットを保有する一方で、専門分野に優れた能力を発揮する被用者がトレード・シークレットを開示せざるを得ないような、互いに厳しくしのぎを削り合う競業他社に直接転職を図るような場合に、正当性を見出すことができる。どのような形であれ、競業他社への就労を阻止する差止命令を得るために、同法理を適用することは、専門分野に優れた能力を発揮する被用者の権利の侵害の犠牲の上に立って使用者（企業）のトレード・シークレット保護を図ろうとするものにほかならない。よって、退職被用者が不誠実であって、真に情報の開示が避けられない場合にのみ、差止めが命じられるにすぎない。(116)

注

（1）企業のもつ人的経営資源の経済的価値の高まりの背景には、経済のグローバル化やインターネットの拡大などによって世界がグローバル競争の時代に入り、バイオテクノロジーやナノテクノロジーなどの先端産業に限らず、さまざまな産業分野において競争が激化するにともなって、それが国内企業レベルでの以前にも増した厳しい競争を生み出す、企業を取り巻く経営環境の劇的変化という事情がある。こうした経営環境の激変の時代のなかで企業を持続的に成長発展させるための共通の取り組みとして「イノベーション」がある。「革新」「刷新」にほかならない。そのためには、個別企業において人事制度の改革のみならず、企業そのもののあり方を常に見直していくことが不可欠であると思われる。

（2）この点、特許法に基づいて「営業秘密」の保護をはかることについて、現行特許法は第二条において、「自然法則を利用した技術的思想の創作のうち高度のもの」をその保護の対象にしているから、まず、技術上の「営業秘密」のなかに保護の対象とならないもの（例えば、技術的ノウ・ハウ）がある。また、営業上の情報は、すべて保護の対象になっていない。さらに、特許制度は、排他的権利を与える代わりに公開を義務づけていることなどから、競業他社にヒントを与えてしまうなどの理由から、必ずしも特許制度によることが適切であるとは限らない場合がある〔通商産業省知的財産政策室『営業秘密・逐条解説・改正不正競争防止法』（有斐閣、一九九〇年）一四五頁を参照〕。なお、近年、例えば、「液晶」など、最先端の技術について、特許を基本的に出願しないでブラックボックス化して守る企業も現れてきている〔柳原一夫・大久保隆弘『シャープの「ストック型」経営』（ダイヤモンド社、二〇〇四年）七八頁以下〕。

（3）したがって、持続的に成長発展を遂げる源泉として、多数の知識、情報を抱える企業が、「営業秘密」に対して厳格な管理を施し、被用者の服務規律などの徹底をはかるのは当然のことのように思われる。しかし、技術や知識・情報の重要性が増大する一方で、人材の流動化が激しくなることによって、「営業秘密」をめぐる紛争の増大が予想される。なぜならば、こうした技術、知識・情報などはすべて企業で働き、退職、転職する被用者の身に宿すものであるからである。しかし、被用者が職務上財産的に価値のある「営業秘密」を開発したような場合、そうした「営業秘密」は、そもそも誰のものか、その帰属問題について、「営業秘密」に対する不正目的使用からの保護を目的とする不正競争防止法は何ら具体的な定めを置いていない。

（4）わが国政府は、知的財産立国を標榜し、それを国家戦略とする「知的財産戦略大綱」において「営業秘密」は、特許権や著作権などの権利とともに、知的財産権の一つとして位置づけられており、国際競争力の源泉とされている。そして、この大綱に基づいて制定された知的財産基本法は第二条において、「知的財産」とは、「営業秘密その他の事業活動に有用な技術上又は営業上の情報をいう」と定義している。

（5）「営業秘密」を保護するために秘密保持契約または競業避止契約を労使の間で締結することは、基本的には契約自由の原則に委ねられているため、一般的には公序良俗（民法第九〇条）に違反しない限り、「営業秘密」の秘密保持義務、競業避止義務について契約することは自由である。が、しかし、これらの契約のうち、とくに競業避止契約をよりどころとする場合には、退職被用者の就業活動を直接的に制限するおそれがあるため、競業避止契約の有効性をめぐっては、競業の制限が合理的な範囲を超えないようにしなければならない。この点、例えば、裁判所はフォセコ・ジャパン・リミテッド事件（奈良地判昭四五・一〇・二三判時六二四号、七八頁）において、「制限の期間・場所的範囲・制限の対象となる職種の範囲・代償の有無などについて、会社側の利益（営業秘密の保護）、退職する社員の不利益（転職・再就職の不自由）および社会的利害（独占集中のおそれ、それに伴う一般消費者の利害）の三つの視点に立って慎重に検討しなければならない」と判示した。他方、例えば、東京リーガルマインド事件判決（東京地判平成七・一〇・一六判時一五五六号、八三頁）においては、「会社の役員との間で締結された退職後二年間の競業避止義務を定める特約について、監査役であった者との特約については、職務との関係で競業行為を禁止することの合理的な理由が疎明されておらず、競業行為の禁止される場所の制限がないなど、目的達成のために執られている競業行為の禁止措置の内容が必要最小限度であるとはいえず、右競業行為禁止により受ける不利益に対する十分な代償措置を執っているともいえないから、公序良俗に反して無効であるが、代表取締役であった者との特約については、会社の営業秘密を取り扱い得る地位にあったものといえるから、有効である」とされた。

ちなみに、本来、競業避止義務と秘密保持義務は概念的には異なるものであるし、別個に考察の対象とされる。しかし、知識、技術が高度に発達した今日の経営環境のもとで、企業の保有する「営業秘密」をいかにして保護すべきかという視点からは、両者は、分かちがたく絡み合っている。両者は、契約の種類こそ異なるが、使用者（企業）がこれらの義務を被用者に負わせることによって、企業に経済的な利益をもたらす営業上の秘密を保護するという同じ目的を目指している点で共通している。しかし、競業避止契約は、直接的に被用者の転職を制限する効果をもたらし、通常の職業活動を通じて生計を成り立たせる権利に直接的に制限を加えるものであることから、競業避止契約の締結による「営業秘密」保護のあり方の検討がより強く求められるところである。したがって、「営業秘密」の保護と秘密保持契約との関係、その他に特許権、著作権などの知的財産権との関係については、本章に必要な限度で触れるにとどめる。

（6）　この点、学説は、従来から、被用者が雇用関係継続中に知りえた使用者の業務上や技術上の秘密を不当に利用してはならないという義務は、雇用関係の終了後も信義則上の義務として存続しうるという考え方［我妻栄『債権各論（中）

二』（岩波書店、一九六二年）五六八—五六九頁、五九五頁、後藤清『転職の自由と企業秘密の防衛』（有斐閣、一九七四年）三三頁、盛岡一夫「営業秘密の保護」『法律のひろば』四〇巻一一号（一九八七年）四二頁以下、拙稿「労働者の退職後における競業禁止に関する契約」中川淳先生還暦祝賀論集『民事責任の現代的課題』（世界思想社、一九八九年）四四二、四四九頁以下、等」と、労働関係終了後は労働契約の付随義務としての秘密保持義務も終了すると解する見解［三島宗彦「労働者・使用者の権利義務」『新労働法講座七』（日本労働法学会、一九六六年）一三九頁以下、山口俊夫「労働者の競業避止義務」石井照久先生追悼論集『労働法の諸問題』（勁草書房、一九七四年）四〇九頁、和田肇「労働市場の流動化と労働者の守秘義務」『ジュリスト』九六二号（一九九〇年）五二頁以下、川田琢之「競業避止義務」『講座21世紀の労働法⑷』（日本労働法学会、二〇〇〇年）一三三頁、小畑史子「退職した労働者の競業規制」『ジュリスト』一〇六六号（一九九五年）一一九頁、土田道夫「競業避止義務と秘密保持義務の関係について」中嶋士元也先生還暦記念論集『労働関係法の現代的展開』（信山社、二〇〇四年）一九九頁、菅野一夫『労働法〔第七版補正二版〕』（弘文堂、二〇〇七年）六八頁、等」が対立していた。しかしながら、被用者の競業避止義務について、この義務をあまり広く認めると、被用者であった者の経済的・社会的活動を不当に妨げることになることから、雇用関係終了後の競業避止義務については、雇用契約にともなって特約された場合にのみ、しかも合理的な範囲で認めることにしなければならないと説かれてきた（我妻・前掲五九五頁）。また、被用者退職後の競業行為の差止めについて裁判例は、退職労働者の職業選択の自由を直接制限するものであるから、期間、活動の範囲などを明確にした競業制限の特約が存在し、かつその制限の必要性と範囲に照らして当該特約が公序良俗に反しない場合に、それを根拠に与えるとするもの（例えば、前掲フォセコ・ジャパン・リミテッド事件、七八頁）と、否定するもの（例えば、前掲東京リーガルマインド事件判決、八三頁）に大きく分かれる。

一方、わが国の不正競争防止法は第二条第一項七号において、「営業秘密」を保有する使用者（企業）から「営業秘密」を開示された場合に、その被用者などが不正の競業その他の不正の利益を得る目的または使用者（企業）に損害を加える目的で、その「営業秘密」を使用または開示する行為を「不正競争」としている。したがって、競業避止契約を締結することによって使用または開示の制限が課されていなくても、このような目的で「営業秘密」の使用または開示が行われるならば、信義則に違反するものとして、差止めの対象とされる（同法第三条、なお、前掲通商産業省知的財産政策室、七〇頁以下）、また、経済産業省知的財産政策室『逐条解説・改正不正競争防止法〔平成一六・一七年改正版〕』（有斐閣、二〇〇五年）六二頁以下。

（7） PepsiCo, Inc. v. Redmond, 54F. 3d 1262 (7th Cir. 1995). 本件裁判所は、「営業秘密」であるトレード・シークレットについて知識・情報をもつ以前の被用者が競業他社において類似の地位に就任することによる競業行為に対して差止命令を認めた。

（8） David Lincicum, *Inevitable Conflict?: California's Policy of Worker Mobility and the Doctrine of "Inevitable Disclosure"*, 75 S. Cal. L. Rev. 1257, 1260 (2002). リンシカムは、「不可避的開示」の法理によれば、使用者には、現実の不正目的使用がない場合でも、差止命令が認められる、とする。すなわち、もし仮に新しい職務内容が、不可避的にトレード・シークレットの開示をもたらすものであるならば、以前の被用者は、裁判所によって競業企業に転職することを禁止されうる。*Id.*

しかし、問題は、被用者側に害意またはシークレット開示の意図を証明する証拠がない場合でも、「不可避的開示」の法理が適用される点である。*Id.* なお、「契約に明示の秘密保持や競業禁止の規定がなくても、裁判所は、差止めの救済を与えてきた」、と指摘する見解として、土井輝生『トレード・シークレット法――アメリカのコモン・ローと制定法の解説』（同文舘、一九八九年）一〇頁。

（9） 「不可避的開示」の法理は、雇用関係にある間に労使の間で競業禁止の契約交渉が整わなかった場合でも、使用者（企業）が以前の被用者に事実上、競業禁止契約を結んだに等しい結果をもたらす点でとくに問題とされる。

（10） 千野直邦著『営業秘密の法的保護』（中央経済社、二〇〇二年）、四八頁、一一一頁。

（11） Katherine V. W. Stone, *Knowledge at Work: Disputes over the Ownership of Human Capital in the Changing Workplace*, 34 Conn. L. Rev. 721, 721 (2002). 被用者の知識・情報や創造性は、製造業を基盤とする経済においても、重要であることには変わりはないが、知識・情報を基盤とする経済に比べるとその重みは相対的に低いといえる。

（12） Ann C. Hodges and Porcher L. Taylor, III, *The Business Fallout from the Rapid Obsolescence and Planned Obsolescence of High-Tech Products: Downsizing of Noncompetition Agreements*, 6 Colum. Sci. & Tech. L. Rev. 3 (2005). 技術の進展は、アメリカにおける雇用に大きな影響を与えてきた。経済の基盤が製造から情報へ移行するにつれて、知識や情報を豊かにもつ被用者は、使用者（企業）に対して価値を増しており、急速な技術の変化は人的経営資源を最も重要なものとしている。

（13） ピーター・キャペリ（Peter Cappelli）、若山由美翻訳『The New Deal at Work（雇用の未来）』（日本経済新聞社、二〇〇一年）、一五頁、四四頁を参照。キャペリは「雇用保障、終身雇用、定期昇進、安定賃金といった特徴を持つ旧来の雇用システムは終焉の時を迎えた。それを死に至らしめたのは、市場原理を組織内部に持ち込んだ経営変革である」、こうした「変革の過程で、外部労働市場も組織内部に入り込んできた」とする（同書三九頁）。また、キャペリは、「かりに、旧来の終身雇用に基づく関係が結婚だとすれば、新しい雇用関係は離婚と再婚を生涯繰り返すようなものだ」、という（同書一七頁）。

（14） Stone, *supra* note 11, at 730-32. また、Katherine V. W. Stone, *The New Psychological Contract: Implications of The Changing Workplace For Labor and Employment* Law, 48 UCLA L. Rev. 519 (2001).

（15） Stone, *supra* note 11, at. 727.

（16） キャペリ前掲訳書、五四―五五頁。

（17） Hanna Bui-Eve, *TO HIRE OR NOT TO HIRE: WHAT SILICON VALLEY COMPANIES SHOULD KNOW ABOUT HIRING COMPETITORS' EMPLOYEES*, 48 Hastings L. J. 981, at 982-83 (1997).

（18） *Id.* at 985-86. Ronald J. Gilson, *The Legal Infrastructure of High Technology Industrial Districts: Silicon Valley, Route 128, and Covenants Not to Compete*, 74 N.Y.U.L. Rev. 575, 590 (1999).

（19） Stone, *supra* note 11, at 738-39.

（20） Catherine L. Fisk, *Reflections on the New Psychological Contract and the Ownership of Human Capital*, 34 Conn. L. Rev. 765, at 771-72 (2001-2002); Robert G. Bone, *A New Look at Trade Secret Law: Doctrine in Search of Justification*, 86 Cal. L. Rev. 241, 243 (1998). ボーン教授は、トレード・シークレットをめぐる法的責任は、主として契約原理によって規律されるべきであるとする。Nathan Newman, *Trade Secrets and Collective Bargaining: A Solution to Resolving Tensions in the Economics of Innovation*, 6 Emp. Rts. & Emp. Pol'y J. 1, 2, 41, at 7-9 (2002); Steven Wilf, *Trade Secrets, Property and Social Relations*, 34 Conn. L. Rev. 787, 790 (2002).

（21） トレード・シークレット法は、もともとコモン・ローに由来するが、統一トレード・シークレット法の制定を契機にして、大多数の州において法典化されるに至っている。

（22） 競業禁止の合意の履行強制については、いくつかの州では制定法上規定が置かれている。John Dwight Ingram, *COVENANTS NOT TO COMPETE*, 36 Akron L. Rev. 49, at 65-66 (2002). 例えば、制限が合理的な範囲内にある場合に、履行の強制を認める州（Mich. Comp. Laws § 445. 774a（1）(2001)、個人が合法的な職業や取引に従事することを制限する契約は、例外的、限定的に有効とする州［Cal. Bus.& Prof. Code § 16600（West 2001)］、被用者は雇用関係終了後、二年まで、制限的特約に合意しうるとする州［La. Rev. Stat. Ann. § 23. 921 C（West 2001)］. *Id.*

（23）Restatement（Third）of Unfair Competition § 39（1995).

（24）Danielle Pasqualone, *Intellectual Property: Globespan Inc. v. O'Neil*, 17 Berkeley Tech. L. J. 251, 252（2002).

（25）Bone, *Supra* note 20, at 243.　ボーン教授は、トレード・シークレット保護を正当化する、さまざまな議論を展開する。*See*, Matthew K. Miller, *Inevitable Disclosure Where No Non-Competition Agreement Exists : Additional Guidance Needed*, 6 B.U.J. SCI. & TECH. L. 9,（2000).

（26）*See*, Bone, *Supra* note 25, at 262-63.

（27）Elizabeth A. Rowe, *When Trade Secrets Become Shackles: Fairness and the Inevitable Disclosure Doctrine*, 7 Tul. J. Tech. & Intell. Prop. 167, at 191, 193-94（2005).　大多数の州による統一トレード・シークレット法の採択の動きは、「不可避的開示」の法理にとって有利に働く可能性がある。*Id.* 194. ROBERT P. MERGES ET AL., INTELLECTUAL PROPERTY IN THE NEW TECHNOLOGICAL AGE 34（Aspen Law & Business 3d ed. 2000).

（28）RESTATEMENT（FIRST）OF TORTS § 757（b）(1939).

（29）UNIF. TRADE SECRETS ACT 1 (4), 14 U. L. A. 437（1990).　統一トレード・シークレット法は、トレード・シークレットの秘密性を保持するために、ありとあらゆる努力を求めているのではなく、合理的な努力を求めているにすぎない。

（30）Eleanore R. Godfrey, *Inevitable Disclosure of Trade Secrets: Employee Mobility v. Employer's Rights*, 3 J. High Tech. L. 161, at 163-64（2004).

（31）Thomas Smegal & Joseph Joyce, *Trade Secrets in the United States*, PAT. WORLD, Oct. 1998, at 31, 32.

（32）*See*, UNIF. TRADE SECRETS ACT 1, 16 U. L. A. 449.

（33）例えば、Patio Enclosures, Inc. v. Herbst, No. 01-3674, 2002 WL 1492101, at 1（6th Cir. Jul. 10 2002).　本件被告人は、雇用の条件として、トレード・シークレットの保有者との競業禁止の合意に署名をしていた。

（34）Smith v. Dravo Corp., 203 F. 2d 369, 376（7th Cir. 1953).　本件裁判所は、秘密保持について明示の約束がない場合でも、原告が事業目的のために被告人にトレード・シークレットを開示した場合に、秘密保持義務を認定した。

(35) Restatement (Third) of Unfair Competition § 41 (1995).

(36) Jet Spray Cooler, Inc. v. Crampton, 282 N.E. 2d 921, 924 (Mass. 1972). 本件裁判所によれば、雇用関係に基づく黙示の契約 (implied contract) の理論によって、使用者は、退職被用者がトレード・シークレットを使用または開示することを禁止できる、と述べる。したがって、当事者間に明示の契約がない場合でも、使用者は、不正目的使用に対する訴えの提起を妨げられない。*Id.*

(37) Marietta Corp. v. Fairhurst, 754 N.Y.S. 2d 62, 64 (2003). 本件裁判所は、暫定的差止命令は日常的に認められるものではない、とする。

(38) 例えば、PepsiCo., Inc. v. Redmond, 54 F. 3d 1262, 1269 (1995).

(39) U. T. S. A. § 2 (a).

(40) *See*, PepsiCo., Inc., 54 F. 3d 1262, 1269 (1995). 本件では、裁判所が差止命令を認めないならば、被用者がトレード・シークレットを開示することは避けられない、と主張された。本件裁判所の認定によれば、被用者が情報を明確に区分する並はずれた能力をもっているのでなければ、以前の使用者 (企業) のトレード・シークレットについての知識に基づいて、新しい使用者 (企業) のために決定を行わざるを得ないであろう、ということであった。*Id.*

(41) *See*, id. at 1265.

(42) Wexler v. Geenberg, 160 A. 2d 430, 437 (Pa. 1960). 本件では、以前の被用者が競争相手に就労することを禁止する申立ては拒否された。本件裁判所の認定によれば、使用者は、法的に保護すべきトレード・シークレットをもっていなかったからである。被用者が、在職中に習得した技能、知識などは使用者の財産ではなく、明示の合意のない限り、被用者は、そうした技能、知識を用いることができる。*Id.*

(43) Godfrey, *supra* note 30, at 167. Brandy L. Treadway, *An Overview of Individual States' Application of Inevitable Disclosure: Concrete Doctrine or Equitable Tool?*, 55 SMU L. REV. 621, 623 (2002).

(44) 例えば、PepsiCo., Inc. v. Redmond, 54 F. 3d 1262, 1269 (1995).

(45) 例えば、E. I. duPont de Nemours & Co. v. American Potash & Chemical Corporation., 200 A. 2d 428, 435-36 (Del. Ch. 1964). 本件裁判所は、開示のおそれがあるならば、裁判所は判断に際して、それが不可避的か否か、蓋然性 (probability) の程度を考慮しうる、とする。

（46）例えば、Eastman Kodak Co. v. Power Film Products., Inc., 179 N.Y.S. 325, 330 (1919).

（47）Stephen L. Sheinfeld & Jennifer M. Chow, Employees' Duties and Liabilities: Protecting Employer Confidences, in WRONGFUL TERMINATION CLAIMS: WHAT PLAINTIFFS & DEFENDANTS HAVE TO KNOW, at 347, 349 (PLI Litig. & Admin. Practice Course Handbook Series No. 581, 1998).

（48）Lawrence I. Weinstein, *Revisiting the Inevitability Doctrine: When Can a Former Employee Who Never Signed a Non-Compete Agreement nor Threatened to Use or Disclose Trade Secrets Be Prohibited from Working for a Competitor?*, 21AM. J. TRIAL ADVOC. 211, 212 (1997).

（49）*Id.* at 218-19.

（50）Godfrey, *supra* note 30, at 168.

（51）Eastman Kodak Co. v. Power Film Products, Inc., 179 N.Y.S. 325, 330 (N.Y. App. Div. 1919). なお、Susan Whaley, Comment, *The Inevitable Disaster of Inevitable Disclosure*, 67 U. CIN. L. REV 809, 812 (1999). 不可避的開示の法理に関する初期の裁判例について議論されている。*Id.* at 820.

（52）Eastman Kodak Co., 179 N.Y.S. at 327. 本件控訴裁判所の指摘によれば、被告会社の目的は、原告企業からこの種の仕事に経験のある被用者らを自社に引抜き、それによって、新たな製造事業を起ち上げることであったことは明らかであるということである。*Id.* at 328.

（53）*Id.* at 327. 本件裁判所によれば、フィルムの製造過程では十分に秘密の保持がなされ、原告会社にとっては十分に価値があるということを、原告は立証したということであった。*Id.* また、原告会社と被告との間の競業禁止契約では、雇用関係終了後二年間、被告は直接にも間接にも、製造、販売、または被用者などとして、アラスカ州を除く合衆国内において、写真業に従事してはならない旨定められていた。また、被告との秘密保持契約では、原告会社によって用いられるいかなる製造工程または方法につき、被告在職中に習得しうるいかなる知識または情報（トレード・シークレット）も、口頭であれ書面であれ、いかなる者に対しても開示してはならない旨、明文化されていた。*Id.*

（54）*Id.*

（55）*Id.*

（56）*Id.* 裁判所の認定によれば、被告は将来の使用者（企業）のもとでの職務の遂行過程においては、以前の使用者に対して忠実であることはできないということであった。*Id.* at 330. そして、結局、本件では、被用者は競業他社に就労することを禁止された。本件裁判所の認定によれば、トレード・シークレットの使用または開示に対する差止めでは十分ではないとして、競業行為に対して差止めを認めた。パワー社での職務を遂行する過程において被告は、コダック社のトレード・シークレットのうちのいくつかを必ず開示することにならざるを得ないからである。*Id.*

（57） B. F. Goodrich Co. v. Wohlgemuth, 192 N.E. 2d 99（Ohio Ct App.1963）. B・F・グッドリッチ社事件判決は、競業禁止契約とは別に、トレード・シークレットの不可避的開示は差止命令による救済の法的根拠たりうることを認めるが、不可避的開示という言葉を用いて、差止命令を実際に裁判所が認めたのは、Allis-Chalmers Manufacturing Co. v. Continental Aviation and Engineering Corp. 255 F. Supp. 645（E.D. Mich. 1966）事件であるとされる。James J. Mulcahy and Joy M. Tassin, *IS PEPSICO THE CHOICE OF THE NEXT GENERATION: THE INEVITABLE DISCLOSURE DOCTRINE AND ITS PLACE IN NEW YORK JURISPRUDENCE*, 21 Hofstra Lab. & Emp. L. J. 233（2003）.

（58） B. F. Goodrich Co. at 101-04. トレード・シークレットが存在する旨の判断を下す際に、本件裁判所は、不法行為のリステイトメント（RESTATEMENT OF TORTS 757 cmt. e, 1939）をよりどころとして、B・F・グッドリッチ社が保護を求めた情報は、エンジニア、科学者、技術者のような少数の人々に限定された秘密として十分であるとした。*Id.* at 104.

（59） *Id.* at 105. 情報開示のおそれがある旨を判断する際に、いくつかの要因、例えば、会社や職務の類似性、被告がラテックス社のチームの一員になれば、与圧服の仕事についてすべての知識を用いることを期待されると述べた事実などが裁判所により考慮された。*Id.* at 104.

（60） E. I. duPont de Nemours & Co. v. American Potash & Chemical Corp, 200 A. 2d 428（Del. Ch. 1964）. *Id.* at 432, 435-36.

（61） *Id.* at 430. 本件裁判所によれば、被告（被用者）は問題の工程の研究開発に六年以上従事し、その当時原告に雇われている者と同じように、原告の製造工程についてよく知っているということであった。*Id.* at 434.

（62） *Id.* at 431. 注目すべきは、被告は退職の際に、第三者の事前の承諾書なく、第三者の財産的に価値のある、または秘密の情報、データー、開発、またはトレード・シークレットであると知る、いかなる情報も開示しない、と定める被告会社との雇用契約書に署名していたことである。*Id.*

(63) 本件裁判所は判決にあたり、問題の情報の価値や秘密性については申し分ないものであるとし、原告は本件製造物について、保護に必要な対応をとり、秘密情報に万全を期しており、これらの秘密情報の開示は被告会社にとって価値があるものであり、原告会社に計り知れない損害を与えるであろうとした。*Id.* at 432.

(64) *Id.* at 430-32.

(65) *Id.* at 435-36.「不可避的開示」と「おそれ」や、誠意がないこと、つまり「不誠実」の関係について、B・F・グッドリッチ社事件判決では、被告がトレード・シークレットを開示することがラテックス社に利益をもたらすならば、そうするであろうという発言は、「おそれ」として解釈することが可能な「不誠実」という結果になるということが認められた。しかし、本件裁判所は、原告会社が密接に関係するトレード・シークレットがかかわっている可能性を被告が認めるならば、被告は制限されていないモノの使用にとどめるであろうとした。すなわち、被告の誠実さ、つまり、意図された行為が不法あるいは以前の使用者に有害ではないと確信して行為することについて、裁判所は、「おそれ」の可能性というより、被告がトレード・シークレットを開示することが不可避であることをよりどころとした。*Id.* at 435.

(66) PepsiCo. Inc. v. Redmond, 54 F. 3d 1262 (7th Cir 1995). ちなみに、競業禁止契約がないにもかかわらず、トレード・シークレットの不可避的開示を阻止する差止命令に対して、前述した諸事件の理由づけを用いる、ペプシコ社事件判決以前の事例の一つを代表するものとして、National Starch and Chemical Corp. v. Parker Chemical Corp. 530 A. 2d 31 (N.J. Super. Ct. App. Div. 1987) がある。

(67) PepsiCo, Inc. v. Redmond, 54 F. 3d 1262, 1263 (7th Cir. 1995).

(68) *Id.* もし仮に被告が、競業他社の雇用の申し出を受け入れるならば、ペプシコ社のマネージャーである被用者（被告）は、その競業他社にトレード・シークレットを不可避的に開示することになるであろう、ということを立証した。よって、イリノイ州のトレード・シークレット法（Illinois Trade Secret Act: ITSA）のもとで、暫定的差止命令による救済が認められた。*Id.* at 1262.

(69) *Id.* at 1263-64.

(70) *Id.* at 1264. これらの被告の同僚には、ペプシコ社のチーフ・エグゼクティブ・オフィサー、チーフ・オペレーティング・オフィサー、直属の上司が含まれていた。

(71) *Id.* at 1271.

（72） *Id.* at 1264-65.

（73） *Id.* at 1265. 価格構成には、販売経路、パッケージ・サイズその他に製品やその対象となる顧客の特徴について、オール・スポーツやニューエイジ向けの飲み物の達成目標が含まれていた。

（74） *Id.* at 1266.

（75） *Id.* 裁判所の指摘によれば、当該既存のプランは、配送の合意や二頁にわたる契約にすぎない基本的なプランであるが、そうした基本プランが完全に実施されるには、被告の専門的知識が必要とされるものであった。*Id.*

（76） *Id.* at 1267.

（77） Illinois Trade Secrets Act, 765 ILL. COMP. STAT. ANN. 1065/1-9（West 1994）. ペプシコ社事件判決の当時、不正目的使用のおそれを構成するものは何かを定義する裁判例はほとんどなかった。しかし、本件裁判所は、Teradyne, Inc. v. Clear Communications Corp., 707 F. Supp. 353, 356（N.D. Ill. 1989）事件を考慮した。なお、テラダイン社事件では、不正目的使用のおそれについて、イリノイ州法のもとでは、トレード・シークレットの不可避的かつ直接の使用の高度の蓋然性が認定されるならば、差止めは可能と判示されていた。*See,* PepsiCo, 54 F. 3d at 1268.

（78） *Id.* at 1269. ここでは、Teradyne, Inc. v. Clear Communications Corp., 707 F. Supp. 353（N.D. Ill. 1989）事件とAMP, Inc. v. Fleischhacker, 823 F. 2d 1199（7th Cir. 1987）事件とが区別されている。

（79） *Id.* at 1270.

（80） *Id.* at 1271.

（81） PepsiCo Inc., 54F. 3d at 1266-67.

（82） PepsiCo Inc., 54F 3d at 1269-71.

（83） *See,* Johanna L. Edelstein, Note, *Intellectual Slavery?: The doctrine of Inevitable Disclosure of Trade Secrets,* 26 GOLDEN GATE U. L. REV. 717, 718（1996）.

（84） Sheinfeld & Chow, *supra* note 47, at 383. ペプシコ社事件判決は、あくまでも、個別具体的な紛争に対する個別具体的な解決を示したものであって、同様の事件の先例として、不可避的開示の法理を一般化することは危険である。また、*See,* Edelstein, *supra* note 83, at 719.

（85） Godfrey, *supra* note 30, at 174. Int'l Bus. Mach. Corp. v. Seagate Tech., Inc., 941 F. Supp. 98, 101（D. Minn. 1992）. 本

件判決では、原告は不可避的開示について高度の蓋然性を示さなければならないとする。Linda K. Stevens, *Special Litigation Issues Pertaining to Trade Secrets*, 719 PLI/Pat 197, 210 (2002). スティーヴンズによれば、不可避的開示の法理を適用する裁判例のなかには、開示が文字どおり不可避である場合にのみ、同法理を適用することを明らかにする裁判例があるとする。*Id.* at 221-22.

（86） Bridgestone/Firestone Inc. v. Lockhart, 5 F. Supp. 2d 667, 682 (S.D. Ind. 1998). 本件裁判所は、開示の見込みでは、不可避のレベルには達していないとする。Marietta Corp. v. Fairhurst, 754 N.Y.S. 2d 62, 65 (2003). 本件控訴裁判所は、以前の被用者が意図的にトレード・シークレット情報を開示することを証明する証拠がないことを理由に、第一審地方裁判所の暫定的差止命令を覆した。*Id.*

（87） PepsiCo Inc. v. Redmond, 54 F. 3d 1262, 1269. 先に述べたように、Teradyne Inc. v. Clear Communications Corp., 707 F. Supp. 353 (N.D. Ill. 1989) が引き合いに出されている。テラダイン社事件では、退職被用者が原告の事業経営を知り、同じ分野で仕事に就くということから、直ちに差し迫ったないし不正目的使用のおそれという主張が有効となるものではないとする。なお、Abbott Labs v. Chiron Corp., No. 97-C 0519, 1997 WL 208369, at 3 (N.D. Ill. Apr, 23, 1997). Superior Consultant Co. Inc. v. Bailey, No. CIV. A. 3: 02 CV 2110-D, 2000 WL 1279161, at 11 (E.D. Mich. Aug. 22, 2000).

（88） Universal Hosp. Services, Inc. v. Henderson, No. CIV 02-951, 2002 WL 1023147, at 4 (D. Minn. May 20, 2002). 本件では、トレード・シークレットを身につけていることや類似のポストに就くということをよりどころとして、被告が競業他社で雇われることを禁止する差止めの申立ては認められなかった。

（89） La Calhene, Inc. v. Spolyar, 938 F Supp. 523, 531 (W.D. Wis. 1996). 本件では、原告会社のトレード・シークレットについて詳細な知識・情報を身に付けた以前の被用者が競業他社に就労し、トレード・シークレット情報に依存せざるを得ないような場合、不正目的使用につき実際のおそれがあるとされた。また、Procter & Gamble Co. v. Stoneham, 747 N.E. 2d 268, 275 (Ohio Ct. App. 2000).

（90） Stevens, *supra* note 85, at 221.

（91） Maxxim Med. Inc. v. Michelson, 51 F. Supp. 2d 773, 786 (S.D. Tex. 1999). 本件裁判所は、すべての要因が不可避的開示の認定のために重視されるとする。*Id.* また、Procter & Gamble Co. v. Stoneham, 747 N.E. 2d 268, 276 (Ohio Ct. App. 2000). 本件では、差止めによる救済を認める際に、価値のあるトレード・シークレットについての被用者の知識、新し

い使用者とトレード・シークレットの保有者との直接の競争関係、二つの仕事の職務内容の類似性、退職被用者と以前の使用者との間の競業禁止契約などの諸要因が考慮された。*Id.*

(92) Lumex, Inc. v. Highsmith, 919 F. Supp. 624, 636 (E. D. N. Y. 1996). 本件では、被用者には不誠実さがないにもかかわらず、不可避的開示の法理の適用により、競業禁止契約が是認された。しかし、ブリジストン社事件(Bridgestone/Firestone Inc. v. Lockhart, 5 F. Supp. 2d 667, 682 (S.D. Ind. 1998))では、以前の被用者と新しい使用者は両方ともに、不誠実さを示すことができなかった旨を指摘して、情報の開示は不可避的でも、その重大なおそれもないとされた。

(93) PepsiCo Inc. v. Redmond, 54 F 3d 1262, 1271 (7th Cir. 1995).

(94) Aetna Ret. Servs. v. Hug, No. CV970479974S, 1997 WL 396212, at 11 (Conn. Super. June 18, 1997). 本件では、被用者の誠実さや清廉さは関係がないとされた。また、Integrated Cash Mgmt. Servs. v. Digital Transactions, 732 F. Supp. 370, 379 (S. D. N. Y. 1989). 本件では、以前の使用者のトレード・シークレットの知識・情報に依存することなしには、被用者は新しい使用者のもとで職務を遂行することができないとした。そして、以前の被用者が誠実かどうかにかかわらず、被用被用者はトレード・シークレットを開示せざるを得ないであろうということを理由に、差止命令が認められた。*Id.*

(95) *See*, Whaley, *supra* note 51, at 836. 統一トレード・シークレット法が採択される以前には、トレード・シークレットの現実の不正目的使用だけを、禁止することができた。*Id.* また、Treadway *supra* note 43, at 626. トレッドウェイは、不可避的開示の法理は当初、技能労働者に適用されていたが、戦術またはマーケティング・プランのようなトレード・シークレットについての情報を身につけた者にまで適用が拡大されてきたという。

(96) Treadway, *supra* note 43, at 643. トレッドウェイによれば、カリフォルニア州、フロリダ州、ヴァージニア州では、不可避的開示の法理は認められていないとする。*Id.*

(97) 例えば、Campbell Soup Co. v. Giles, 47 F 3d 467, 472 (1st Cir. 1995). 本件では、被用者が競争相手のために働くのを阻止することを求める差止命令は認められなかった。その理由としては、原告側での回復不可能な損害の証明ができなかったことや、記録上被用者側の不誠実さの徴候があらわれていないということであった。*Id.* 本件裁判所は、被告が競争相手のために働くことを禁止する差止命令を否定する際に、キャンプベル・スープ社が回復不可能な損害を証明することができなかったのみならず、不誠実さを欠くことをも考慮した。*Id.* また、Patio Enclosures, Inc. v. Herbst, No. 01-3674, 2002 WL 1492101, at 5 (6th Cir. Jul. 10, 2002). 本件判決では、暫定的差止めが命じられるためには、原告は明白かつ確実な証拠によって現実のまたは差し迫った回復不可能な損害を証明しなければならない、とされた。

(98) トレード・シークレット法の立法目的については、Lincicum, *supra* note 8, at 1268.

(99) PepsiCo. Inc. v. Redmond, 54 F. 3d 1262, 1264 (7th Cir 1995). 前述したように、本件では、被用者が競業禁止契約に署名していない場合にも、不可避的開示の法理を拡大適用した。また、後にも述べる、Merck & Co. Inc. v. Lyon, 941 F. Supp 1443, 1454, 1464-65 (M.D.N.C 1996) 参照。本件では、被用者は競業禁止契約に署名しなかったが、不可避的開示の法理のもとで、差止めが認められた。また、DoubleClick, Inc., WL 731413, at 2, 8 (N.Y. Sup. Ct. Nov. 7, 1997) 参照。本件では、二人の被告に差止命令が認められたが、その内の一人だけが競業禁止契約に署名していた。

(100) *See*, Weinstein, *supra* note 48, at 212-13. Standard Brands Inc. v. Zumpe, 264 F. Supp. 254, 259 (E.D. La. 1967).

(101) Harley & Lund Corp. v. Murray Rubber Co., 31 F. 2d 932, 934 (2d Cir. 1929). ハーレー・ランド社事件においては、次のように述べられた。すなわち、「たとえどんなに原告が被害を被ろうと、被告が自己の事業に他者の被用者を使用することを望むときであれ、他者の被用者を奪い取るために、訴訟を起こすことができるとは、決して考えられなかった。使用人が、そのほかの条件で、自己の労働でどれぐらい十分な価値を得ることができるのかを知ることは困難である。つまり、他者の労働に対しては、長期の時間的経過による権利の取得は及ばないのである。もし仮に、ある使用者がそれほどに期待するならば、使用者は契約によって、それを確保しなければならない」。

(102) Sheinfeld & Chow, *supra* note 47, at 383-84. Edelstein, *supra* note 83, at 729-30.

(103) Harlan M. Blake, *Employee Agreements Not to Compete*, 73 HARV. L. REV. 625, 682-83 (1960). Edelstein, *supra* note 83, at 717, 731.

(104) 例えば、James Pooley, *The Top Ten Issues in Trade Secret Law*, 70 TEMP. L. REV. 1181, 1186 (1997). プーリィは、情報の不可避的開示の問題を含む、トレード・シークレット法をめぐる一〇の問題について議論を行っている。また、Sheinfeld & Chow, *supra* note 47, at 360-73, 377-83. シェインフェルドらは、競業禁止契約一般、不可避的開示などについて概観している。Weinstein, *supra* note 48, at 212-13, 219-26. ワインシュタインは、不可避的開示との関連で、公益性を考慮することと、同法理について概略を述べている。Edelstein, *supra* note 83, at 731-34. エーデルシュタインは、不可避的開示の法理について議論を行い、被用者が自由に使用者を選ぶ権利に及ぼす効果について批判をしている。そして、もし仮に不可避的開示が広範に適用されるならば、被用者の権利や自由を踏みにじるものであるとする。*See*,

Rebecca J. Berkun, *The Dangers of the Doctrine of Inevitable Disclosure in Pennsylvania*, 6 U. Pa. J. Lab. & Emp. L. 157 (2003).

(105) Berkun, *supra* note 104, at 157-58.

(106) Edelstein, *supra* note 83, at 732. この点、前述したように、ペプシコ社事件判決では、情報を開示しないという約束は、安心させるものではないと判断するために、被用者の言動に注意が向けられた。

(107) PepsiCo, Inc. v. Redmond, 54 F. 3d 1262, at 1264-67, 1267-72 (7th Cir. 1995).

(108) Merck & Co. Inc. v. Lyon, 941 F. Supp. 1443, 1457, 1460-61 (M.D.N.C. 1996).

(109) DoubleClick, Inc. v. Henderson, 1997 WL 731413, at 5-8 (N.Y. Sup. Ct. Nov. 7, 1997).

(110) 不可避的開示の法理が広範に適用されるならば、同法理の適用によって事実上、競業禁止契約を設けたに等しい結果となる。Sheinfeld & Chow, *supra* note 47, at 374. また、ペプシコ社事件判決の枠組みのなかで、不可避的開示の法理が広範に適用されるならば、将来、被用者の雇用は大きく制限されるであろう。Edelstein, *supra* note 83, at 719.

(111) Merck & Co. Inc. v. Lyon, 941 F. Supp. 1443, 1458-60 (M.D.N.C. 1996).

(112) *Id.* at 1448-49. 本件被告が退職する際に、原告会社とジョンソン・アンド・ジョンソン社との間で合弁事業が立ち上げられていた。*Id.* 1447.

(113) *Id.* at 1464-65.

(114) DoubleClick, Inc. v. Henderson, 1997 WL 731413, at 5-6 (N.Y. Sup. Ct. Nov. 7, 1997).

(115) Miller *supra* note 25.

(116) Godfrey, *supra* note 30, at 178.

第七章 雇用関係終了後の競業禁止特約の再検討
アメリカにおける被用者の移動ルールの効用をめぐる議論を手がかりに

一 はじめに

わが国では、高度成長期以降、いわゆる終身雇用が定着をみた。しかし、一九九〇年代に入ってこうした雇用のあり方が大きく崩れ始めた一方で、会社在職中に知識・情報と技術などを習得した被用者が、会社を退職して、別の会社の業務に携わり、自分の技術などをすぐに生かせるということは、新たなベンチャー企業を起ち上げるうえにおいて不可欠な要素である。とはいうものの、ベンチャー資金によって設立された、小規模だが創造的な新興企業は、大きな利益が見込める一方で、その名のとおり、短命に終わる可能性もある。それだけに、技術などをもった創業者と被用者の双方に即戦力としての働きが求められる。

すでに述べたことを踏まえて、わが国が産業経済において持続的に発展するためには、単に技術革新[1]にとどまらず、新たな技術や考え方を取り入れて新たな価値を生み出すことを可能にするという意味も含む、イノベーション（革新）

こそが大事である。そうしたイノベーションを通じて起業が促される社会すなわちイノベーション社会を再構築するには、何よりも多種多様で実践的かつ創造的な人材とスピーディな人材の移動が欠かせないといえる。換言すれば、かつての日本の企業組織のように上司からの指示を待って、それに従っていればよいのではなく、組織の共通の目標に向けてイノベーションにかかわる関係者一人ひとりが不断の努力をすることが重要である。つまり、あまり成長の望めないような、規模は大きいが、階層的で硬直した少数の既存の大きな会社が、有能な人材を独り占めすることにより、イノベーションは、そう簡単に生まれてくるものではなかろう。

もとより、こうしたイノベーションの前提となるのは、いかに有能な人材を確保するかである。が、有能な人材であればあるほど、人材の企業外転出も懸念されるところである。したがって、使用者にとって大きな課題の一つは、人材の移動にともなって、人を介して企業の重要な技術情報などが同業他社へ流出することをいかに防ぐかである。知的財産権の一つとしてのトレード・シークレットすなわち製品製造などに関する技術的秘密などの情報流出は、企業の経営基盤を大きく揺るがしかねない深刻な問題であるからである。

かくして、わが国の使用者は、従来から従業員などと競業禁止特約（誓約書や就業規則において定められるものも含む）を結ぶことにより、退職被用者が元の企業のトレード・シークレットを持ち出さないように手立てを講じてきたわけである。こうした使用者企業と従業員などとの間で締結された競業禁止特約をいかに解するかについて、わが国の裁判所は、例えば、フォセコ・ジャパン・リミテッド事件(2)において、被用者退職後における競業禁止に関する特約の有効性を認めただけではなく、競業行為の差し止めなどを決定した。

こうしたフォセコ・ジャパン・リミテッド事件判決に代表される裁判例が先例として存在することにより、使用者企業と被用者との間で一定の範囲において競業を禁じる特約を結ぶという形で被用者の移動は制限され、被用者は、会社を退職し、競業他社に転職したり、競業他社を起ち上げることが妨げられる。

いずれにせよ、競業禁止特約を取り巻く時代背景が大きく変化したにもかかわらず、わが国の裁判所が二一世紀の今日において、技能をもった技術系の被用者などが自らの選択により会社を転退職することを妨げるために（その結果として、イノベーションが遅延するおそれがある）、かつてイギリス中世の封建的な徒弟制のもとで労働者を支配服従させるためにあみ出された、雇用契約における、多くの場合、雇用関係の終了後の競業禁止特約（non-competition covenant）を、なおも適法、有効と解するのは、奇妙なことである。

また、前述の判決にみるような競業禁止特約に対するわが国の裁判所の取り扱いに加えて、最先端技術の特許や商標などの知的財産権は、日本の企業ひいては産業競争力の源泉であるところ、特許権や著作権と同じように知的財産権として、トレード・シークレットを保護する不正競争防止法において、トレード・シークレットを保有する使用者企業は、退職被用者などにより、自社の営業上の利益が害されるおそれがある場合には、裁判所に差止請求の裁判を起こすほか、緊急の必要がある場合には、仮処分の申立てにより、その不正行為を差し止めることができる（不正競争防止法三条参照）。が、こうした不正競争防止法上の差止請求権は実際上、書面による競業禁止特約が結ばれていないにもかかわらず、あたかも裁判所により創り出される競業禁止特約のごとく機能しないかと懸念され、退職被用者の新たな転職や起業に対して、以前の使用者企業にトレード・シークレットの不正取得など（同法二条一項四号ないし六号）という漠然とした非難を安易に許すことになりかねないのである。

ところで、競業禁止特約は、既存の企業がそのトレード・シークレットなどを守るために裁判上強制が求められるわけであるが、こうした契約的手法により被用者などの移動に課される制限は、ベンチャー起業の拡大を阻止することにより、地域の経済全般に損失をもたらさないかどうかについては、アメリカ合衆国（以下、アメリカという）において、すでに問題とされてきたところである。そして、こうした問題についてはアメリカにおいて、近年、多くの学者らによって、それぞれの専門分野の立場から、イノベーション社会の成功に向けて研究がなされてきた。

他方、わが国においては、安倍新政権が発足して以降、国の政策として、イノベーションを通じた経済成長が切実に求められるなか、イノベーションに基づく起業社会を再構築するためには、使用者企業と被用者との間で結ばれる競業禁止特約はどうあるべきか、そのあり方が改めて問われるところである。

そこで、以下、本章においては、アメリカにおける被用者の移動ルールの効用をめぐる学者の議論を踏まえ、トレード・シークレットにかかわる競業禁止のルールを概観することにより、わが国におけるトレード・シークレットすなわち営業秘密の保護法のもとでの競業禁止特約のあり方を見直すきっかけとしたい。(3)

二　被用者の移動ルールの効用をめぐる議論

アメリカにおいては、技術を基盤とするビジネスが急拡大するに従って、経済社会的環境が今日とは大きく異なる、一九世紀あるいはそれ以前の時代において作られた知的財産に関する法は、再考を促されてきたところである。すなわち、かつての知的財産をめぐる諸ルールは、イノベーションを最も円滑に促進するものであるのかどうかや、新たなアイディアを創造する被用者と、被用者のアイディアを具体的に結実させるために諸資源を提供する会社との間で、うまくバランスがとられているのかどうかについて、とりわけ法学者らによって問題とされてきたのである。しかし、このような問題をめぐる議論は、アメリカにおけるトレード・シークレット法の枠を超えた、制限的な知的財産の諸ルールをめぐるより広い議論の一環としてなされてきたのである。(4)この点、例えば、コロンビア大学のロー・スクールのモグレン（Eben Moglen）は、情報のコントロールを中央集中化する傾向がある知的財産に関する裁判例全体を批判する。(5)また、デューク大学のフィスク（Catherine Fisk）は、被用者発明家をより一層保護し、利益をもたらすように諸ルー

ルの見直しを唱える。(6)

このような学者の見解のほかに、必ずしも一様ではないイノベーション社会を規制する法的枠組みを比較検討することにより、現行のトレード・シークレットや競争禁止のシステムの見直しに焦点を当てる見解がある。すなわち、アメリカにおいては、次にみるように、さまざまな知的財産の諸ルールについて、とりわけ、その効用をめぐる議論に注目がなされてきたのである。

例えば、アメリカ西海岸のカリフォルニア州のシリコン・ヴァレーとマサチューセッツ州のボストンの一二八号線沿いの地域の栄枯盛衰について簡潔に歴史をふり返ってみると、今日、シリコン・ヴァレーが世界のＩＴ産業の中心であることを疑う者は少ないであろう。もとより、シリコン・ヴァレーは、昔からずっと活況を呈していたわけではない。しかし、一九九〇年代の中頃までに、シリコン・ヴァレーは、イノベーション社会がより成功をみたところとして、その競争相手とされたボストンの一二八号線沿いの地域をはるかに凌駕したといわれる。すなわち、一九六〇年代以降、シリコン・ヴァレーは、新たに起業する会社が増大する際に急速にネットワークを張りめぐらすうえで、いわゆる孵化器（incubator）の役割を果たしてきたのである。一方、シリコン・ヴァレーとは対照的に、ボストンのルート一二八号線沿いの地域はいくらか似通った成功を経験したとはいえ、従来、会社すなわち大企業という固定化した観念に執着していたにすぎない。アメリカにおけるこのような二つの地域、すなわち一方の地域は繁栄の道をたどり、他方は衰退のやむなきに至るという現象に対して、二人の著名な学者である、スタンフォード大学のギルソン（Ronald J. Gilson）とカリフォルニア大学バークレイ校のサクセニアン（Annalee Saxenian）は、こうした二つの地域において経済的な落差が生じた理由について、別々に分析検討した結果を明らかにした。そして、両学者が理由づけたところによると、シリコン・ヴァレーの成功は、技術をもった被用者が会社から会社へ移動するなかで、自らが積み重ねてきた知識・情報などを容易に生かすことができる傾向が関係している、ということであった。(7)

このことについて、とりわけギルソンは、一八七二年以来、制定法により競業禁止特約が禁止されてきたカリフォルニア州と、競業禁止特約を容認するマッサチューセッツ州との間の法制上の違いに、より明確に焦点を当てたのである。そして、同教授の主張によると、カリフォルニア州の制定法により、被用者らが容易に転々と職を変えることができることにより、起業家精神に基づいて、技術系の新興企業社会の形成が促されるという、おそらく意図しない結果がもたらされた、ということであった。[8] すなわち、同教授は、知的財産法の強化が経済成長の促進に必要であるという一般の通念に対して、被用者の移動によってもたらされる知識・情報や経験の普及を説明するために、「知識・情報の拡散（knowledge spillovers)」という表現を用いて、そうした知識・情報の拡散こそがシリコン・ヴァレーの成功にとって必要不可欠なものである、としたのである。[9] 換言すれば、会社間において、知識・情報をある程度共有する方が、イノベーションに拍車をかけるものであるとする。イノベーションは、それを促進するインフラとは別に、ほかから隔絶された孤立状態ではめったに起こるものではないからである。[10]

次に、ギルソン教授やサクセニアン教授の主張に続いて、カーリー（Kristina L. Carey）は、元の使用者は技術の領域の成功に貢献するように思われる被用者の移動を抑制するおそれがあるトレード・シークレット法や競業禁止法と同じような方法で、例えば、反トラスト訴訟や不法行為訴訟のような、他の法理論をどのように用いることができるのかについて言及してきた。[11]

いずれにせよ、前述のようなギルソン教授らの理論が正鵠を射るものであるとするならば、その法的意味合いはきわめて重要であると思われる。すなわち、アメリカ経済はますます知識・情報を基盤とした、個々の被用者の知的才能が、これまでよりもはるかに重要であることについては、ある意味で政治色を帯びたような見方を超えて、おおかた意見の一致がみられるようであるからである。[12] そして、仮に、ある州の裁判所がイノベーションの保護に名を借りて、厳格な競業禁止やトレード・シークレット法を適用するならば、それは、総じて被用者と使用者企業の双方にとって有害であるとする。

すでに述べた、ギルソン教授またはサクセニアン教授の見解に対しては、これまで、広範な反論はとくに公になされてこなかった。とはいえ、すべての学者が見解の一致をみているわけではない。とりわけ、競争禁止条項（non-competition clause）についてのギルソンの理論に対しては、最も重要かつ熟慮を重ねたものとして、ウッド（Jason Wood）の見解がある。すなわち、ウッドの指摘によると、ベンチャー資金に裏付けられた起業の成功は、単にシリコン・ヴァレーにとどまらず、アメリカ南部テキサス州の州都であるオースティン（Austin）やノース・カロライナ州のリサーチ・トライアングル（Research Triangle）にみるように、競争禁止条項が合法とされる地域においても一般にみられるものであるとする。(13) こうして、ウッドによると、ギルソン教授は、シリコン・ヴァレーにおいては競業禁止契約が容認されないことに対して不当に重きを置いた、ということである。(14) と同時に、ウッドも、「知識・情報の拡散」によって経済的恩恵がもたらされるという、より一般的な理論を受け入れているように思われる。つまり、オースティンのようなところの使用者企業は、問題の期間中、競争禁止条項を実際において適用してこなかったか、または裁判上強制してこなかった可能性を指摘するのである。(15) 換言すれば、アメリカにおけるある州レベルの裁判所が競争禁止条項それ自体を容認するいう事実は、使用者企業がこのような条項を実際に用いて、裁判上強制するか否かについて何の資料的裏付けもないということである。そして、テキサス州におけるハイテク分野で働く被用者らの経験を踏まえると、少なくとも同州の賢明な使用者らは、競争禁止契約を用いてはいないということである。ウッドが示唆するように、このような契約は、技能をもった被用者らを自社に引き寄せる際にかえって妨げになるからである。

また、すでに述べてきた論者以外は、以上の議論について問題意識が希薄なように思われる。例えば、競争禁止条項は、経済理論によれば、経済にとって一つの恩恵となるという主張にみられるように、新たな起業や被用者の移動にともなう訴訟の実際について、ほとんど何の根拠もなく、競争禁止やトレード・シークレットの諸ルールに賛意を表すような議論を行ってきた。[16] しかしながら、大多数の使用者は実際上、最初に高度な技術をもつ被用者らに対して訓練を施す一方で、使用者らは、競争禁止条項が役に立たないならば、そのようなことはしないことを想定しつつ、競争禁止条項により、企業は技能をもった被用者らに投資することもあるという主張が、なされたにすぎない。[17]

さらに、トレード・シークレット法に焦点を当てるまた別の見解として、例えば、「盗人」が「トレード・シークレット」をわが物のようにするときに、たとえ何らかの社会的利得があるとしても、そうした勝手気ままな情報の流れは、発明に対するインセンティブを弱めることにより差し引き勘定されるという主張がみられる。[18] しかしながら、「法と経済学」学派によるこのような論説は、トレード・シークレット訴訟は、典型として、当該使用者企業に事前に知られ、熱心に守られ、そして開発コストを回避するために、意図的に違法行為者により盗まれる秘密を含むことを想定する点において重大な誤りを犯すものであるといえる。また、その反対に、以下において、より詳細に述べるように、多くのトレード・シークレット訴訟には、秘密でありうるものと、まったく秘密ではないといってもよいぐらいに、被用者が身につけた一般的技能や知識・情報であって、それを秘密ではないと信じるがゆえに、以前の被用者によって用いられるものとの間の境界線上のきわどいケースについていえば、訴訟において原告側の弁護士らにより事後的に作り出されるような「秘密」が含まれることがあるといわれる。

ところで、グレーヴズ（Charles Tait Graves）らによると、使用者企業だけが正当な秘密を守るために訴えを起こし、トレード・シークレット法は刑事的側面を有することを想起する前述のような偏った見方は、現行の法的枠組みを擁護する者らの間であまりにも共通しているとする。[19] しかし、そうした一方的な見方は、見直しが求められる。この点、競業禁止契約は、転職する被用者に困難な情況を引き起こす問題について認識をする一方で、競業禁止条項の適切な長さ（その適切な長さとは、元の使用者企業が知る当該情報が陳腐化する期日であることは明らかであろう）を決めるために、裁判所による問題解決のためのレフェリーの任命を示唆する見解がある。[20] しかし、こうした問題の取り組み方は、被用者の転職によって引き起こされる諸問題を緩和したり、あるいはすでにギルソン教授らにより提起された問題の取り組みに何ら役に立たないし、競争から元の使用者企業を保護することを何よりも重要視するように思われる。問題であるのは、以前の被用者による競争から使用者企業を保護することが、州レベルでのトレード・シークレットや被用者の移動の枠組みについての第一次的目標であるべきとする考え方それ自体である。この点について、ギルソン教授らは、過度に広範な競争禁止やトレード・シークレットの諸制限を批判してきたわけであって、正当な評価のように思われ、イノベーションの促進のためには、ほとんどすべての州において被用者の移動を束縛する法的ルールついては、再検討をせざるを得ないのである。この点、被用者の移動は、イノベーション社会の成功に向けてきわめて重要な要素であるとするならば[21]、被用者の移動を不当に制約する諸制限は、問題とされなければならないわけである。

三　被用者の移動の法的枠組み

以上、ベンチャー資金に裏付けられたハイテクのイノベーション社会への成功に向けて強い影響を与える可能性があるトレード・シークレットや被用者の移動をめぐる諸ルールについて議論をするために、アメリカの学者の議論を概観してきた。こうした議論は、被用者の移動や操業して間のない創造的会社について訴訟などの経験を踏まえてのものである。しかし、過度に広範なトレード・シークレットに関する諸ルールが抱える諸問題について、すでに繰り返しみてきたが、創意に富んだ被用者らが自ら望むビジネスを起ち上げるか、あるいはそれに携わることを、しばしば妨げる競業禁止特約について、何も踏み込んだ言及はしていない。この点に関連して、グレーヴズらによると、見直しが必要とされるいくつかの法分野があり、より一層のイノベーションの促進に向けて、法改正が求められる州があるとする[22]。

とりわけ、少なくとも被用者の移動に対して課される制限により、起業家精神に富んだ社会の発展が阻害されると思われる法分野が次のように六つあるとされる。すなわち、まず契約法に関して、1競業禁止特約、2引抜き禁止特約、3競業の準備行為、次に、トレード・シークレット法に関して、4不可避的開示の法理、5トレード・シークレットについての主張の変更、6訴訟戦術と訴訟手続上の要件について、である。以下において、これらの問題について、個別的にみていきたい。

1　競業禁止特約について

グレーヴズらによると、被用者の移動に課される制限について、競業禁止特約ほど、ベンチャー指向のイノベーション社会の成功を妨げるものはないのみならず、その正当性を証明することほど、困難なものはなかろうとする。そして、長期雇用の時代を経た今日、競業禁止特約は、終焉を迎え、被用者のもつ技能などが成功への最高の担保となるときに、より大きな社会の利益の犠牲において、より小さな利益に奉仕するにすぎないもののように思えるとされる。(23)

いうまでもなく、競業禁止特約は、使用者企業のもとを去って後の一定期間、被用者が、競争関係に立つ事業に携わることを禁止することをその内容とする、雇用契約のなかに盛り込まれる一つの条項である。すなわち、競業禁止特約は、被用者が在職中に習得した技術、知識、経験について最も活用可能なものを妨げる、雇用関係の終了後の競業を禁止するものである。こうした競業禁止条項は、雇用契約のなかにほとんど常にといってよいほどに、定型的文言の形で盛り込まれる契約条項であって、求職者らは、そうした契約条項について交渉する余地は、通常ほとんどないか、あるいはその諸条件について交渉することは難しい。そして、そうした特約に盛り込まれる最も一般的な期間としては、一二カ月間とされる。

こうした競業禁止特約について、アメリカの裁判所は歴史的に、特約の適用を特定の地域に限定するだけではなく、複数年にわたって制限を課するような特約の適用を一貫して拒否してきたところである。また、同国の裁判所は、被用者の退職後の発明の所有を一方的に元の使用者に帰属させるような、露骨な試みを無効としてきたのである。しかしながら、こうした限られた制限は、変化の激しい今日の経済のもとでは、重要であるとはいえない。すなわち、ビジネスが国の内外を問わずに展開され、一年間にわたって、被用者が自己の技術などが最も活用され、被用者に最も有利な補償が受けられる会社の業務に従事することを回避する義務を負わせものであるにすぎない。つまり、たとえ一年間の競業禁止特約であろうと、最も生産的かつ革新性に富んだ立ち位置を見出そうとする技術系の被用者がいる一方で、当該地域において最も有為な人材の獲得を目指すベンチャー企業にとっては、実質的な制限以外の何ものでもない。

したがって、アメリカの裁判所が、競業禁止特約によって課される制限について再考するならば、過去の歴史の重みにかかわらず、こうした特約は、不当な競争制限であって、一人ひとりの労働者が生計を立てることを制限するものであり、ひいては経済全般にわたって損失をもたらすおそれがあり、正当性を欠くがゆえに、否定されるべきものであろうとされる。この点について換言すれば、競業禁止特約を肯認する裁判所は、そうすることが賢明であるか否かにかかわりなく、今日の経済社会とは大きく異なった時代の諸ルールを適用しているとされる。

実際のところ、競業禁止特約は、かつての封建時代の産物であり、労働者らにはほとんど権利が認められず、およそイノベーションが経済の主役ではなかった時代に起源をもつことについて、論争する余地はなかろう。すなわち、競争禁止特約は、地域のギルド（guild）の独占を守るためにイギリスにおいて出現をみる一方で、産業化の時代の幕開けとともに、労働市場を規制するに至ったことは、明らかである。[24] すなわち、競業禁止条項は、被用者や技能を習得するために、契約して一定期間、親方のもとで働くいわゆる徒弟（apprentice）の移動を制限するために、一七〇〇年代後半までにイギリス法のもとで用いられた、いわば普遍的な契約手法の一つにほかならない。[25] 換言すれば、競業禁止条項はイギリスにおいて、力関係において強い立場に立つ使用者が裁判所といわば一体になって、こうした特約条項などを用いて競争を妨げ、既存の事業者が新参者の市場参加者に対して不当に競争優位に立つことを担保するために用いたものである。もとより、こうした労使の力関係の不均衡は、その当時のイギリスの歴史においては、とくに驚くようなものでもない。つまり、創造的な起業家精神というような概念は、せいぜい産声をあげた段階にすぎないのである。例えば、イギリスの著名な法学者であるブラックストン（Blackstone, Sir William）によれば、被用者が富の生産において果たす労働というものは、使用者により所有される、一種の財産にほかならないという理由に基づいて、競争禁止の制限を擁護した点が注目される。使用者からその被用者を誘惑したという訴訟原因に対して、ブラックストンの指摘によれば、次のようである。

すなわち、「こうした法理のすべてがよって立つところの理由や根拠としては、誰であれ、家事労働から得られる、つまり、雇用契約によって得られ、賃金の支払いの代価として得られる財産であるように思われる。[26]」

こうした時代錯誤のような歴史について述べるのは、今日のアメリカ経済とは大きくかけ離れた時代に、競業禁止特約の起源があることに焦点を当てることが大事であると思われるからである。もとより、使用者がその被用者をあたかも自己の所有物のようにみることについては、承伏できるものではないが、そうした契約が当時は正当化されていたことも、あながち否定できない。

しかしながら、競業禁止契約が内包する問題性は明らかであって、創意に富んだ被用者は、階層的でスピード感に乏しい会社組織において、成果をあげることに困難を感じるであろうし、新たな発明を追求するために新たな会社を立ち上げたいと思うのはもっともなことである。しかし、使用者が、雇用契約のなかに定型的な競業禁止特約を盛り込むことにより、企業が競争的とみなすいかなる活動からも、被用者は少なくとも一年間は、排除されるわけである。その結果として、被用者は、その能力や才能に見合わないか、あるいは経験をしたこともないような仕事につくことを余儀なくされる。とはいえ、能力や才能が豊かな被用者にとっては、たとえ一年であれ、その間待たされることは、時間の浪費以外の何ものでもなく、競業事業を立ち上げる前に一年間、何もしないで過ごす資力をもつような被用者は、そう多くはないであろう。こうして、以前の使用者企業は、当該競争分野において独占状態を維持するか、あるいは少なくとも競争相手の数を減らすことができる。

問題は、元の使用者の事業規模や事業範囲により、状況がより悪化することである。すなわち、広範囲に事業活動や研究開発を展開する巨大な多国籍企業が、技能などをもった被用者らを足止めするために、広範な内容の競業禁止契約を用いるような場合、被用者が禁止される活動範囲は、理論的にみてきわめて大きいものがある。この点、例えば、マイクロソフト社（Microsoft）の例を挙げるならば[27]、ある被用者が、マイクロソフト社を退職して、新たに創意に富んだ操業を開始しようとするときに、同人は、おそらく同社のグローバルな研究開発や創意に富んだ企業活動について、その全体像を知らないであろう。この点、仮に中国やヨーロッパにいるマイクロソフト社の被用者らが、ワシントン州にいる以前の被用者が事業遂行を望むのと同じ地域において、ブレーン・ストーミング会議をもったり、研究開発について思案するならば、当該以前の被用者は、同社と競業しないようにされるべきであろうか。また、当該被用者が、マイクロソフト社とは競業しないと信じる事業に沿って事を始めるが、同人が知るよしもない遠隔地の事業所において会社が同じアイディアに基づいて稼働していることを知っているにすぎないならば、どうであろうか。さらに、世界的に最も強力な会社の一つであるとはいえ、その被用者らが当該会社以外においてイノベーションを推進することを阻止するために競業禁止特約を用いることにより、かつてその会社が反トラスト法違反の理由でアメリカ司法省により訴追されたような場合は、どうであろうか。また、同国司法組織は、どのような理由で、マイクロソフト社がそのような行動をとることを許容すべきであろうか[28]。しかしながら、競業禁止特約は、一定期間にわたり競争を明らかに妨げるものであるだけではなく、将来の競争からも当該被用者を遠ざけるために、ある意味で経済的制裁をもたらすことを意図したような特約である。[29] そして、そうした制裁条項が及ぶ範囲には、限界がないように思われる。すなわち、極端な場合には、退職後の一定期間、被用者らが創り出すいかなるものも、当該使用者企業の財産として所有する旨の誓約を、使用者により被用者は求められてきたのである。[30]

問題であるのは、例えば、最初の会社が、被用者の競争する権利を署名して放棄させたという理由だけで、ある使用者がほかの使用者より有利な立場に立つという法理は、原理的にも正当化されるものかどうかである。つまり、ある州において、一つのアイディアを最初に実行に移すことが、その最初の仕事で働く者らが新規かつ別の企業で、同じようなアイディアを実行に移すことを阻止すべきものであるのかどうかについて、説得力のある理由づけを見出すことは難しい。この点、競業禁止特約は、トレード・シークレットの不正目的使用（misappropriation）を妨げるという主張もあるが、こうした主張は、交通事故を防ぐ方法は自動車を禁止することであると主張することに、似ているように思われる。すなわち、少数の者が、トレード・シークレットを奪い取ることを妨げるために、競争相手になる可能性のあるすべての者に対して、ある意味で制裁を課するようなことは、過度に広範にすぎるものであって、まったく合法的な競争でさえ阻止することを求める者らだけに役に立つにすぎない。

すでに述べたように、アメリカにおいてカリフォルニア州は、二つの例外の場合を除いて、競業禁止契約を公然と禁止する州である。[31] また、そうした競業禁止契約の裁判上の強制が難しい州がいくつかある。[32] しかし、大多数の州では、一年間またはそれ未満であれば、競業禁止特約は許容される。これらの州に対して、元の使用者企業が以前の被用者を幅広く制限することを容認する州として、例えば、オハイオ州が挙げられる。[33] しかし、同州のようなルールは、ベンチャー指向のイノベーション社会の発展に対して大きな障害となるであろう。

一方、カリフォルニア州の例にみられるように、競業禁止特約を禁止することは、以前の被用者により多くの自由を与えることに加えて、明らかに経済的利益をもたらす可能性が高いとされる。複数の会社が同じ問題に取り組むことによって、最も可能性が高い解決方法をもたらすであろう。また、一般の消費者は、競争が増すことにより価格面で恩恵をこうむりやすい。また、ある一つの分野において活動する会社が多ければ多いほど、一つの会社が活動するより、所期の目標を追求するに従って、ますます多くのアイディアや発明を副産物として生み出す可能性がある。

思うに、競業禁止契約は、今日とは異なり経済活動があまり活発ではなかった時代、すなわち、大土地所有者や工場主が全権を握り、小さいが、革新に意欲的な会社が、経済の主役ではなかった時代の産物であることは、明らかである。競業禁止契約を廃止する方向へ立法府が動くことは、難しいかもしれないが、必ずしも論外とは言い切れない。[34] この点、使用者との関係において交渉力をもつ被用者は、競業禁止契約に署名することを拒否しうる一方で、被用者の移動から得られるものの方が、より狭い事柄に優ることを知る賢明な事業経営者は、競業禁止契約を適用しないでおくこともできるし、イノベーションを妨げるこうした伝統的な競業禁止契約にみる被用者に対する手枷足枷に対しては、新たに創造的な挑戦がなされるべきであると思われる。

2　引抜き禁止特約について

次に、引抜き禁止特約は、すでに述べてきた競業禁止特約と密接に関連しており、似たような問題を抱えている。すなわち、引抜き禁止特約は一般的に、競争制限条項の特別類型として、典型的には、(1)元の使用者の顧客らと一定期間、通常は一年間、接触すること、(2)以前の同僚を一定期間、通常は一年間、雇い入れることまたは雇い入れを図ること、あるいは以前の同僚に、転職を勧誘することを妨げるものである。

こうした引抜き禁止特約は、トレード・シークレットに関する制限より、その範囲が広いといえる。すなわち、引抜き禁止特約は、元の使用者企業がトレード・シークレットとして個々人の同一性を主張するかどうかにかかわりなく、以前の被用者が個々人と接触を図ること自体を禁止するものであるからである。換言すれば、たとえある顧客が元の使用者のトレード・シークレットにあたらないとしても、以前の被用者は、引抜き禁止特約により、当該事業のために必ずしも秘密とはされていない顧客と接触をもつこと自体が、妨げられるのである。

顧客の引抜き禁止についていえば、そうした特約は、独占的かつ範囲が広すぎるきらいがある。しかし、仮に、顧客が、むしろ以前の被用者と事業を行うことを好むか、あるいは少なくとも競争価格を示すよう求めるものの、以前の被用者がすでに退職し、新たな事業を起ち上げたことを知らないならば、どうであろうか。別の企業が最初に目的を遂げたという理由だけで、会社が承諾を得ているにもかかわらず、一緒に事業を行うことができない場合、何か妥当ではないように思われる。一方、競業禁止特約一般についていえば、こうした契約は、価格が低下すればするほど、顧客に対してより良いサービスを提供し、最も生産性があげられると思われる場合に、会社が一緒に事業経営するのを可能にする競業を制限するように思われる。

すでに、しばしば述べてきたように、カリフォルニア州は、競業禁止契約の廃止に先鞭をつけた州である。この点に関連して、例えば、二〇〇三年のトムソン対インパックス事件判決では、以前の被用者が元の使用者企業の秘密ではない顧客と接触をもつことを妨げる限り、引抜き禁止条項は、無効とされた(35)。

また、以前の同僚の引抜きを妨げる競争制限特約についていえば、イノベーションを制限するものであることは、明らかである。起業家精神に基づいて新たに起業される会社は、どこかほかのところで一緒に働いてきた仲間らにより、しばしば設立される。会社の創業者が、全力をつくして働くことができる、以前の同僚と接触することができないとするならば、元の使用者企業に利益をもたらすだけであろう。被用者らが退職の誘いに乗る多くの場合において、元の使用者企業は、業績などが下に傾き、組織も階層的で、例えば、被用者発明家らに対してほとんど金銭的に報いることができないか、あるいはそうした企業の経営では、被用者の処遇もよくないと思われる。生産性に乏しく、またはスピード感の乏しい使用者企業に代わって、より良い賃金、報酬を得る機会を求める元の同僚を仲間が引抜くことを妨げるような被用者引抜き禁止特約は、既存の企業を有利な立場に立たせるほかに、なんら合理的な理由は見出し難い。(36)思うに、このような被用者引抜きが何か違法な手段を用いて行われるものではない限り、以前の被用者が元の同僚と接触すること自体を妨げる契約の法的拘束力には、疑問が残る。

3　競業の準備行為について

次に、競争の諸制限が減らされるならば、創造力のある新たな会社の成長が促される別の法分野として、会社退職を予定して、取締役など会社に対して高度な忠実義務を負う者（受認者）らがその事業主と競争するために準備を行うことにかかわる分野がある。すなわち、新規の事業は、以前の仕事のうえで会社の取締役や役員であった者らによって設立されることが少なくない。(37)もとより、会社の取締役など高度の忠実義務を負う者らは、普通の被用者より大きな義務を負うことはいうまでもないが、こうした高度の忠実義務を負う者らは、その忠実義務に違反することなく、実際に退職する前に、来るべきベンチャー起業のために、どの程度まで計画に沿って準備を進めることができるのか、法律上問題となる。

この点、競業の準備をめぐるアメリカの判例法は、競業禁止契約に関する法とは異なり、取締役などが、退職前に新会社の計画を立てること対して、おおむね好意的な態度をとってきたといわれる。もとより、こうした裁判例は、僅かであり、散見されるにすぎないが、裁判所の判示によれば、高度の忠実義務を負う者らは、その退職前に、次の事業のために基盤を整えること、(38)会社設立のための書類を提出すること、(39)資金調達をはかることが可能とされる。(40)また、こうした高度の忠実義務を負う者らは、引抜きにかかわらない限り、他者にその計画を打ち明けたりもする。(41)とはいえ、引抜きに関していえば、会社を退職する予定の高度の忠実義務を負う者らは、仕事仲間との話し合いのなかで計画を推し進めることも少なくないことから、リスクをともなうところである。しかしながら、仲間と計画を進めることと、潜在的顧客またはほかの同僚に引抜きをかけることとの違いにかかわるような法は、円滑に発展をみていないとされる。少なくとも裁判所の指摘によれば、仲間と計画を進めることは、許容されるということであったが、取締役なども許されるかどうかについては、必ずしも定かではない。(42) また、新会社の設立が予定される際に、高度の忠実義務を負う者らが引き起こす問題として、当該使用者の事業に関係する新たな技術の発明であったり、あるいは次の事業に着手するために実質的に会社の資源を用いるようなことがある。(43) しかし、すべての被用者と同様に、高度の忠実義務を負う者らも、会社退職後に秘密ではない情報を再度使用できることはいうまでもない。(44)

こうして、裁判所がイノベーションの促進に向けて、会社を退職する高度の忠実義務を負う者らに、ある意味で共感を寄せてきたのは、競業の事前準備の領域であるとされる。かくして、裁判所による好意的な判決により、会社を退職する予定の高度の忠実義務を負う者らに対する過度に広い、あるいは取るに足らないような訴訟を妨げるために、統一的なルールの形成が可能とされる。

4　不可避的開示の法理について

アメリカの統一トレード・シークレット法（Uniform Trade Secret Act: UTSA）のもとで、州レベルのトレード・シークレット法は、以前の被用者による非公開情報の使用について、少しはバランスのとれたアプローチがなされているとされる。とはいえ、問題は、トレード・シークレット法は実際上、法律の条文とは大きくかけ離れて運用がなされていることである。すなわち、イノベーション社会にとって大きな脅威をもたらすのは、法律の条文というより、むしろトレード・シークレット訴訟における実際の争われ方である。すなわち、アメリカにおいては、従来、きわめて多くの操業を開始したばかりの企業が元の使用者企業により標的とされ、当該事件を取り扱う裁判所は、理解不足によるものか、あるいはその干渉により、過度に広く絶えず変化するトレード・シークレットの訴えに巻き込まれてきたといわれる。そこで、トレード・シークレット法は実際に、いかにイノベーションを阻害するものであるのかを議論し、革新に意欲的な被用者の移動を擁護する立場から、同法が実際に抱える次のような三つの問題点について検討したい。

まず第一に、トレード・シークレット法のもとで、イノベーションにとって、唯一最大の脅威は、いわゆる「不可避的開示（inevitable disclosure）」の法理である。すなわち、企業のトレード・シークレットが用いられるおそれがあるという理由に基づいて、以前の被用者が競争相手のところで働くことを止めさせるために、元の使用者が差止命令による救済を求めるわけである。しかしながら、こうした不可避的開示の法理に基づく差止命令は、実際には、なにも不正目的使用を行わなかった以前の被用者に、ある意味で制裁を課するようなものであって、あたかも裁判所により創られた、いわばあとづけの競業禁止特約にほかならない。かくして、書面による競業禁止契約が結ばれていたかのように、「不可避的開示」の法理に基づく裁判所の差止命令は、新たな競争相手企業より、最初に事業に着手した企業を有利な立場に立たせるように思われる。

不可避的開示をめぐる訴訟は、いかに機能するかについては、すでに述べたが、ほとんどすべてのそうした事例において、元の使用者は、被用者が競争相手企業を設立するか、あるいは競争相手の事業に従事したことを見つけ出して、裁判上以前の被用者を不正な盗人として描き出してきたわけである。

第二に、以前の被用者がおよそアクセスしたこともないか、あるいは元の使用者が、とりわけ特許権や著作権の分野において、排他的権利を主張できず、すでに一般公衆の自由な利用が可能な状態に置かれた情報に基づいて、トレード・シークレットの訴えがなされてきた。この点、以前の被用者は多くの事例において、より望ましい仕事、より好ましい発明の機会、自分の家族を支えるためのより大きな報酬を求めたにすぎないのである。

第三に、以前の被用者が、新たな使用者の事業に携わるため、市または州の間を移動することにより、裁判手続きにおいて蚊帳の外に置かれるにすぎないような事例もあるとされる。いずれにせよ、裁判結果には、不確実性がともなうのみならず、元の使用者企業により権利を侵害する行為について証拠の提示がなされないままで、トレード・シークレットを不正目的で使用する者として、名誉が毀損されるおそれがあるのである。

すでに述べてきたことを踏まえて、グレーヴズらは、競業禁止契約にかかわって、過度に広範な制限を課するものとして、裁判所は、「不可避的開示」の法理を直ちに否定すべきであるとする。(45) 仮に、元の使用者企業が、権利を侵害する行為について何の証拠もなく、当該被用者が競業関係に立つことを妨げる機会をもち、当該被用者に攻撃を仕掛け、差止命令を申し立てるために、弁護士を雇うことだけで、そうすることができるのであれば、結果として、イノベーションや被用者の移動に逆行するおそれがある。

すでに述べた「不可避的開示」という呼び名は、比較的に新しいものであるが、歴史的にみれば、同法理は、一八九七年にまで遡ることができるほど長い歴史をもっているとされる。(46) とはいえ、カリフォルニア州は、長い間、同法理を認めてこなかったが、(47) 一九九五年の有名な第七巡回区裁判所判決において、新たな展開をみせたとされる。(48) しかしながら、アメリカの裁判所は、不可避的開示による差止命令の申立てに対して、必ずしも一貫した態度をとってきたわけではない。(49) いうまでもなく、裁判所は、そうした差止命令に判断を下すにあたり、同法理の適用について慎重を期さなければならない。

5　トレード・シークレットについての主張の変更について

次に、トレード・シークレット法におけるより一般的問題として、トレード・シークレットに関する主張が、過度に広範かつしばしば変更されるということがある。この点、原告側において、無頓着によるものか、それとも熟慮のうえでの訴訟戦術によるものか、判然としないが、実際のトレード・シークレットに関する主張を、明らかに秘密とされていないような広い概念のなかに潜ませておくようなトレード・シークレット訴訟が多くみられるとされる。しかし、こうした原告側の訴訟戦術は、時として小さな操業を開始して間のない被告側に、過度に広い原告側の主張を弱めるためだけに調査を行うのに、費用のかかる専門家を雇わせようとするものといえる。

すでに述べたことに関して、被告が保有あるいは使用している知識・情報が原告側のトレード・シークレットと同じものかどうかについて、数多くのトレード・シークレット訴訟においては、原告側が安易にそのトレード・シークレットについての主張を変更するところに、その特徴がみられる。その結果として、被告側は、攻撃目標が定まらない状態で延々と戦う羽目に陥ることになる。すなわち、被告側が当初の主張に対して反証を挙げることができる場合に、原告側が訴訟方針を変更し、トレード・シークレットについてまったく異なる別の主張を行うような場合である。例えば、原告側が、顧客リストに基づく主張から技術上の主張へ、その主張を変更する場合のほかに、ハードウェア・ベースのトレード・シークレットの主張からソフトウェア・ベースのトレード・シークレットへの主張に、その主張を変更するような場合である。しかしながら、いずれの場合であれ、被告側は、原告側の当初の主張の弱点を立証するために時間とお金を費やして、再度やり直しをしなければならないのである。また、いずれの場合であれ、原告側は、往々にして強力な既存の会社である一方で、被告側は、小さなベンチャー企業であることが少なくない。

こうした問題が生じる背景として、原告側のトレード・シークレットに関する主張は、以前の被用者を計略にかけるために、しばしば原告側により、いかにも事後的に作りあげられるものであって、原告側が会社の知的財産として事前に記録に残し、被用者が退職する前に秘密として守るほどの価値もないものであるということを、裁判所が見抜くことが難しいことがある。こうして、著作権、商標権、特許権とは異なり、記録されたり、積極的に登録などはされないが、一応知的財産としての形をとるトレード・シークレットに関する主張は、合法的な競争の制限を求める者らにより、あまりにも安易に操作されがちであるといわれる。

そして、裁判所がこのような問題に取り組むために、次のような二つの対応が考えられる。すなわち、まず第一に、裁判所は、近時のカリフォルニア州の裁判所の先例に従って、トレード・シークレット訴訟の原告側に、訴訟の途中に新たなトレード・シークレットの主張に加えて、「十分な理由（good cause）」を証拠によって裏付けることを求めるべきであるとされる。(50) もとより、トレード・シークレット訴訟の原告側には、特に開示手続きが最終段階に近いような場合、自由にその主張の変更や追加をすることは認められるべきではなかろう。

第二に、仮にトレード・シークレットに関する主張が強くないとしても、封建的な色彩が残存する義務を被用者に負わせるより、むしろトレード・シークレットが財産権としての知的財産権であることを認める一方で、裁判所は、トレード・シークレットの主張に対して、懐疑的な態度をとる方がよいとされる。また、トレード・シークレット法は、元の使用者から習得した知識・情報が用いられることを避けるために、以前の被用者に一連の義務を負わせるものとして捉えられる。しかし、こうした見方とは対照的に、財産ベースのアプローチとして、例えば、当該知識・情報はすでに当該取引において知られており、被用者は自由に使用できることを立証し、財産権である旨を論破することにより、以前の被用者は、当該主張を打ち負かすこともできる。

要するに、元の使用者企業は、過度に広範なトレード・シークレットの主張を行うだけではなく、反競争的な訴訟戦術として、しばしばその主張を変更するものであることを承知しておくことは、独創的な企業の成長・発展に向けた法実践を指向する際に、重要であると思われる。

6　訴訟戦術と訴訟手続上の要件について

イノベーションを制限するおそれのあるトレード・シークレット法は実際において、次のような三つの訴訟手続上の問題を抱えているとされる。すなわち、第一に、裁判所や当該被告が、問題は何なのか分かるように、トレード・シークレット訴訟の原告は、トレード・シークレットに関する主張の詳細を実際に説明しなければならないのかどうか。第二に、アメリカにおける統一トレード・シークレット法のもとで、四〇州を超える州裁判所は、退職被用者にねらいを定めた伝統的なコモン・ロー上の主張に先んじて、各州レベルでのトレード・シークレット法を用いるべきかどうか。第三に、トレード・シークレット訴訟の原告側は、被告側がどのような情報を知りながら盗み取ったとして訴えられているのかを知ることを妨げるために、いわゆる開示制限命令（protective order）を用いることができるのかどうか。

まず、トレード・シークレットに関する主張の同一性について、当該被告が最大可能な防御を尽くすことを妨げるために、原告側は、当該トレード・シークレットに関する主張の詳細な開示を回避することを求めるという問題がある。当該主張について詳細を正確に知らない被告は、一般公衆の自由な利用が可能な公有に属するものであることを指摘し、別個独立に派生したものであるとか、あるいは当該秘密について既存の知識・情報であることを、必ずしも常に立証することができるわけではない。一方、裁判所も、当該主張はいったい何かを知らない場合、正式事実審理を経ないで行われる判決（summary judgment）において、およそ説得力のある判決を下すことができないであろう。

この点、カリフォルニア州だけが、開示手続を始める前に、トレード・シークレット訴訟の原告にその主張について同一であることを求める制定法を有している。しかしながら、同州の制定法のもとでも、原告は当該秘密の主張について、きわめて具体的に理由が明確な程度に同一性を明らかにすることは必要とされないとされる。それゆえに、当該被告は、原告に対する質問書（interrogatories）を通して、完全な同一性の確認が求められる。[51] この点、当該事件の早期の段階で同一性の確認を求める州裁判所がある一方で、多くの州裁判所は、当該事件の進捗状況に応じて、同一性の確認を求めるとされる。[52] しかし、公有に属する情報に対して、原告の主張を正確に評定するために必要な程度に正確さを要求したり、完全な同一性の確認を抑える揺さぶり戦術を認めるような裁判所は、ほとんどないとされる。

この点、ソフトウェアのトレード・シークレットに関する主張の同一性の確認を原告ができなかったことを鋭く批判した例外的事例として、第七巡区裁判所の判決が挙げられる。[53] こうして、トレード・シークレット訴訟の当事者は、なぜ完全かつ明確な同一性の確認が必要とされるのかその理由について、むしろ早い段階で、裁判所に対して、知らせるべきであるとされる。

次に、アメリカの統一トレード・シークレット法のもとで、コモン・ローに関する主張が優先されるのかどうかについて、トレード・シークレット訴訟の原告は、例えば、不正競争、横領、不法な妨害のような複数の名目を掲げて、トレード・シークレットの主張を訴えることにより、制定法上防御に都合のよい側面を回避しようとすることが少なくない、という問題がある。とはいえ、裁判所は、おおむね統一トレード・シークレット法上の専占条項（preemption clause）のもとで、そうした主張を禁止してきたとされる。[54] しかしながら、一応マル秘とされているにもかかわらず、トレード・シークレットの水準に達していないような情報の範疇があり、若干の裁判所は、トレード・シークレット訴訟の原告により欺かれることもあったとされる。[55] こうした訴訟戦術は、単なる言葉あそびにすぎず、「トレード・シークレット」という文言の代わりに、例えば、「内密の」とか、「財産的に価値がある」というような類似の文言を用いることにより、制定法の適用を回避したり、あるいは秘密ではないにもかかわらず、元の使用者企業は、被用者が用いることを妨げるために情報をめぐって訴えを起こそうとする。これに対して、裁判所は、理由を付した判決により、何のためにこうした現実性の乏しい戦術をとるのかを見極めて、統一トレード・シークレット法上の専占条項のもとで、そうした戦術を拒否すべきとされる。(56) そして、州レベルの裁判所は統一トレード・シークレット法のなかで、非公開の事業上の情報の誤用を主張する、すべての不法行為訴訟上の請求は、当該制定法のもとでのみ法廷で争われるべきであるとされる。

さらに、被告人が奪い取ったという理由で訴えられている当該情報を同人が確かめることを許すかどうかについて、トレード・シークレット訴訟の原告が当該秘密を同一とみなすときでも、単に「弁護士の目線」だけで、開示の濫用から保護するために発せられる開示制限命令のもとで、そうすることが典型的にみられる、という問題がある。こうして、不法な行為者として訴えられた者は、故意に奪い取ったという理由で訴えられている当該情報について、精査することは禁じられる。しかしながら、これは、例えば、一般公衆の自由な利用が可能な情報源であることを指摘したり、あるいは以前の使用者企業に従事する前に当該情報についてはすでに知っていたような場合、当人が前述のようなことを行ったという理由で訴えられたことに最大可能な反論を加えることを妨げるものである。

そこで、訴訟当事者は、不法な行為を行ったとして訴えられた者が、当該秘密のリストにアクセスすることを許す文言を開示制限命令に挿入し、仮に当該原告が拒否するならば、強制的にアクセスできるよう申立てをなすべきであるとされる。これに対して、トレード・シークレット訴訟の原告側は、当該被告が当該情報を取得するおそれがある旨を主張することにより、時として開示制限を擁護しようとすることがある。しかし、当該被告側は、まさに同じ情報を奪取かつ使用したという理由で、すでに訴えられていることを考慮するならば、そうした主張は、あまり意味をなさないと思われる。

以上、グレーヴズらによると、イノベーション社会の発展を促進するにあたり、競業禁止特約を廃止することと同じように、トレード・シークレット法における訴訟手続の見直しが、重要であるとする。(57)

いずれにせよ、トレード・シークレットをめぐる訴訟は、以前の使用者企業が進んで何らかの主張を行い、また、その主張をしばしば変更することにより、事業を始めたばかりの小さな競争相手企業を必要以上に消耗させるような戦いにおいて、反競争的な戦いの武器となる危険性をはらむ可能性があるのである。

四　競業禁止特約の検討課題

すでに述べてきた議論を踏まえてみると、過度に制限的な被用者移動の法的枠組みはアメリカにおいて、ベンチャー資金に裏付けられたイノベーション社会の発展を阻害するのではないか、ということが懸念されている。しかし、何はともあれ、すべての理論は厳密に検証されなければならない。そのため、結論を導き出すうえでも、競業禁止特約に限っていえば、次のように、検討を要する二、三の問題が残されている。すなわち、(1)競業禁止特約が合法とされる州において、ハイテク事業のどのぐらいの割合で、実際上、雇用契約のなかに、そうした特約が盛り込まれているのか。(2)競業禁止特約が合法とされることで、技能などをもった被用者らが禁止特約に服する州において、被用者らは、訴訟沙汰を回避するために転職する場合において、どれぐらいの割合で、職域の変更を余儀なくされるのであろうか。また、そうした職域の変更は、被用者のもつ技能、知識、経験の活用に対してマイナスに働くであろうか。(3)競業禁止特約が合法とされる州において、元の使用者は、どれほどの頻度で、競業禁止特約の法的強制を求めるのであろうか。また、新たに起ち上げられた事業に対する、そうした禁止特約にかかる訴訟コストはどうであろうか。

五　結びにかえて

以上、アメリカにおける被用者の移動ルールの効用をめぐる議論と被用者の移動の法的枠組みをめぐる議論から、トレード・シークレット法のもとでの競業禁止特約のあり方をみてきた。

とりわけ、アメリカにおける競業禁止特約は、今日とは隔世の感のあるイギリス中世の封建制に由来するものであって、被用者らの移動の自由や被用者らのベンチャー企業の起ち上げと両立することは、容易ではない。また、同国におけるトレード・シークレット法のもとで、事後的に、書面で契約の締結もされていない競業禁止契約を元の使用者らに探るに任せることにより、操業を始めたばかりの競争相手企業は訴訟リスクを負わされる。いずれにせよ、トレード・シークレット法は、イノベーション社会の持続的発展に影響を与える可能性のある重要な法律であり、アメリカのほとんどすべての州において、使用者企業のトレード・シークレットを守るための競業禁止特約に関する裁判例に実質的な見直しが求められてきたのである。

ひるがえって、わが国における不正競争防止法において保護されるトレード・シークレットと競業禁止特約との関係について再考してみると、すでに述べたように、グレーヴズらの主張にみる競業禁止特約の廃止論に倣うことが唯一絶対に正しい道であるとは思われない。が、今日とは大きく異なる時代においてあみ出された競業禁止特約が、果たして実践的で創意に富んだ被用者を保護して、わが国におけるイノベーションの活性化に真に役立つものかどうか、あるいは元の使用者の特定の利益を保護するほかに、何の理由もなく、何よりも以前の被用者らによる競争を制限するためにのみ機能しないかどうかについて、競業禁止特約のあり方を批判的に検討することが求められる。

最後に、わが国において、競業禁止特約を直ちに廃止する方向へ法改正を求めることは難しい。が、世界はグローバル化し、急速に狭くなり、経済社会の変化も激しいなか、イノベーション社会をさらに発展させるために、結論として、競業禁止特約の見直しの方向として、イノベーションを推進するうえで競業禁止特約を必要最小限度に縮減する方向で、そのあり方を見直す必要がある。すなわち、競業禁止特約が有効であるかどうかについてはケース・バイ・ケースで判断がなされるわけであるが、契約の有効性の評価判定にあたっては、次のような諸点を考慮に入れるべきである。まず第一に、競業禁止について、当該企業に特有の技術、ノウ・ハウ、顧客情報などを含めて、使用者において保護すべき正当な利益があること。第二に、禁止の対象となる競業の範囲が限定されていること、第三に、例えば、企業在職中にトレード・シークレットに触れることが可能な被用者など、競業禁止の対象となる被用者らの範囲が限定されていること。第四に、使用者企業が営む業務の性質、規模のほか、被用者がもつ知識・情報、経験、技能により、競業を禁止する範囲が地理的に限定されていること。第五に、競業禁止の期間については、技術の進歩は絶え間なく、時間とともに、その価値も薄れていくものもあることから、きわめて限られた期間であること。第六に、競業禁止に対する代償の有無。第七に、社会公共の利害。

いずれにせよ、こうした考慮されるべき諸要素から想い浮かんでくることは、イノベーションを通じて、世の中の進歩向上のために、被用者らは、使用者企業との関係において競業禁止契約に署名することを拒否することができるぐらいに交渉力をもてるよう、被用者一人ひとりは、イノベーションを導くために、強い起業家精神をもって、斬新な知識・情報、技術、そして経験を、より一層自分のものにして、自力を高めることが求められる。

注

(1) 一九九五年に公布・施行された科学技術基本法に基づき、政府が二〇一一年に定めた二〇一五年度までの「第四期科学技術基本計画」において、わが国のイノベーション政策推進が掲げられた。わが国を始め主要国にとって、成長戦略をいかに描き、実現していくかが大きな課題であるが、その肝心かなめのところは、技術革新すなわちイノベーションの中身である。

(2) 奈良地判昭四五・一〇・二三下民集二一巻九・一〇号一三六九頁、判時六二四号七八頁、労経速七四五号四頁。裁判所は本件において、「一定の範囲において競業を禁ずる特約を結ぶという形で被用者の移動に課される制限は、いわゆる営業上の秘密として営業の自由とならんで共に保護されるべき法益として、当該契約の競業の制限が合理的な範囲を超えていない限り、当該契約は無効と言うことはできない」とした。

(3) もとより、トレード・シークレットを正面から保護するアメリカと、不正競争行為という不法行為の特別の行為態様を規制することにより、結果としてトレード・シークレットを保護するというわが国とでは、それぞれトレード・シークレットの保護の仕方には違いがある。とはいえ、持続的経済成長は、イノベーションから生まれてくるものである、という点では一致している。

(4) *See*, Charles Tait Graves and James A. Diboise, *DO STRICT TRADE SECRET AND NON-COMPETITION LAWS OBSTRUCT INNOVATION?*, 1 Entrpren. Bus. L.J. 323 (2006).

(5) *See*, Lisa Lerer, *'DotCommunist' Protects Free Software Frontier*, THE RECORDER, Feb. 21, 2006, at 3. ちなみに、モグレン (Eben Moglen) 教授は、すべての知的財産の法的規制の撤廃と自由なソフトウェアの開発の促進を求める。

(6) *See*, Catherine L. Fisk, *Knowledge Work:New Metaphors for the New Economy*, 80 CHI.-KENT L. REV. 839, 862-63 (2005). フィスクは、現在の発明の譲渡ルールについて、被用者発明家に、共同所有名義のような形をとる制度に改めることを求める。

(7) *See*, ANNALEE SAXENIAN, REGIONAL ADVANTAGE: CULTURE AND COMPETITION IN SILICON VALLEY AND ROUTE 128, 31-37, 41, 60-78 (Harvard Univ. Press 1996). 本書では、より自由な情報の流れを含めて、シリコン・ヴァレーとボストンの一二八号線沿いの地帯の違いについて検討がなされている。*See*, Ronald J. Gilson, *The Legal*

Infrastructure of High Technology Industrial Districts: Silicon Valley, Route 128, and Covenants not to Compete, 74 N.Y.U.L. REV. 575, 594-619（1999). ギルソンによると、シリコン・ヴァレーが相対的に成功をみたのは、トレード・シークレットと被用者の移動に関する法的枠組みについて、より制限が少ないことにあるとする。

（8） *See*, Gilson, *supra* note 7, at 607-09. カリフォルニア州のビジネス・プロフェッションズ規程の第一六六〇〇条（CAL. BUS. & PROF. CODE § 16600）について議論がなされている。

（9） *See*, *id.* at 621. トレード・シークレット法にかかわらず、シリコン・ヴァレーで働く被用者の間では、情報が広く拡散している旨指摘する詳細な研究が公にされているとする。*See*, Yuval Feldman, *Experimental Approach to the Study of Normative Failures: Divulging of Trade Secrets by Silicon Valley Employees*, 2003 U. ILL. J.L. TECH. & POL'Y 105.

（10） *See*, Gilson, *supra* note 7.

（11） *See*, Kristina L. Carey, *Beyond the Route 128 Paradigm: Emerging Legal Alternatives to the Non-Compete Agreement and Their Potential Effect on Developing High-Technology Markets*, 5 J. SMALL & EMERGING BUS. L. 135（2001). アメリカ西海岸のハイテク地域において、被用者の移動を制限するために用いられる様々な法理論が述べられている。

（12） *See*, Fisk, *supra* note 6, at 857. フィスクによると、国や経済が工業および脱工業化して世の中が変化することにより、五〇年前に比べて、知的資源の重要性が増したとする。

（13） *See*, Jason S. Wood, *A Comparison of the Enforceability of Covenants not to Compete and Recent Economic Histories of Four High Technology Regions*, 5 VA. J.L. & TECH. 14（2000).

（14） *Id.*

（15） *Id.* 問題のブームの時代において、高度な技能をもった被用者らは、使用者らに競業禁止特約を用いない理由を説明できるような強い交渉力をもっていたとされる。

（16） *See*, Dan Seligman, *The Case for Servitude*, FORBES MAGAZINE, March 1, 2004, at 70.

（17） *See*, *Id.*

（18） *See*, David D. Friedman, William M. Landes, and Richard A. Posner, *Some Economics of Trade Secret Law*, 5 J. ECON. PERSP. 61, 69-70（1991).

（19） *See*, Graves, *supra* note 4, at 328.

(20) *See*, Ann C. Hodges & Porcher L. Taylor III, *The Business Fallout from the Rapid Obsolescence and Planned Obsolescence of High-Tech Product:Downsizing of Noncompetition Agreements*, 6 COLUM. SCI. & TECH. L REV. 3 (2005).

(21) 被用者の移動が拡大することは、世界中どこでも、イノベーションや技術が成長・発展を遂げる期間にみられる一つの特徴であるといえよう。

(22) *See*, Graves, *supra* note 4, at 329.

(23) *See*, *Id*.

(24) *See*, Harlan M. Blake, *Employee Agreements Not to Compete*, 73 HARV. L. REV. 625, 629-37 (1960). ブレイクは、ギルドを保護し、後に労働市場を規制することになる、イギリスの初期の判例法や競業禁止契約の発展について述べている。*See*, KAREN ORREN, BELATED FEUDALISM: LABOR, THE LAW, AND LIBERAL DEVELOPMENT IN THE UNITED STATES 71-76, 104-05 (Cambridge Univ. Press 1992). オーレンは、イギリスにおける封建制下の労働の階層秩序と、競業禁止特約などを通して、産業がいまだ初期段階にあった一九世紀のアメリカ法への移行について述べる。すなわち、一九世紀のアメリカにおけるマスターとサーヴァントの支配服従関係は歴史的には、中世社会の階層制の名残とされる。

(25) *See*, ADAM SMITH, THE WEALTH OF NATIONS 137-40 (Edwin Cannon ed., The Modern Library 1937) (1776). 本書では、労働者や徒弟に課されてきた様々な制限について議論がなされている。

(26) *See*, 1 WILLIAM BLACKSTONE, COMMENTARIES ON THE LAWS OF ENGLAND 417 (University of Chicago Press 1979) (1769).

(27) *See*, Graves , *supra* note 4, at 332. グレーヴズらによると、マイクロソフト社を離職しようとするものの、競業禁止特約の拘束を受ける被用者らのいくつかのグループに助言をするにあたり、マイクロソフト社は非常に広範に事業展開を行っていることから、被用者らは、一定の技術分野において競争関係に立つのかどうか知ることさえない、という問題を抱えていたとされる。

(28) マイクロソフト社の競業禁止特約をめぐる訴訟は、二〇〇五年に広く報道された。競業禁止条項に拘束される同社の被用者である李開復（Kai-Fu Lee）氏は、グーグル社の業務に携わったことにより、訴訟沙汰になった。

(29) カリフォルニア州の裁判所により無効とされたよく知られた裁判例としては、Muggill v. Reuben H. Donnelley Corp.

42 Cal.Rptr. 107, 108-09（1965）が挙げられる。本件では、以前の被用者がカリフォルニア州法のもとで競争相手企業に転職するならば、年金の支払いを打ち切るという条項について、無効とされた。

（30） *See*, Ingersoll-Rand Co. v. Ciavatta, 542 A. 2d 879, 895（N.J. 1988）. 本件では、合理性という理由から、雇用関係の終了後も被用者の拘束を継続する条項（holdover clause）の適用が拒否された。*See*, Armorlite Lens Co. v. Campbell, 340 F. Supp. 273, 275（S.D. Cal. 1972）. 本件では、カリフォルニア州法のもとで、競業禁止契約は許されないものとして、契約の終了後も発明の譲渡義務を負わせる条項は、無効とされた。

（31） *See*, CAL. BUS. & PROF. CODE § 16601（1997）. 本条は、のれんまたは会社株式の売買について定めている。*See*, CAL. BUS.& PROF. CODE § 16602（1997）. 本条は、パートナーシップの取り決めについて定めている。

（32） *See*, NCH Corp. Broyles, 749 F. 2d 247, 251（5th Cir. 1985）. 本件では、競業禁止特約は、ルイジアナ州における公序良俗にかかわる問題として、無効とされた。

（33） *See*, UZ Eng. Prod. Co. v. Midwest Mtr. Supply Co., Inc., 770 N.E. 2d 1068, 1080-81（Ohio Ct. App. 2001）. 本件では、小規模な取引において競業を妨げる、過度に広範な、二年間にわたる競業禁止や引抜き禁止特約が支持された。また、元の使用者の顧客であったかどうかにかかわりなく、使用者が、競争相手企業との関係で競争優位に立つために、以前の被用者が、元の使用者のもとで習得した、技術、経験、職業訓練を活用するのを妨げることについて正当な利益を有するとされた。

（34） *See*, Graves, *supra* note 4 at 333. グレーヴズによると、立法府は、政党がどうであれ、競業禁止条項の廃止に敏感に反応するであろうとする。そして、被用者の移動を促進することは、被用者と起業の促進の両方のためになるとする。

（35） *See*, Thompson v. Impaxx, Inc., 7 Cal. Rptr. 3d. 427, 429-32（Cal. Ct. App. 2003）. 本件では、秘密ではない顧客との接触を妨げる限り、雇用契約における顧客引抜き禁止条項は、無効とされた。

（36） 同僚の引抜き禁止特約がかかわる裁判例として、Hay Group, Inc. v. Bassick, No. 02 C 8194, 2005 WL 2420415, at 7（N.D.Ill. Sept. 29, 2005）が挙げられる。本件では、原告のグローバルな事業展開を考慮しても、過度に広範であるとして、特約は、無効とされた。*See*, Palmer & Cay v. Lockton Cos., Inc., 615 S.E. 2d 752, 756（Ga. Ct. App. 2005）. 本件では、特約は、支持された。

（37） 例えば、新たな会社を創業するために、退職する前に、被用者の一団が行動を共にすることについては、一般的に制限はない。*See*, ATC Distr. Group, Inc. v. Whatever it Takes Transmissions & Parts, Inc., 402 F. 3d 700, 716 (6th Cir. 2005). 本件では、ある会社の普通の従業員が、競争相手会社を設立するために、公然とまたは内密に、会合することができないのかどうか、その理由について原告から何の説明もなかった。*See*, The Fitness Experience, Inc. v. TFC Fitness Equip. Inc., 355 F. Supp. 2d 877, 892-93 (N.D. Ohio 2004). 本件では、計画的に、保険代理店、不動産業者、弁護士らと会合をもつなど、退職前に競業の準備を行った被用者に有利な正式事実審理を経ないでなされる判決が下された。しかし、問題は、高度な忠実義務を負う者が、同じように退職前に活動することが許される程度である。

(38) *See*, Midwest Janitorial Supply Corp. v. Greenwood, 629 N.W. 2d 371, 374-75 (Iowa 2001). 本件では、収納スペースについて不動産業者との接触、電話設備の価格調査、署名の打ち合わせ、コンピュータのハードウェアの調査が含まれる準備活動が許された。*See*, Mercer Mgmt. Consulting, Inc. v. Wilde, 920 F. Supp. 219, 234-35 (D.D.C. 1996). *See*, Dwyer, Costello and Knox, P.C. v. Diak, 846 S.W. 2d 742, 747 (Mo. Ct. App. 1993). 本件では、退職前に、事務所や、プリント設備を借りることが許された。*See*, Maryland Metals, Inc. v. Metzner, 382 A. 2d 564, 570-71 (Md. Ct. App. 1978). 本件では、州のビジネス委員会との相談、設備購入の銀行ローン申し込み、電力設備に関して電力会社との接触、重要な設備購入のために契約書への署名が許された。

(39) *See*, Instrument Repair Serv., Inc. v. Gunby, 518 S.E. 2d 161, 163 (Ga. Ct. App. 1999). 本件では、退職前に、新たな競業事業を会社組織にすることが許された。*See*, Venture Express, Inc. v. Zilly, 973 S.W. 2d 602, 606 n. 2 (Tenn. Ct. App. 1998). 本件は、前記事件と同じである。*See*, Fletcher, Barnhardt & White, Inc. v. Matthews, 397 S.E. 2d 81, 84 (N.C. Ct. App. 1990). 本件は、退職が許される前に、新会社の設立に踏み出した事案である。*See*, Zemitzsch, Inc. v. Harrison, 712 S.W. 2d 418, 422 (Mo. Ct. App. 1986). 本件では、退職前に、新会社の設立が許された。*See*, Parsons Mobile Prods., Inc. v. Remmert, 531 P. 2d 428, 432-33 (Kan. 1975). 本件は、前記事件と同じである。

(40) *See*, Greenwood. 629 N.W. 2d at 374-75. 本件では、次の別会社のために貸出限度額を探ることが許された。*See*, Maryland Metals, 382 A. 2d at 570-71. 本件は、次の別会社の投資家と接触することが許された事案である。

(41) *See*, The New L & N Sales & Mktg., Inc. v. Menaged, No. CIV. A. 97 4966, 1998 WL 575270, at 7 (E.D. Pa. Sept. 9, 1998). 本件は、信任義務を負う者が、退職後に顧客と会う約束の取りつけが許された事案である。*See*, Wilde, 920 F. Supp. At 235. 本件は、当該招待状の日付が退職した後の日とされていた場合に、引抜きのためにほかの被用者らを

晩餐会へ招待することが認められた事案である。*See*, McCallister Co. v. Kastella, 825 P. 2d 980, 983-84（Ariz. Ct. App. 1992）. 本件は、三〇日前に予告して、使用者の顧客に退職を知らせる手紙を送ることが認められた事案である。*See*, Dworkin v. Blumenthal, 551 A. 2d 947, 949（Md. Ct. App. 1989）. 本件は、退職前に秘密とされていない患者のリストを用いて、通知し、退職前に患者らに手紙を送ることが認められた事案である。*See*, Harrison, 712 S.W. 2d at 422. 本件は、退職前に新会社設立の計画について使用者の顧客に話をすることが認められた事案である。*See*, Ellis & Marshall Assoc. Inc. v. Marshall, 306 N.E. 2d 712, 717（Ill. Ct. App. 1974）. 本件は、退職して競業する企業を設立する計画について同僚や使用者の顧客らに知らせることが認められた事案である。

（42） *See*, Abetter Trucking Co. v. Arizpe, 113 S.W. 3d 503, 510-13（Tex. Ct. App. 2003）. 本件では、当該被用者は、その計画を開示する一般的義務を負うものではなく、使用者に対する義務に違反することなく、被用者らと内密に接触を図ることができるとされた。

（43） *See*, Riggs Inv. Mgmt. Corp. v. Columbia Partners, LLC, 966 F. Supp. 1250, 1265（D.D.C. 1997）. 本件では、退職前に、秘密情報を用いて、同僚を引抜くことは許されないとされた。*See*, Golden Eagle/Satellite Archery, Inc. v. Epling, 665 N.Y.S. 2d 169, 170（N.Y. App. 1997）. 本件では、被告が後に特許を求めた製品開発のために、会社の資源を用いることは許されなかった。*See*, Daniel Orifice Co. v. Whalen, 18 Cal. Rptr. 659, 665-67（Cal. Ct. App. 1962）. 本件は、勤務時間外に、原告の製品改良の詳細な仕様書を作成し、退職して新会社を通じてそのアイディアを売ることが認められなかった事例である。*See*, Alexander & Alexander Benefits Servs., Inc. v. Benefit Brokers & Consultants, Inc., 756 F. Supp. 1408, 1413（D. Or. 1991）. 本件は、新会社を組織するために、勤務時間と会社の資源を広く用いることは許されないとされた事案である。

（44） *See*, Caddy-Imler Creations, Inc. v. Caddy, 299 F. 2d 79, 83（9th Cir. 1962）. 本件は、信任義務を負う者が、原告の事業における公の資料から顧客リストを作り、退職後に同じ資料から再度リストが作成された事案である。*See*, Numed, Inc. v. McNutt, 724 S.W. 2d 432, 435（Tex. App. 1987）. 本件は、次のベンチャーのために以前の事業主から習得した秘密とされていない情報を用いることが許された事案である。*See*, Public Relations Aids, Inc. v. Wagner, 324 N.Y.S. 2d 920, 923（N.Y. App. 1971）. 本件は、以前の信任義務を負う者が、独創的ではあるが、秘密とされていなかった情報を用いることが許された事案である。*See*, J.T. Healy & Son, Inc. v. James A. Murphy & Son, Inc., 260 N.E. 2d 723, 731（Mass.

App. 1970). 本件は、以前の信任義務を負う者について、ほかのやり方で適切に取得された、情報を秘密とはしなかった事案である。

(45) *See*, Graves , *supra* note 4, at 338.

(46) *See*, Catherine Fisk, *Working Knowledge: Trade Secrets, Restrictive Covenants in Employment, and the Rise of Corporate Intellectual Property, 1800-1920*, 52 HASTINGS L.J. 441, 507 (2001). フィスクによれば、「不可避的開示」の法理は、一九世紀後半にその起源があるとする。そして、例えば、次のような事例を挙げる。O. & W. Thum Co. v. Tloczynski, 72 N.W. 140 (Mich. 1897).

(47) *See*, Cont'l Car-Na-Var Corp. v. Moseley, 148 P. 2d 9, 11 (Cal. 1944). 「不可避的開示」と呼ばれる前に、そうした法理は、初期の裁判例においては、受け入れられなかったとされる。*See*, Whyte v. Schlage Lock Co., 125 Cal. Rptr. 2d. 277, 291 (Cal. Ct. App. 2002). 本件では、カリフォルニア州法のもとで、「不可避的開示」は、受け入れられなかった。

(48) *See*, PepsiCo, Inc. v. Redmond, 54 F. 3d 1262, 1269 (7th Cir. 1995).

(49) *See*, Dexxon Digital Storage, Inc. v. Haenszel, 832 N.E. 2d 62, 68-69 (Ohio Ct. App. 2005). 本件では、法理の利点などについて議論がなされることなく、自動的に法理の適用がなされた。*See*, Liebert Corp. v. Mazur, 827 N.E. 2d 909, 927-29 (Ill. Ct. App. 2005). 本件では、被告が実際に秘密の原材料を手に入れたという証拠だけに基づいて、法理の適用がなされた。*See*, LeJeune v. Coin Acceptors, Inc., 849 A. 2d 451, 476 (Md. App. 2004). 本件では、「不可避的開示」はメリーランド州において、容認されなかった。

(50) *See*, Neothermia Corp. v. Rubicor Med., Inc., 345 F. Supp. 2d 1042, 1045 (N.D. Cal. 2004). 本件では、カリフォルニア州法のもとで、トレード・シークレットに関する主張の同一性について修正するために十分な理由が求められた。

(51) *See*, Advanced Modular Sputtering, Inc. v. Superior Court, 132 Cal. App. 4th 826, 906-07 (2005). カリフォルニア州における主張の同一性に関する制定法について解釈がなされた。

(52) *See*, Analog Devices, Inc. v. Michalski, 579 S.E. 2d 449, 454 (N.C. Ct. App. 2003). 本件では、原告が秘密ではない一般的なカテゴリーのリストを作り、それに資料を添付した場合、差止命令は発せられなかった。*See*, Motorola, Inc. v. DBTEL, Inc. 2002 WL 1610982, 16 (N.D. Ill. 2002). 本件原告は、正確な秘密性の主張を明らかにすることができずに、技術情報について一般的なカテゴリーを述べたにすぎなかった。*See*, Porous Media Corp. v. Midland Brake Inc., 187 F.R.D.

598, 600 (D. Minn. 1999). 本件では、例えば、新しい多孔性キャニスターの詳細な図面のように、ブレーキ・キャニスターに関連するアイディアについての一般的なカタログは、開示手続を進めるためには不十分であるとされた。

(53) *See,* IDX Sys. Corp. v. Epic Sys. Corp., 285 F. 3d 581, 583-84 (7th Cir. 2002). 本件原告によると、当該ソフトウェアの製法について四三頁にわたる記述で十分であるということであった。が、本件裁判所によれば、そうではないとし、当該営業でどの側面が知られているのかがたずねられ、当該原告が、当該秘密を明確にするために真剣に努力しないならば、裁判所がそうした役目を果たすことはできないとされた。

(54) 統一トレード・シークレット法の専占を支持する裁判例として、次のような事例が挙げられる。Digital Envoy, Inc. v. Google, Inc., 370 F. Supp. 2d 1025, 1034-35 (N.D. Cal. 2005).(カリフォルニア州法)。Acrymed, Inc. v. Convatec, 317 F. Supp. 2d 1204, 1217-18 (D. Or. 2004).(オレゴン州法)。Glasstech, Inc. v. TGL Tempering Sys., Inc., 50 F. Supp. 2d 722, 730 (N.D. Ohio. 1999).(オハイオ州法)。

(55) *See,* McKesson Med.-Surgical, Inc. v. Micro Bio-Medics, Inc., 266 F. Supp. 2d 590, 600 (E.D. Mich. 2003). 本件では、ミシガン州法のもとで、統一トレード・シークレット法はトレード・シークレットにはあたらないほかの秘密情報に専占しないという理論に基づいて、連邦統一法により専占されることなく、忠実義務の違反の主張が認められた。しかし、その後、同州における連邦裁判所判決は、統一トレード・シークレット法のもとでの専占条項を広く適用した。*See,* Custom Teleconnect,Inc. v. International Tele-Serv., Inc., 254 F. Supp. 2d 1173 (D. Nev. 2003)(Nevada. UTSA); Stone Castle Financial, Inc .v.Friedman, Billings, Ramsey & Co., 191 F. Supp. 2d 652 (E.D. Va. 2002)(Virginia UTSA). とりわけ、ウィスコンシン州の最高裁判所は、強固な反対意見をめぐって、近年の判決において、少数意見を受け入れた。しかし、すでに述べたような関心事には何らの分析検討もなされていない。*See,* Burbank Grease Serv., LLC v. Sokolowski, 717 N.W. 2d 781 (Wisc. 2006). 統一トレード・シークレット法の専占条項を骨抜きにし、トレード・シークレットの代わりに情報を単にマル秘と呼んで当該制定法を巧みに逃れるような本件判決は、アメリカにおけるトレード・シークレットに関する従来の裁判例の積み重ねのなかで最も好ましくない理由づけの一つであるとされる。この点、ニューハンプシャー州の最高裁判所はその後すぐに、ウィスコンシン州のアプローチを否定し、多数派のアプローチに従った。*See,* Mortgage Specialists, Inc. v. Davey, No. 2005-067, 2006 WL 2060395 (N.H. July 26, 2006).

(56) *See,* Graves, *supra* note 4, at 342. *See,* Bliss Clearing Niagara, Inc v. Midwest Brake Bond Co., Inc., 270 F. Supp. 2d 943,

947–49（W.D. Mich. 2003）. 本件では、裁判例が収集され、前に述べたストーン・キャッスル（Stone Castle）事件判決とは見解を異にした。*See*, Auto Channel, Inc. v. Speedvision Network, LLC, 144 F. Supp. 2d 784, 789（W.D. Ky. 2001）. 本件では、統一トレード・シークレット法の専占条項が選択的主張を含む理由について説明がなされた。*See*, Thomas & Betts Corp. v. Panduit Corp., 108 F. Supp. 2d 968, 972（N.D. Ill. 2000）. 本件では、被告によって取得された秘密情報は、トレード・シークレットのレベルに達していないことを理由として、原告により、専占は適切さを欠くと主張された。しかしながら、こうした考え方は、統一トレード・シークレット法の専占条項を無意味にするものである。*See*, Weins v. Sporleder, 605 N.W. 2d 488, 491-92（S.D. 2000）. 本件では、強制退職規定を適用するための主張を検討するにあたり、問題は、当該原告がその主張にどのようなラベルをつけるかではなく、むしろ裁判所は、ラベルより、当該主張を裏付けるために主張される事実に注目すべきであるとされた。

（57） *See*, Graves , *supra* note 4, at 342.

第八章 結論

一 はじめに

1 アメリカの競業禁止特約をめぐる判例法理からの示唆

以上、アメリカにおける競業禁止特約をめぐる「不確実性」の問題を踏まえて、それにまつわり関連する諸問題に関するアメリカの判例法理の展開に照らすと、わが国へは次のような示唆が得られよう。

第一に、競業禁止特約を典型例として、雇用関係の終了後の法分野において、競業制限が少なければそれだけ、起業家精神をもった革新に意欲的な被用者の転職あるいは起業を促すように思われる。もとより、こうした見方には、反論あるいは議論をともなうところであろう。しかし、競業禁止特約はわが国において、知的財産法の一つとして、「営業秘密」を保護する不正競争防止法による規制の代替的、補助的手段にすぎず、その有効性が不確実な契約手法であり、使用者が被用者との間で競業禁止特約を締結し、こうした特約に過度に依存することは、創造的な被用者が迅速かつ容易に同業他社へ転職あるいは同業他社を起業する際に妨げとなるものである。

第二に、わが国における雇用関係の終了後の競業禁止特約について、裁判所は、今日とは大きくかけ離れた時代において作られた競業禁止というルールが革新に意欲的な被用者の知的な創造活動を保護し、わが国経済に恩恵をもたらすことに真に資するものかどうか、逆に、元の使用者の特定の利益に資するほかに、何の理由もなく、以前の被用者による競争を制限するためだけに働いていないかどうかについて、批判的に検証すべきである。

換言すれば、競業禁止特約は、今日とは大きく異なる時代の産物であって、こうした特約の存在と、革新に意欲的な被用者の転職あるいは起業の自由と革新に前向きな会社の発展との両立は容易ではない。

第三に、競業禁止特約については、わが国において「営業秘密」を保護する不正競争防止法のもとで、元の使用者が事後的に、退職被用者と書面によって合意もなされていない競業禁止契約を探ることによって、被用者が訴訟コストを憂慮するあまり、同業他社への転職あるいは同業他社の起業を難しくし断念させていないか懸念される。

第四に、わが国において、「営業秘密」を保護する不正競争防止法は、知的財産法の一つとして、新たなイノベーションの促進に向けて、大きな影響を与える重要な法律であり、使用者の「営業秘密」を守るための競業禁止特約をめぐる裁判例については、不正競争防止法などの視点からも、なお再検討すべき余地が残るものというべきである。(1)

以上によれば、雇用関係の終了後の競業禁止特約については、アメリカとの比較を通して、革新的なイノベーションの創造に向けて、イノベーションを担う企業の人財である被用者の転職のみならず、起業が円滑に進むように、既存の競業禁止特約のあり方は根本的に見直されるべきである。

2　再考

わが国において、終身雇用制が大きく揺らぎ、雇用の流動性が増し、経済基盤が製造業から知識・情報へ移行するに従って、企業の「営業秘密」の重要性が増してきているなか、被用者の退職後の競業避止義務を定める競業禁止特約については、従来、労働法の重要な課題の一つとして捉えられてきた。しかし、こうした競業禁止特約は、労働法とわが国において「営業秘密」を保護する不正競争防止法を含む知的財産法にまたがる問題領域でもあって、単に労働法の一分野をなすにとどまらず、知的財産法の分野でもある。(2)

こうして、被用者の競業禁止特約を不正競争防止法を含む知的財産法の規制の対象領域としても考察するとき、競業禁止特約は、「営業秘密」を保護するための不正競争防止法上の要件を満たしているかが問題となる。すなわち、競業禁止特約が、新たな創造的知識・情報だけを保護するために狭く限定されていないならば、それは、「営業秘密」を保護するための立法である不正競争防止法のもとで、すでに見出されているものを超えて、新たなイノベーションを進めるためのインセンティブを与えるものとはならないであろう。この点について、被用者の退職後に競業避止義務を課する競業禁止特約の有効性の判断において、革新に意欲的な一人ひとりの被用者の転職あるいは起業のニーズと、力関係においてより強い立場に立つ使用者の利益とのバランスがとれているかである。

二　競業禁止特約の有効性判断における営業秘密

すでに述べたように、被用者の退職後の競業避止義務を定める競業禁止特約は、「営業秘密」を保護する不正競争防止法を含む知的財産法の規制の対象領域でもあるが、必ずしもそのようには理解されていないように思われる。すなわち、「営業秘密」を保護するための不正競争防止法上の厳格な要件が、競業禁止特約に関して満たされているかどうか疑問な裁判例もみられる。この点について、裁判所は、しばしば「営業秘密」にみるような知的財産権を根拠に競業禁止特約の有効性を判断するわけであるが、果たして、「営業秘密」といえるような性質のものか、この点についてより検討を深めることが必要であると思われてならない。

ところで、被用者の退職後の競業避止義務を定める競業禁止特約の有効性に関しては、「営業秘密」を保護するための不正競争防止法のもとでも認められる場合と、使用者と被用者との間で創設される場合とがあるので、以下において、二つに分けて検討したい。(3)

1 不正競争防止法のもとでも認められる場合

被用者は在職中、信義則に基づいて競業避止義務を負うが、本来、被用者は職業選択の自由を有している（憲法二二条一項）。したがって、被用者は会社を退職した後は、元の会社の同業他社へ転職あるいは同業他社の起業であっても、まったく自由であるのが原則である。しかしながら、被用者の職務内容が使用者の「営業秘密」にかかわるものであるがゆえに、被用者が在職中に職務遂行上知り得た使用者の「営業秘密」については、雇用関係の終了後であっても競業避止義務が認められる場合がある。

そこで、まず、「営業秘密」とは何かについて、不正競争防止法は、「秘密として管理されている生産方法、販売方法その他の事業活動に有用な技術上又は営業上の情報であって、公然と知られていないもの」と厳格に定義している。すなわち、①秘密管理性、(4)②有用性、③非公知性という三つの要件を満たした秘密であることが必要とされている（同法二条六項)。しかし、裁判例のなかには、労働者の退職後の競業避止義務について、競業避止特約の締結によって当然にその文言どおりの効力が認められるものではなく、競業禁止によって守られる利益の性質や特約を締結した従業員の地位、代償措置の有無等を考慮し、禁止行為の範囲や禁止期間が適切に限定されているかを考慮したうえで、競業避止義務が決せられるべきとしながらも、当該判断に際しては、「競業禁止によって守られる利益が、営業秘密であることにあるならば、営業秘密はそれ自体保護に値するから、その他の要素に関しては比較的緩やかに解し得る」とするものがある。(5) 本判決では、元従業員の会社業務に関する技術は不正競争防止法にいう「営業秘密」にはあたらないがそれに準じる程度には保護に値するとされ、当該労働者のインストラクターとしての地位および会社の示した代償措置を考慮すれば、競業を禁止する地域や期間を限定するまでもなく、元従業員は会社に対して競業避止義務を負うとされた。しかしながら、そもそも、何故に、「競業禁止によって守られる利益が、営業秘密であることにあるならば、営業秘密はそれ自体保護に値するから、その他の要素に関しては比較的緩やかに解し得る」といえるのか、この判示部分については疑問がともなうといわざるを得ない。(6)

これに対して、何をもって業務上の秘密とするかについて、就業規則等に具体的に定めた規定はみあたらないところ、就業規則や個別合意により保護されるべき秘密情報については、かならずしも不正競争防止法(二条六項)の「営業秘密」(①秘密管理性 ②有用性 ③非公知性)と同義に解する必要はないとしつつ、労働者の正当な行為までが不当に制約されないために、少なくとも、「秘密管理性」と「非公知性」の要件は必要であると解するのが相当とされた裁判例がある。(7)

この裁判例についていえば、従来の裁判例は、被用者の退職後の競業避止義務の有効性について、競業制限の目的、競業行為の範囲、競業禁止期間、地域的限定、代償措置等の諸要素から総合的に判断してきたところ、この判決においては、「営業秘密」を保護する不正競争防止法上の「営業秘密」の三要件を意識しつつ、とりわけ、「秘密管理性」の要件を満たさないものであるから、結局、退職後、同種の事業を行ったことが秘密保持義務違反、競業避止義務違反等にあたらないとされた点で、その特色が認められるとともに、注目される。

いうまでもなく、被用者の退職後に競業避止義務を負わせる競業禁止特約は、被用者が在職中に職務遂行上使用または知り得た企業の「営業秘密」や多種多様な情報を、退職後に使用・開示して企業と競業することにより、企業の利益を損なわないために、使用者が被用者と締結するものである。しかしながら、こうした企業の「営業秘密」等を守ることを目的とする競業禁止特約の効力が無限定に認められるならば、被用者の退職後の新たな転職、起業の選択を不当に制約して、被用者の公正な競争を害することにもなりかねないことから、競業禁止特約が有効か否かを判断するにあたっては慎重に吟味することが求められる。(8)

いずれにせよ、不正競争防止法は、「営業秘密」を保有する事業者（以下、「保有者」という）からその「営業秘密」を開示された場合において、不正の利益を得る目的で、またはその保有者に損害を加える目的で、その「営業秘密」を使用し、または開示する行為は、同法上の「不正競争」に当たる旨定める（二条一項七号）。すなわち、使用者が競業禁止特約によって守ろうとする企業の秘密情報が、不正競争防止法のもとでの「営業秘密」に該当する場合には、被用者は、秘密保持特約等が締結されているか否かにかかわらず、在職中はもとより退職後においても、「営業秘密」を不正な目的をもって使用したり、開示することは許されないのである。(9)

このような不正競争行為に対して、使用者は、差止請求（三条一項）、損害賠償請求（四条）、信用回復の措置（一四条）等の救済を求めることが可能である。

2　使用者と被用者との間で創設される場合

被用者の退職後の競業避止義務を競業禁止特約の締結により創り出す場合について、もともと、被用者は、雇用関係の終了後は、職業選択の自由の行使として同業他社への転職あるいは同業他社の起業であってもこれを行うことができるのが原則であって、雇用関係の終了後においてまで競業避止義務を当然に負うものではない。

そうであるにもかかわらず、使用者の利益を確保するために、競業禁止特約により、被用者の退職後も競業避止義務を課するものであるがゆえに、使用者が確保を図る利益にかんがみて、競業禁止の内容が必要最低限度にとどまっているのみならず、それに見合う代償措置がとられる必要がある。(10)

いずれにせよ、最近の裁判例は、退職後の競業避止義務については、労働者の職業選択の自由に照らして、特約における制限の期間・範囲（地域・職種）を最小限にとどめることや一定の代償措置を求めるなど、厳しい態度をとる傾向にあると指摘されている。(11)

三　競業禁止特約の有効性判断における被用者の知識・情報の有用性

ところで、イノベーションは、わが国の雇用に大きな影響を与えてきたところである。わが国の経済基盤が製造業から知識・情報へ移行するに従って、高度な技能や専門性の高い知識・情報をもった被用者は人財として、使用者に対してますますその価値を高めてきた。しかし、科学技術の急速な進展は、有能な人材をより重要なものにすると同時に、被用者のもつ知識・情報や技能の陳腐化の進行を速めてきた。こうして、高度な技能や専門性の高い知識・情報をもった被用者の重要性が高まる一方で、実用的な知識・情報はそれを用いることにより、いわゆる「消耗」が進む恐れがあることから、それを見越して被用者の移動は増える可能性もある。こうして、イノベーション競争の激しい時代のなか、高度な技能や専門性の高い知識・情報をもった優秀な被用者を失わないために、使用者は、雇用関係の終了が任意であるか否かを問わず、被用者が同業他社へ転職したり、同業他社を起ち上げることを阻止するために、しばしば競業禁止特約をよりどころとしてきたのである。

しかしながら、すでに述べたように、競業禁止特約の解釈には予測可能性の欠如の問題をともない、競業禁止特約の有効性をめぐって、「不確実性」の問題をともなうならば、競業禁止特約の作成が困難になり、その有効性をめぐって訴訟が提起されることは避けられない。こうして、被用者は、高額な訴訟費用の負担を危惧するあまり、転職や起業をためらうこともある一方で、被用者が財産的に価値のある知識・情報を身につけて転職あるいは起業することをなかば威嚇的に阻止するために、使用者は、必ずしも当該秘密の性質や価値に見合うとは限らない、比較的長い競業禁止期間を設ける競業禁止特約の作成をいとわない可能性もある。(12)

以上によれば、被用者のもつ技能や知識・情報の変化の速度が速い時代において、雇用関係の終了後の競業避止義務と密接にかかわる秘密保持義務について、その秘密の性質・範囲、価値、労働者の退職前の地位等の要素のほかに、被用者のもつ技能や知識・情報の急速な技術革新による「陳腐化」の問題、換言すれば、被用者のもつ技能や知識・情報の「有効期限（useful life）」についても十分に検討がなされるべきである。(13)

四　競業禁止特約の有効性判断における専門的知見の活用

わが国経済が、製造業を基盤とする経済から知識・情報を基盤とする経済へ、さらには高度先端技術やインターネットに依存する度合いを高める経済へ移行するに従って、技術の急速な変化による技術的知識・情報の陳腐化の問題がますます重要になってきた。とりわけ、急速な技術情報の変化は、被用者のもつ知識・情報の有用性に大きな影響を与えるものであることから、被用者の退職後の競業避止義務を定める競業禁止特約の有効性を判断する際に考慮されなければならない重要な問題である。こうした雇用関係の終了後の競業禁止特約の有効性の判断の一つの指標として、専門的、技術的見地から技術などの陳腐化の度合いを考慮に入れることによって、競業禁止特約をめぐる予測可能性の欠如や不確実性の問題はある程度緩和される可能性がある。さらに、こうした知識・情報の時間的有用性について争いがあるような場合、その判断に際しては、イノベーションの奨励のために、使用者に必要な保護を与える一方で、被用者が専門的知識、技能、経験に基づいて生計を立てることを必要以上に妨げないように調整するために、当該知識・技術などに長けた専門家の知見を活用すべきであろう。こうした取り組みを行うことにより、競業禁止特約の有効性をめぐる訴訟を減らし、今日の高度先端技術の職場において、使用者と被用者双方に利益をもたらす形で、使用者が確保しようとする企業の利益に照らして、競業禁止の内容が必要最小限度にとどまるような競業禁止特約の作成がより可能となるように思われる。(14)

五　おわりに

雇用関係の終了後の競業禁止特約については、使用者の「営業秘密」等の秘密を守る一方で、新たなイノベーションの促進に向けて、革新に意欲的な被用者が転職や起業をする際に不当な制約にならないものに限るという観点から、特約の効力は、慎重に審査がなされなければならない。

しかしながら、より根源的な問いかけとしては、わが国において、果たして、競業禁止特約は、「営業秘密」等の知的財産を保護するためにそれに見合った適切な方法といえるかである。(15) こうした問題に答えるためにも、競業禁止特約については、新たなイノベーションの促進に向けて、被用者が転職や起業をしやすい法的環境を整えるために、職業選択の自由または営業の自由の保障の精神に今一度立ち返る一方で、「営業秘密」を保護する不正競争防止法のみならず、特許法、実用新案法、著作権法、意匠法等、知的な創造活動を保護しようとする知的財産法の立法趣旨・目的に沿って、分析検討がなされる必要がある。

最後に、わが国において、雇用が不安定化し、雇用の流動化が進むなかで、使用者はどの程度競業禁止特約によって被用者の職業選択の自由を制限し得るのか、雇用関係の終了後の競業禁止特約の有効性については、今後ますます重要な議論となっていくと思われる。

注

（1）CHARLES TAIT GRAVES, ARTICLE: *Analyzing the Non-Competition Covenant as a Category of Intellectual Property Regulation*, 3 Hastings Sci. & Tech. L.J. 69 (2010).

（2）土田道夫「競業避止義務と守秘義務の関係について――労働法と知的財産法の交錯」中嶋士元也先生還暦記念論集『労働関係法の現代的展開』（信山社、二〇〇四年）一八九頁。土田道夫『労働法概説』（弘文堂・平成二〇年）二六七頁は、退職後の守秘義務・競業避止義務について、「知的財産法とも交錯する重要論点である。」とする。

（3）東京リーガルマインド事件・東京地決平七・一〇・一六労判六九〇号七六頁。

（4）競業禁止特約をめぐる訴訟において問題とされるべきは、とりわけ、「秘密管理性」についてである。裁判例（東京地判平一二・九・二八）によれば、不正競争防止法二条六項の「秘密として管理されている」といえるためには、⑴当該情報にアクセスした者に当該情報が営業秘密であることを認識できるようにしていること、⑵当該情報にアクセスできる者が制限されていることが必要とされている。営業秘密管理指針改訂版（経済産業省・平成一五年一月三〇日、平成一七年一〇月一二日改定）。松村信夫「営業秘密をめぐる判例分析――秘密管理性要件を中心として」ジュリ一四六九号（二〇一四年）三三頁。

（5）トータルサービス事件・東京地判平二〇・一一・一八労判・九八〇号五六頁。

（6）横地大輔「従業員等の競業避止義務等に関する諸論点について（上）」判タ一三八七号（二〇一三年）一〇頁は、不正競争防止法上の「営業秘密」に該当するものかどうかで、競業避止合意の有効性の要件が異なるとする裁判例として、前掲トータルサービス事件を挙げ、「裁判例の一般的傾向としては、特にこの点を明確に意識することなく、また『営業秘密』か否かについて判断することなく、使用者の保護利益の有無・程度を判断している。」とする。そして、「競業避止義務の効力を認めた裁判例が『営業秘密』性を認定しているわけではないし、『営業秘密』該当性がないことのみから合意の効力を否定した裁判例もないことからすると、殊更『営業秘密』該当性そのものを争点とする必要はないと考えてよい。」とする。

（7）関東工業事件・東京地判平二四・三・一三・労働経済判例速報二一四四号二三頁以下。本件は、原告の従業員であった被告B・C・Dが原告退社後、被告K工業において原告と同種の事業を行ったことが、秘密保持義務違反、競業避止義務違反等にあたるとして、原告が、被告らに対し、不法行為ないし雇用契約上の債務不履行に基づく損害賠償を請求したという事案である。これに対して、裁判所は、「当該規制により、労働者の行動を萎縮させるなどその正当な行為まで不当に制約することのないようにするには、その秘密情報の内容が客観的に明確にされている必要があり、この点で、当該情報が、当該企業において明確な形で秘密として管理されていることが最低限必要と言うべきであるし、また、『秘密』の本来的な語義からしても、未だ公然と知られていない情報であることは不可欠な要素であると考えられる。」とした。

(8) 新大阪貿易事件・大阪地判平三・一〇・一五労判五九六号二四頁。

(9) 水町勇一郎『労働法』(有斐閣、二〇一二年)一三一頁、等。

(10) 前掲東京リーガルマインド事件・東京地決平七・一〇・一六労判六九〇号八五頁。

(11) 菅野和夫『労働法〔十版〕』(弘文堂、二〇一三年)九五頁、荒木尚志『労働法〔第二版〕』(有斐閣、二〇一三年)二六一頁、等。

(12) 岩村正彦「競業避止義務」角田邦重ほか編『労働法の争点〔第三版〕』(二〇〇四年)一四八頁は、競業規制の合理性の評価にあたって、「競業規制の期間も、技術の陳腐化・革新が急速であり、経済活動の動きも早いことを考慮すれば、最小必要限度に止めるべきである」とされる。この点について、裁判例は、企業の技術的秘密を保護するための競業避止特約の有効性が問題になった事例ばかりではないが、「本件契約は制限期間は二年間という比較的短期間であり、」、「本件契約はいまだ無効と言うことはできない。」とするもの(フォセコ・ジャパン・リミテッド事件判決・一三八〇頁)、入社時における、退職後の三年間は競業しない旨の特約につき、その効力判断は慎重でなければならないとしつつ、その特約の効力は肯定されるべきであるとされたもの(前掲新大阪貿易事件・大阪地判平三・一〇・一五労判五九六号二一頁)、従業員に対し退職後三年以内に限って競業避止義務を課しているとしつつ、就業規則上の就業避止義務に違反し損害賠償義務を免れないとするもの(東京学習協力会事件・東京地判平二・四・一七労判五八一号七〇頁、七二頁)、「時間的に三年間、退職後の同業種への就職を禁止する競業避止契約は有効に成立しているが、再就職の際の職業選択の自由に対する著しい制約などを考慮すれば、契約の解釈について、契約締結の目的、必要性からみて、合理的な範囲に制限されると解される」とするもの(西部商事事件・福岡地裁小倉支部判平六・四・一九労判一三六〇号四八頁)、「競業避止義務の期間(一年間)は比較的長く、退職金の額は競業避止義務を課すことに比して十分な額であるか疑問がないとはいえないことにかんがみると、就業規則における競業避止義務規定に合理性があるとは解されず、退職後の競業避止義務違反を理由に退職金請求権が発生しないとは認められない」とされたもの（モリクロ事件・大阪地判平二三・三・四労判一〇三〇号四六頁）、期間、地域の範囲について、「保険商品については、近時新しい商品が次々と設計され販売されているところであり（公知の事実）、保険業界において、転職禁止期間を二年間とすることは、経験の価値を陳腐化するといえるから（原告本人）、期間の長さとして相当とは言い難いし、また、本件競業避止条項に地域の限定が何ら付されていない点も、適切ではない」とされたもの（アメリカン・ライフ・インシュアランス・カンパニー事件・東京地判平二四・一・一三労判一〇四一号八七頁）、等があり、競業規制の期間の判断は、事例によって、まちまちである。

（13） *See*, Ann C. Hodges and Porcher L. Taylor III, ARTICLE: *The Business Fallout from the Rapid Obsolescence and Planned Obsolescence of High-Tech Products: Downsizing of Noncompetition Agreements*, 6 Colum. Sci. & Tech L. Rev. 3 (2005).

（14） *Id.*

（15） 使用者の「営業秘密」について、それを特許申請するか、それとも競業禁止特約等により「営業秘密」として保護するかは、まさに当該企業の知的財産の戦略にかかわる重要な問題にほかならない。

第九章

補論　アメリカにおけるスポーツ代理人に対する競業禁止の契約的合意の強制可能性
プロスポーツ選手の代理人選任の自由をめぐって

一　はじめに

スポーツを取り巻くさまざまな情報が飛び交う昨今、スポーツ選手の年俸や移籍交渉などの際に、「スポーツ代理人」という言葉をしばしば耳にするようになった。日本でも耳目を集め始めたこのスポーツ代理人とは一体何なのか、その定義や仕事の内容を含めて、あまりなじみのない職業であると思われる。

一方、日本とは異なり、スポーツ・ビジネスの先進国といわれているアメリカ合衆国（以下、アメリカという）は四大プロリーグ、すなわちメジャー・リーグ・ベースボール（ＭＬＢ）、ナショナル・フットボール・リーグ（ＮＦＬ）、ナショナル・バスケットボール・アソシエーション（ＮＢＡ）、ナショナル・ホッケー・リーグ（ＮＨＬ）において、「スポーツ・エージェント（sports agent）」と呼ばれるスポーツ代理人は、プロスポーツ選手の契約などにおいて欠かせない存在といわれている。こうして、スポーツ選手がスポーツ代理人と契約し、移籍や年俸交渉などを代理人に委ねることは、アメリカにおけるスポーツ・ビジネスの世界では一般化しているどころか、スポーツ選手の代理をビジネスとするスポーツ代理人は、顧客であるスポーツ選手のために、互いに激しくしのぎを削り合っており、むしろ、市場において供給が過剰気味でさえある。(1)

しかしながら、スポーツ代理人間の競争が激しくなるなか、スポーツ・マネジメント・ビジネスの世界におけるスポーツ代理人業を取り巻く大きな経営環境の変化、とりわけ、一九九〇年代後半にスポーツ代理人業界を席巻してきた急速な企業の「合併・統合（consolidation）」にともなって、スポーツ選手は、どのような代理人でも自由に選任する権利が脅かされてきた。(2)こうした企業の合併・統合の全盛状態にあって、アメリカにおけるトップのスポーツ代理人の多くは、いずれの使用者事務所に忠誠を尽くせばよいのか、選択を迫られる一方で、代理人業界における比較的大きな代理業者は、例えば、代理人事務所とスポーツ代理人との雇用契約のなかに、雇用関係の終了後も、競争関係に入らないという義務を負わせる、いわゆる「競業禁止条項（non-compete clauses）」を盛り込むことによって、企業防衛を図ってきた経緯があるからである。(3)しかしながら、果たして、こうした雇用契約などに盛り込まれた競業禁止条項は、スポーツ代理人に対して法的に拘束力を有すると考えられるのであろうか。

近年、とみに、スポーツのグローバル化とか、ビッグビジネス化が進展する一方で、日米の法制とか、商慣習の違いのほか、契約内容も多岐にわたり複雑化するなかで、スポーツ選手自身、例えば、契約を交渉、維持、管理していくためには相当の専門的知識と労力が求められる。こうしたことを踏まえて、わが国においても、スポーツ選手の契約交渉や移籍の際などに、主に選手本人に代わって各種団体、チーム、スポンサーなどに対して、法律問題や実務、その他を援助したり、支えたりするスポーツ代理人は、その必要性が望まれている。こうしたことをかんがみるとき、アメリカのスポーツ代理人業における経営環境の変化のもとで、多くの有名なスポーツ選手の代理人を務める巨大代理業者のスタインバーグ社（Steinberg Moorad & Dunn Inc）と元々はパートナーであったが、同社を離れ、新たに代理業を立ち上げた、競争相手のダン（David Dunn）との訴訟事件(4)を通じて、競業禁止の契約的合意の強制可能性をめぐる問題を検討しておきたい。

二　スポーツ代理人間の競争と代理人業界の合併・統合

歴史をふり返ってみると、アメリカにおけるスポーツ・マネジメント業界は、一九九〇年代に大きく変貌を遂げた。とりわけ、例えば、プロサーヴ（Proserv）社はドナルド・デル（Donald Dell）によって設立され、その当時は、大きなスポーツ・マネジメント事務所であったが、ご多分に漏れず、この会社で内紛が起こることにより、新たにいくつかの代理業が形成されたことによって、顧客であるスポーツ選手に対する獲得競争は、激化し始めたといわれる。(5)プロサーヴ社の以前の会社幹部は、自社を起ち上げるとともに、普通に顧客のスポーツ選手を引き抜いていったところ、プロサーヴ社は、スポーツ代理人のデーヴィッド・フォーク（David Falk）や、同人の有名な顧客ら、例えば、マイケル・ジョーダン（Michael Jordan）などが、一九九二年に事務所を離れたときに、大打撃を被ったとされる。(6)すなわち、プロサーヴ社は経営に苦慮する一方で、間隙を縫うような弱小会社や主な競業他社であるインターナショナル・マネジメント・グループ（International Management Group:IMG. 以下、ＩＭＧという）を含む、同社の競業他社は、繁栄していったのである。

このようにして、勢いのおもむくところ、ＩＭＧは、強大な組織に成長しつつあったが、すべての国における最高のスポーツ選手と契約を結ぶという戦略に基づいて行動し、顧客のイベントや、実際のイベントとして、テレビのスポーツ・イベントの制作に参入することにより、この業界を再編成していった。(7)そして、ＩＭＧが巨大かつ強大化するにしたがって、弱小の代理業者は、もはや、競争に太刀打ちできなくなっていった。かくして、ＩＭＧは、繁栄する一方で、同社の支配を脅かしうる事務所は、企業の合併・統合によって形成された、一握りの「超大型代理業者（super agencies）」の存在のみであった。すなわち、エス・エフ・エックス・エンターテインメント（ＳＦＸ）、アッサンテ・コーポレーション（Assante）、オクタゴン（Octagon）はすべて、こうした超大型代理業を形作るため、弱小の代理業者や代理人を買収することにより、広い範囲のスポーツ選手に対して様々なサービスを提供してきたのである。(9) こうして、例えば、テレム・アンド・アソシエイツ（Tellem & Associates）、ヘンドリックス・マネジメント社（Hendricks Management Company）、フォーク・アソシエイツ・マネジメント・エンタープライズ（Falk Associates Management Enterprises: FAME）、マーキー・グループ（The Marquee Group）のような、かつての競業他社や、(10) 前記デーヴィット・フォーク、ヘンドリクス・ブラザーズ（Hendricks Brothers）、アーン・テレム（Arn Tellem）、ジム・ブロンナー（Jim Bronner）、ボブ・ギルフーリ（Bob Gilhooley）のような、かつての競業代理人は今や、すべて同じチームに所属して、同じ企業の傘下で、ともに働くに至ったのである。

しかし、これらの新たに形成された巨大代理業者は、自力で、広く安定した顧客のスポーツ選手を擁して、スポンサー企業にアプローチすることで、一見容易に利益を上げたようにみられたが、スポーツ代理業における企業の合併・統合は、スポーツ代理人に対する競業禁止の契約的合意の強制可能性いかんというような問題を抱えていたのである。

三　雇用契約終了後の競業禁止の契約的合意　スタインバーグ社対ダン事件

雇用契約関係終了後の競業禁止の合意がスポーツ代理人に対して法的に履行を強制できるか否かをめぐって、長年のパートナーであり、巨大代理業者であって、スパースターの代理人でもあるスタインバーグ（Leigh Steinberg）（以前の使用者）とダン（David Dunn）（以前の被用者）との争いは、改めて雇用契約終了後の競業制限特約（restrictive covenants）の問題をアメリカのスポーツ・ビジネス界において浮き彫りにした。(11)

（1）事件の概要

本件紛争は、被告ダンが原告代理人事務所のスタインバーグ・ムーラッド・アンド・ダン社（Steinberg, Moorad & Dunn, Inc. 以下、SMDという）を退職して、二〇〇一年の二月に、自ら代理業のアスリーツ・ファースト（Athletes First）を起ち上げたことに端を発している。(12) すなわち、原告は、被告の退職後に、被告および同人が新たに立ち上げた事務所がSMDの大多数の顧客の引抜きを共謀した旨を主張して、以前のパートナーに対して訴えを起こしたのである。(13) このスタインバーグ社対ダン事件の最大の争点であり、プロのスポーツ選手自らが自由に代理人を選任する権利との関連で、きわめて深くかかわる本件の問題点は、被告が一九九九年に署名した雇用契約のなかに盛り込まれていた二四カ月間に及ぶ競業禁止条項である。(14) すなわち、原告の主張によれば、被告は雇用契約のみならず、きわめて重要な競業禁止条項に違反したというのである。かくして、原告は、このような契約違反に対して損害賠償および差止命令による救済、詐欺、コモン・ローおよび制定法上の不公正な競争、トレード・シークレットの不正目的使用（misappropriation）、故意の契約妨害、故意の将来生ずべき利益に対する妨害、信任義務違反、そして、精算したうえでの償還（accounting）および宣言的救済（declaratory relief）を求める訴えを提起したのである。(15)

スタインバーグとダンとの、長期間にわたる、世間の注目を浴びた本件は、正式事実審理に持ち込まれ、二〇〇二年の一一月一五日に、本件連邦地方裁判所の陪審は最終的に、原告に対して、総額約四四億六六〇〇万円という巨額の損害賠償を認める判決を下した。(16) 本件にみる原告の勝訴判決は、スポーツ代理業界に衝撃をもたらしたが、特に被告による競業禁止の合意の強制可能性をめぐる争いは、大いに世間の注目を集めた。

(2) 判決要旨

本件連邦地方裁判所は、約六週間にわたる法廷論争の末、被告ダンの新たな代理業であるアスリーツ・ファーストに対して、すでに述べた損害賠償の内訳として、実損二〇億円、被告本人に対して実損二億円、アスリーツ・ファーストに対して二〇億円の懲罰的損害賠償、被告に対して二億六六〇〇万円の懲罰的損害賠償を含めて、原告に合計四四億六六〇〇万円を超える損害賠償を認めた。(17) このようにして、三日半に及ぶ審理の結果、八人の陪審員からなる陪審は、被告およびアスリーツ・ファーストに対して次の四つの主要な争点を認定した。すなわち、①契約違反、②不正競争、③不法な契約違反の誘因、④将来生ずべき利益に対する不法な妨害、である。(18)

しかしながら、実際のところ、代理人の選任の自由との関連で、スポーツ選手の権利を救済することにきわめて重要と思われる判断において、本件裁判所は、本案についての完全な事実審理に基づいて、訴訟の最終的解決を意図して下される、被告に対する本案的差止命令（permanent injunction）を求める原告の要求を認めなかった。すなわち、連邦地方裁判所によれば、差止命令により、「(被告) が自ら選択する職業において生計を立て、スポーツ選手自らが選任する代表による利益の享受が妨げられる」であろう、ということであった。(19) さらに、本件裁判所によれば、そうした差止命令を認めることは、代理人の行為を規制するナショナル・フットボール・リーグ（ＮＦＬ）競技者協会の連邦権限を不当に奪うものである、ということであった。(20)

(3) 判決の検討

すでに述べたように、スポーツ代理人が、雇用契約、特に、それに盛り込まれた競業禁止の契約的合意に違反したと連邦地方裁判所の陪審によって認定された、スタインバーグ社対ダン事件判決により、ある意味で、企業経営の一応の安定性がスポーツ代理業にもたらされるようにみられた。しかしながら、本件判決に対しては被告から控訴がなされ、控訴審での司法判断が下されるまで、本件連邦地裁判決が実際にどのような影響を及ぼすのか予断を許さなかったが、いずれにせよ、本件陪審の評決により、スポーツ代理人らが代理人事務所を退職し、顧客を奪うことは阻止されるのではないかと思われた。(21) また、被用者である代理人の退職と顧客の引抜きというリスクが減少するようになるならば、スポーツ代理業者は、司法による手厚い保護を感得して、利益をもたらすと思われた代理業を引き続き買収していくという傾向は、その後も継続するようにみられた。(22)

しかしながら、確かに、スタインバーグ社対ダン事件判決は、スポーツ代理人がその所属する事務所を退職し、顧客を盗み取るような行為に対して、通常の塡補損害賠償のほかに懲罰的損害賠償を認めたわけであるが、本件スタインバーグ社対ダン事件の控訴審においては、少なくとも、雇用契約に盛り込まれた競業禁止条項の法的意味合いのとらえ方について、異なる結果になる可能性があった。なるほど、本件被告のように、原告会社を退職し、スタインバーグのようなフットボールの優れた指導者としての実践経験のすべてを盗み取るような、かなり手の込んだやり方に対しては、懲罰が加えられてもやむを得ない面があるのかもしれない。がしかし、それにしても、本件地方裁判所の陪審は、カリフォルニア州のいわゆる競業制限法の解釈、適用を誤った可能性があった。

なぜならば、カリフォルニア州は従来、大多数の州とは異なり、被用者の移動（mobility）というものを強く推進し、それゆえに、競業禁止特約の履行強制については、きわめて消極的な態度をとってきたからである。(23) すなわち、裁判所は、一八七二年以来、「適法な職業、営業、あるいは事業を営む自由を抑制する契約は無効である」[24]旨を規定するカリフォルニア州のビジネス・プロフェッションズ規程（California Business and Professions Code）（二〇〇三年）の第一六六〇〇条を厳格に守ってきた。そして、同規程の第一六六〇〇条を繰り返し適用することにより、カリフォルニア州の裁判所は、すべての市民は自らが選択する合法的な仕事や営業に従事する権利を有するものとする、[25]という州の強い政策に注意を払ってきた。その結果として、競業禁止の契約的合意は法的には無効であるというのが、疑いもなく、カリフォルニア州のいわば原則として、受け入れられてきたのである。[26]

すなわち、カリフォルニア州の裁判所は、被用者の流動性が増すことが同州の労使双方のためになるという見解を示す一方で、使用者が事業において競争優位性を保つことよりも、被用者自らが選択する職業で生計を立てる権利に重きを置くことで、自らの判決を正当化してきたのである。つまり、裁判所は、仕事を自由に変えられることは被用者にとって有利であることは明らかである一方で、何の制限もなく、優れた可能性を秘めた被用者に使用者が接触する機会を得ることは、市場において価値のある方法でもあるということである。[27]

実際のところ、同州裁判所の競業禁止に対する禁止の姿勢は、ＩＴ産業の集積地帯であるシリコン・ヴァレー（Silicon Valley）の急速な成長の背後にあって、その推進力の一つであることは、広く認められてきたところである。[28]

しかし、このようにして、カリフォルニア州は、競業禁止の契約的合意の禁止に対して、禁止の姿勢を貫いてきたわけであるが、そうした特約に対して、広く禁止の姿勢をとる強い州の政策には、いくつかの例外が認められる。すなわち、まず第一に、制定法上において、営業またはパートナーシップ（partnership）の譲渡の場合、競業禁止の契約的合意の強制を認める例外が設けられている。[29]

そして、第二に、こうしたカリフォルニア州の制定法上の例外に加えて、同州の裁判所は、競業禁止の契約的合意が強制される可能性がある二つの場合を例外として設けてきた。その内の一つは、競業制限特約の制限範囲が狭く限定されている場合である。[30]もう一つは、スポーツ選手が自由に代理人を選任する権利に最も大きな脅威になりうるものとして、使用者のトレード・シークレット（trade secret）を保護するために競業制限特約が用いられる場合である。[31]すなわち、競業禁止の契約的合意のような競業制限的取り決めが、使用者のトレード・シークレットを保護するためになされる場合、カリフォルニア州における競業制限の禁止に対して、例外が適用される可能性が最も高いといえる。もっとも、同州の裁判所は、トレード・シークレットに直接に言及しないような、競業禁止規定は無効であり、前記ビジネス・プロフェッションズ規程第一六六〇〇条に違反するという見解を明らかにしてきたので、こうした例外的取り扱いは、限られている。[32]とりわけ、スタインバーグ社対ダン事件の事案に即していえば、被告ダンとの雇用契約に盛り込まれた競業禁止条項においては、文言上、広範な反競争的特約を示唆するようにみえるにすぎず、トレード・シークレットそれ自体については、別段、明示的には言及されているわけではない。[33]それどころか、SMDが、雇用契約のなかで、トレード・シークレットに直接触れていたのかどうかも、必ずしも明確ではない。このような事例の場合、同州の裁判所は、トレード・シークレットの文言のみを強調するにしても、およそ一般的な競業禁止条項は、無効である旨の判断をしてきたのである。[34]

こうしてみると、スタインバーグ社対ダン事件の控訴審において、被告ダンの雇用契約のなかに盛り込まれた競業禁止条項が、使用者のトレード・シークレットに関して、例外的取り扱いの要件を満たすものであるか、もしくは、競業禁止の契約的合意に対するカリフォルニア州の禁止に対するその他の例外にあたる旨の判断がなされない限り、競業制限特約の強制がなされる可能性は少なかった。そうした本件被告ダンに対する有利な結果は、すでに述べたように、同被告に対する原告スタインバーグらの本案的差止命令の申立てが認容されなかった二〇〇三年一月八日の本件地方裁判所の判決にかんがみれば、必ずしも想定外のことではなかった。[35]

このようにして、カリフォルニア州においては、競業禁止の契約的合意に対する禁止には例外が設けられている一方で、雇用契約のなかの競業禁止条項の履行が可能かどうかという法的問題をめぐる控訴審の判断は、本件地方裁判所の陪審が原告側に同情的であることは理解できるが、結果が異なる可能性が否定できなかったのである。

結局のところ、本件控訴審は、地方裁判所の判決に対して、原判決を一部は認容し、一部は破棄、差し戻しを行った。とりわけ、本件控訴審の判決によれば、雇用契約中の競業禁止特約は、カリフォルニア州の前記ビジネス・プロフェッションズ規程の第一六六〇〇条のもとでは、実効性のない方法であって、法的に無効である旨を、陪審に説示しなかった点で、誹りを免れないということであった。(36)

このようにして、重要なことであるが、プロスポーツ選手は、少なくとも、今のところ、自らがスポーツ代理人を選任する権利を、これまで同様に失ってはいないといえる。

四　おわりに

以上、アメリカはスポーツ・ビジネスが盛んであり、なかでも、スポーツ代理人は、スポーツ・ビジネスの先端を走る専門職とされ、プロスポーツ選手は、自由に自らの代表を選任する権利を長らく保持してきた。しかしながら、スポーツ・マネジメント・ビジネスの世界においても、一般企業の経営手法と同様に、企業の合併・統合というような先進的経営が展開されてきた結果として、プロスポーツ選手の代理人選任の自由が脅かされるという弊害を生んできた。代理人事務所がスポーツ代理人との間の雇用契約のなかに競業禁止条項を盛り込むという手法がとられたからであるが、それは、巨大代理人業者が新たに形成されたことによる副産物にほかならない。アメリカのスポーツ・マネジメント・ビジネス界における企業の合併・統合と、この業界の再編成は、今後も頻繁に起こりうるかどうかは定かではないが、企業の合併・統合によっても、スポーツ選手が、プロ野球の球団やチームなどとの契約交渉に際して自由に代理人を選任する権利は、「私的自治の原則」の拡張と補充の両面からいっても、奪われてはならないであろう。

最後に、ひるがえって、日本のスポーツ・ビジネス界の場合、スポーツ代理人業に絞ってみると、市場の規模や成長の度合いなどの点で遙かにアメリカには及ばない。のみならず、スポーツ界もビジネスの世界と変わりない面があるとはいえ、日本でもアメリカのスポーツ・マネジメント・ビジネス界と同様に、今後、企業の合併・統合という現象が起こるかどうかは予測の限りではない。そればかりか、日本のスポーツ界においてスポーツ代理人という職業に対しては、必ずしも十分に認識も理解もなされていないし、スポーツ代理人制度自体も十分に機能しているとはいえない。

しかしながら、スポーツ代理人に対する競業禁止の契約的合意は、顧客であるスポーツ選手の引抜き問題などをともなって、その強制可能性の問題が顕在化しないとは限らないと思われる。

注

（1）*See*, Jason Gershwin, COMMENT: *Will Professional Athletes Continue to Choose Their Representation Freely? An Examination of the Enforceability of Non-Compete Agreements Against Sports Agents*, 5 U. Pa. J. Lab. & Emp. L. 583（2003）.

（2）*See*, Scott R. Rosner, *Conflicts of Interest and the Shifting Paradigm of Athlete Representation*, 11 UCLA Ent. L. Rev. 193, 200（2004）.

（3）*See*, Complaint for Damages and Injunctive Relief at 16, Steinberg Moorad & Dunn, Inc. v. Dunn（C.D. Cal. 2001）(No. 01-07009).

（4）*See*, Liz Mullen, *Steinberg's victory could be deterrent*, Street & Smith's, SportsBusiness J., Nov. 25-Dec. 1, 2002, at 1, 43.

(5) *See*, Bryan Couch, Comment, *How Agent Competition and Corruption Affects Sports and the Athlete-Agent Relationship and What Can Be Done to Control It*, 10 Seton Hall J. Sport L. 111, 124 (2000).

(6) *Id.*

(7) *Id.* at 115.

(8) *See*, Adam Rubin, Gobbling Up Agents & Players, Daily News, Feb. 8, 2001, at 78.

(9) *Id.*

(10) *See*, Bappa Mukherji, *The New NBA Collective Bargaining Agreement; The changing role of agents in professional basketball*, 2 Vand. J. Ent. L. & Prac. 96, 103 (2000).

(11) *See*, Joyzelle Davis, Real-life Breakup of 'Jerry Maguire' agency mirrors movie, Houston Chronicle, Aug. 12, 2001, at 2.

(12) *See*, Liz Mullen, Steinberg Was "Blown Away" By Employees' Departure: Agent Acknowledges Flirtation with SFX, Frustration with Assante, Oct. 5, 2002, at http://www.sportsbusinessjournal.com.

(13) *See*, Charlene Wilson, Steinberg Sues Former Partner, June 1, 2001, at http://www. sportslawnews.com.

(14) *See*, Davis, *supra* note 11.

(15) *See*, Wilson, *supra* note 13.

(16) *See*, Liz Mullen, Jury Awards Steinberg More Than $44 Million, (Nov. 25, 2002), at http://www.sportsbusinessjournal.com.

(17) *See*, Liz Mullen, Testimony Ends: Closing Arguments Set For Friday, (Nov. 7, 2002), at http://www. sportsbusinessjournal.com.

(18) *See*, Ralph Frammolino, Sports agent Steinberg's firm awarded $45 Million;Jury determines that rival stole information and clients and threatened blackmail, L.A. Times, Nov. 16, 2002, at 3:1.

(19) *See*, Ralph Frammolino, Judge says sports agency can't add to penalties; the court rejects Steinberg & Moorad's motion to bar onetime partner David Dunn from representing the firm's former clients, L.A. Times, Jan. 11, 2003, at 3:2.

(20) *Id.*

(21) *See*, Liz Mullen, *Agents: How is Dunn Getting College Stars? Jury's Verdict Doesn't Bother Palmer's Father*, Street &

Smith's SportsBusiness J., Jan. 13–19, 2003, at 31.

(22) *See,* Liz Mullen, *Steinberg's victory could be deterrent,* Street & Smith's SportsBusiness J., Nov. 25-Dec. 1, 2002, at 1, 43.

(23) *See,* J. Caleb Donner and Lori Donner, *Are Non-Compete Agreements Enforceable?* (Jan. 29, 2003), at http://www.donnerlaw.com/new-page 5._htm.

(24) Cal. Bus. & Prof. Code 16600 (West 2003).

(25) KGB, Inc. v. Giannoulas, 164 Cal. Rptr. 571 (Cal. Ct. App. 1980).

(26) *See,* Donner, *supra* note 23.

(27) *See,* Mark A. Kahn, *Application Group, Inc. v. Hunter Group, Inc.,* 14 Berkeley Tech. L.J. 283, at 291 (1999).

(28) *Id.* at 290–92.

(29) *See,* Jason S. Wood, A *Comparison of the Enforceability of Covenants Not to Compete and Recent Economic Histories of Four High Technology Regions,* 5 Va. J.L. & Tech. 15 (2000).

(30) *See,* Walia v. Aetna, Inc., 113 Cal. Rptr. 2d 737, 743 (Cal. Ct. App. 2001).

(31) *Id.* at 745.

(32) *Id.*

(33) *Id.*

(34) *Id.*

(35) *See,* Gershwin, *supra* note 1.

(36) Steinberg Moorad & Dunn, Inc. v. Dun, 136 Fed. Appx. 6 (9th Cir. 2005). *See,* Timothy Davis, ARTICLE: *REGULATING THE ATHLETE-AGENT INDUSTRY: INTENDED AND UNINTENDED CONSEQUENCES,* 42 Willamette L. Rev. 781.

索引

あ行

か行

さ行

た行

な行

は行

ま行

や行

ら行

わ行

【著者紹介】

樫 原　義 比 古（かしはら　よしひこ）

1949年　兵庫県に生まれる
1972年　関西大学　法学部法律学科　卒業
1978年　関西学院大学　大学院法学研究科　博士課程修了
1995年　関西学院大学　大学院商学研究科　修士課程修了（商学修士）

1989年　湊川女子短期大学教授（2005年まで）
2004年　摂南大学法学部教授（2015年まで）
現　在　湊川短期大学名誉教授、関西学院大学大学院講師、神戸家庭裁判所
家事調停委員、兵庫紛争調整委員会委員、法学博士（関西学院大学）
日本法政学会、日本社会保障法学会　各会員

専攻　労働法、社会保障法

日米比較　競業禁止特約
判例法理の展開を中心に

2015年9月25日初版第一刷発行

著　者　樫原義比古

発行者　田中きく代
発行所　関西学院大学出版会
所在地　〒662-0891
兵庫県西宮市上ケ原一番町1-155
電　話　0798-53-7002

印　刷　協和印刷株式会社

Printed in Japan by Kwansei Gakuin University Press
ISBN 978-4-86283-205-4